U0612612

内蒙古及长城沿线区
耕地质量主要性状数据集

农业农村部耕地质量监测保护中心　编著

中国农业出版社
北　京

编 辑 委 员 会

主　　任　谢建华

副 主 任　马常宝　任　意

主　　编　张骏达　王红叶　任　意

副 主 编　武　岩　刘宏金　迟文峰　宋小颖

　　　　　王　瑞　毛　伟　龚鑫鑫　王新宇

　　　　　李玉浩

参编人员　（按姓名笔画排序）

　　　　　于子坤　王海景　王慧颖　冯雪琴

　　　　　乔志刚　刘胜蓝　杨茜雯　李元文

　　　　　李旭光　李晓敏　陈　明　周自军

　　　　　孟颖晨　高　阳　高　晖　高倩玉

　　　　　魏宏方

前　言

　　内蒙古及长城沿线区包括内蒙古自治区、山西省、河北省大部分区域，总耕地面积为887 万 hm²，占全国耕地总面积的 6.6%。全面梳理内蒙古及长城沿线区主要土壤类型耕地质量性状，对发挥内蒙古及长城沿线区域耕地质量优势，发展生产，解决耕地质量劣势，有效培肥，促进耕地质量的有效保护、耕地的可持续利用有重要的意义。

　　为全面掌握内蒙古及长城沿线区耕地质量状况，推动评价成果为农业生产服务，自2018 年起，农业农村部耕地质量监测保护中心组织内蒙古自治区、山西省、河北省 3 个省份有关技术人员，根据《耕地质量调查监测与评价办法》《耕地质量等级》（GB/T33469—2016），开展了内蒙古及长城沿线区耕地质量区域汇总评价工作。按照兼顾土壤类型、行政区划、地貌类型、地力水平等因素的原则，在该区域共计甄别遴选了 13 051 个评价样点，并对数据进行了集中审查，建立了规范化的耕地资源属性数据库。在此基础上，根据土壤发生学分类，按照土类、亚类、土属整理汇编了《内蒙古及长城沿线区耕地质量主要性状数据集》。内蒙古及长城沿线区耕地包括栗钙土、草甸土、褐土、栗褐土、潮土、风沙土、黑钙土、灰褐土、暗棕壤、棕壤、草甸盐土、沼泽土、灰色森林土、黑垆土、碱土、灌淤土、新积土、棕钙土、石质土、黄绵土、山地草甸土、粗骨土、黑土、水稻土 24 个主要土壤类型、66 个主要亚类和 150 个主要土属。数据集涵盖有效土层厚度、耕层厚度、耕层容重、土壤有机质、土壤全氮、土壤有效磷、土壤速效钾、土壤缓效钾、土壤有效铜、土壤有效锌、土壤有效铁、土壤有效锰、土壤有效硼、土壤有效钼、土壤有效硫、土壤有效硅、耕层质地及土壤 pH 等 18 个数据项，涉及数据 38 万余个。

　　本书由科技基础资源调查专项"典型农区耕地质量演替数据整编与深加工"项目（2021FY100500）所属"耕地质量与生产力数据深加工"课题（2021FY100505）资助出版，特此感谢！

　　由于数据量大，编著者水平有限，不妥之处敬请广大读者批评指正！

编著者

2024 年 6 月

目 录

三、土 属

一、土 类

棕壤耕地土壤主要理化性状

项目名称	样本数（个）	平均值	标准差	变异系数（%）	范　围
有效土层厚度（cm）	191	62.2	32.71	52.64	25.0~140.0
耕层厚度（cm）	178	37.9	23.97	63.25	18.0~80.0
耕层容重（g/cm³）	165	1.34	0.12	9.17	1.09~1.68
有机质（g/kg）	188	18.7	8.97	47.91	5.4~50.5
全氮（g/kg）	190	1.059	0.47	44.75	0.300~2.920
有效磷（mg/kg）	170	19.4	14.75	76.07	3.1~62.5
速效钾（mg/kg）	175	132	53.86	40.77	44~378
缓效钾（mg/kg）	188	730	206.29	28.25	262~1 320
有效铜（mg/kg）	183	1.03	0.58	56.64	0.26~2.99
有效锌（mg/kg）	181	1.47	1.05	71.12	0.16~5.31
有效铁（mg/kg）	190	22.77	24.29	106.64	1.71~117.00
有效锰（mg/kg）	187	13.31	8.97	67.40	3.11~53.20
有效硼（mg/kg）	183	0.78	0.48	62.03	0.05~2.43
有效钼（mg/kg）	189	0.131	0.11	84.34	0.010~0.560
有效硫（mg/kg）	181	28.68	33.52	116.86	3.64~170.50
有效硅（mg/kg）	184	235.46	79.07	33.58	20.94~443.70

耕层质地

	砂土	砂壤土	轻壤土	中壤土	重壤土	黏土
样本数	2	33	72	67	5	12
占比（%）	1.05	17.28	37.70	35.08	2.62	6.28

土壤 pH

	≤4.5	(4.5~5.5]	(5.5~6.5]	(6.5~7.5]	(7.5~8.5]	>8.5
样本数	6	22	28	63	72	0
占比（%）	3.14	11.52	14.66	32.98	37.70	0.00

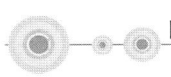

暗棕壤耕地土壤主要理化性状

项目名称	样本数（个）	平均值	标准差	变异系数（%）	范　围
有效土层厚度（cm）	279	57.6	18.28	31.75	25.0~120.0
耕层厚度（cm）	278	38.0	15.41	40.55	20.0~90.0
耕层容重（g/cm³）	281	1.34	0.06	4.20	1.12~1.75
有机质（g/kg）	249	34.2	11.76	34.35	7.9~56.6
全氮（g/kg）	252	1.814	0.60	33.19	0.417~2.934
有效磷（mg/kg）	281	16.3	11.15	68.22	3.3~49.6
速效钾（mg/kg）	280	146	57.01	39.14	43~374
缓效钾（mg/kg）	275	642	163.97	25.56	289~989
有效铜（mg/kg）	281	1.66	0.46	27.48	0.35~2.99
有效锌（mg/kg）	280	2.03	1.13	55.70	0.13~4.95
有效铁（mg/kg）	229	82.24	29.26	35.58	3.60~120.62
有效锰（mg/kg）	258	20.18	10.94	54.24	3.25~52.00
有效硼（mg/kg）	281	0.74	0.27	36.97	0.10~1.40
有效钼（mg/kg）	267	0.130	0.08	59.49	0.013~0.397
有效硫（mg/kg）	268	10.60	7.28	68.67	3.36~47.60
有效硅（mg/kg）	264	287.71	96.27	33.46	10.50~450.00

耕层质地

	砂土	砂壤土	轻壤土	中壤土	重壤土	黏土
样本数	2	14	10	211	40	4
占比（%）	0.71	4.98	3.56	75.09	14.23	1.42

土壤 pH

	≤4.5	(4.5~5.5]	(5.5~6.5]	(6.5~7.5]	(7.5~8.5]	>8.5
样本数	0	1	113	83	82	2
占比（%）	0.00	0.36	40.21	29.54	29.18	0.71

褐土耕地土壤主要理化性状

项目名称	样本数（个）	平均值	标准差	变异系数（%）	范　围
有效土层厚度 (cm)	1 705	73.4	39.97	54.47	25.0~150.0
耕层厚度 (cm)	1 581	29.4	19.66	66.82	18.0~90.0
耕层容重 (g/cm³)	1 617	1.33	0.12	8.79	1.08~1.76
有机质 (g/kg)	1 688	16.5	7.34	44.55	5.3~55.5
全氮 (g/kg)	1 699	0.995	0.42	41.85	0.297~2.900
有效磷 (mg/kg)	1 623	18.1	13.37	73.86	2.7~65.1
速效钾 (mg/kg)	1 662	144	59.25	41.14	45~380
缓效钾 (mg/kg)	1 652	781	221.71	28.40	268~1 370
有效铜 (mg/kg)	1 615	1.06	0.60	56.62	0.18~3.13
有效锌 (mg/kg)	1 651	1.46	1.08	74.14	0.13~5.35
有效铁 (mg/kg)	1 658	16.37	15.22	92.97	1.71~116.00
有效锰 (mg/kg)	1 655	11.77	7.69	65.34	1.73~54.40
有效硼 (mg/kg)	1 666	0.67	0.44	65.43	0.04~2.57
有效钼 (mg/kg)	1 655	0.124	0.10	79.94	0.010~0.570
有效硫 (mg/kg)	1 617	31.23	33.90	108.57	3.15~173.45
有效硅 (mg/kg)	1 654	211.01	88.30	41.84	15.40~449.00

耕层质地

	砂土	砂壤土	轻壤土	中壤土	重壤土	黏土
样本数	49	314	955	335	54	15
占比（%）	2.85	18.23	55.46	19.45	3.14	0.87

土壤 pH

	≤4.5	(4.5~5.5]	(5.5~6.5]	(6.5~7.5]	(7.5~8.5]	>8.5
样本数	2	67	172	307	1 119	55
占比（%）	0.12	3.89	9.99	17.83	64.98	3.19

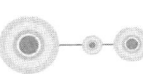

灰褐土耕地土壤主要理化性状

项目名称	样本数（个）	平均值	标准差	变异系数（%）	范围
有效土层厚度（cm）	388	70.9	28.89	40.74	25.0~125.0
耕层厚度（cm）	397	51.2	25.85	50.48	20.0~90.0
耕层容重（g/cm³）	400	1.38	0.14	9.80	1.08~1.80
有机质（g/kg）	390	23.0	10.80	46.97	5.5~56.7
全氮（g/kg）	379	1.270	0.58	45.86	0.300~2.970
有效磷（mg/kg）	389	17.9	12.68	70.75	2.9~62.9
速效钾（mg/kg）	366	148	78.32	52.76	44~383
缓效钾（mg/kg）	362	900	250.99	27.90	267~1 378
有效铜（mg/kg）	391	0.97	0.68	70.02	0.18~3.00
有效锌（mg/kg）	368	1.31	1.07	81.78	0.13~5.32
有效铁（mg/kg）	398	23.37	18.32	78.41	2.85~119.80
有效锰（mg/kg）	395	14.88	9.05	60.82	2.54~52.60
有效硼（mg/kg）	382	0.81	0.50	61.28	0.07~2.63
有效钼（mg/kg）	393	0.053	0.05	97.11	0.010~0.470
有效硫（mg/kg）	386	33.99	33.48	98.50	3.14~160.20
有效硅（mg/kg）	393	171.89	104.91	61.04	12.12~445.90

耕层质地

	砂土	砂壤土	轻壤土	中壤土	重壤土	黏土
样本数	14	151	139	90	4	4
占比（%）	3.48	37.56	34.58	22.39	1.00	1.00

土壤 pH

	≤4.5	(4.5~5.5]	(5.5~6.5]	(6.5~7.5]	(7.5~8.5]	>8.5
样本数	0	0	0	1	261	140
占比（%）	0.00	0.00	0.00	0.25	64.93	34.83

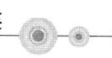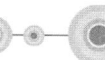

黑土耕地土壤主要理化性状

项目名称	样本数（个）	平均值	标准差	变异系数（%）	范围
有效土层厚度（cm）	9	57.7	23.14	40.12	26.0~100.0
耕层厚度（cm）	10	38.3	19.71	51.46	20.0~80.0
耕层容重（g/cm³）	10	1.41	0.14	10.03	1.27~1.70
有机质（g/kg）	8	27.6	13.09	47.45	11.4~46.5
全氮（g/kg）	9	1.733	0.65	37.68	0.800~2.579
有效磷（mg/kg）	10	23.4	16.96	72.55	6.7~47.5
速效钾（mg/kg）	10	187	109.82	58.78	81~383
缓效钾（mg/kg）	8	798	299.01	37.49	470~1 285
有效铜（mg/kg）	10	1.16	0.65	56.42	0.24~2.08
有效锌（mg/kg）	10	1.75	1.01	57.81	0.31~3.22
有效铁（mg/kg）	9	37.28	36.58	98.12	7.04~106.47
有效锰（mg/kg）	10	16.26	8.31	51.14	6.09~31.20
有效硼（mg/kg）	9	0.79	0.40	50.64	0.30~1.67
有效钼（mg/kg）	10	0.091	0.07	77.56	0.030~0.231
有效硫（mg/kg）	10	29.98	46.53	155.20	5.05~156.60
有效硅（mg/kg）	10	265.69	59.79	22.50	145.99~331.69

耕层质地

	砂土	砂壤土	轻壤土	中壤土	重壤土	黏土
样本数	3	0	2	5	0	0
占比（%）	30.00	0.00	20.00	50.00	0.00	0.00

土壤 pH

	≤4.5	(4.5~5.5]	(5.5~6.5]	(6.5~7.5]	(7.5~8.5]	>8.5
样本数	0	0	2	0	7	1
占比（%）	0.00	0.00	20.00	0.00	70.00	10.00

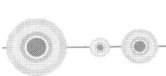

灰色森林土耕地土壤主要理化性状

项目名称	样本数（个）	平均值	标准差	变异系数（%）	范　围
有效土层厚度（cm）	48	63.3	22.18	35.07	25.0~130.0
耕层厚度（cm）	47	43.1	18.02	41.77	20.0~80.0
耕层容重（g/cm³）	46	1.38	0.15	10.70	1.08~1.69
有机质（g/kg）	45	16.0	8.85	55.44	5.9~55.3
全氮（g/kg）	46	0.937	0.34	36.03	0.320~1.670
有效磷（mg/kg）	46	12.5	8.22	65.57	5.2~46.2
速效钾（mg/kg）	48	140	56.27	40.08	66~369
缓效钾（mg/kg）	48	634	160.68	25.34	341~1130
有效铜（mg/kg）	48	1.00	0.40	39.38	0.33~1.85
有效锌（mg/kg）	47	0.99	0.62	62.44	0.32~3.89
有效铁（mg/kg）	47	16.86	15.85	94.06	3.00~78.70
有效锰（mg/kg）	48	14.60	8.21	56.21	4.47~38.60
有效硼（mg/kg）	47	0.82	0.45	54.88	0.33~2.29
有效钼*（mg/kg）	47	0.160	0.11	70.35	0.020~0.484
有效硫（mg/kg）	47	22.33	18.87	84.53	3.57~90.40
有效硅（mg/kg）	47	257.01	43.95	17.10	96.24~351.00

耕层质地

	砂土	砂壤土	轻壤土	中壤土	重壤土	黏土
样本数	14	13	3	17	1	0
占比（%）	29.17	27.08	6.25	35.42	2.08	0.00

土壤pH

	≤4.5	(4.5~5.5]	(5.5~6.5]	(6.5~7.5]	(7.5~8.5]	>8.5
样本数	0	1	2	6	39	0
占比（%）	0.00	2.08	4.17	12.50	81.25	0.00

黑钙土耕地土壤主要理化性状

项目名称	样本数（个）	平均值	标准差	变异系数（%）	范围
有效土层厚度（cm）	446	58.7	20.98	35.76	25.0～140.0
耕层厚度（cm）	447	38.8	18.33	47.29	20.0～94.0
耕层容重（g/cm³）	409	1.30	0.14	10.40	1.08～1.80
有机质（g/kg）	344	34.5	13.91	40.36	6.5～56.7
全氮（g/kg）	362	1.899	0.70	36.70	0.320～2.970
有效磷（mg/kg）	440	19.9	12.27	61.60	2.9～64.6
速效钾（mg/kg）	440	173	68.77	39.81	44～379
缓效钾（mg/kg）	441	720	211.91	29.42	276～1 252
有效铜（mg/kg）	448	1.36	0.56	41.02	0.26～3.20
有效锌（mg/kg）	449	1.49	1.05	70.39	0.14～5.06
有效铁（mg/kg）	410	54.23	32.71	60.31	2.05～120.37
有效锰（mg/kg）	428	20.82	9.87	47.40	1.88～54.24
有效硼（mg/kg）	443	0.98	0.48	48.66	0.08～2.57
有效钼（mg/kg）	439	0.117	0.08	66.31	0.011～0.547
有效硫（mg/kg）	446	18.21	13.80	75.77	3.24～137.80
有效硅（mg/kg）	408	247.77	122.81	49.57	9.70～451.36

耕层质地

	砂土		砂壤土		轻壤土		中壤土		重壤土		黏土	
	样本数	占比（%）	样本数	占比（%）	样本数	占比（%）	样本数	占比（%）	样本数	占比（%）	样本数	占比（%）
	5	1.11	68	15.04	106	23.45	231	51.11	40	8.85	2	0.44

土壤 pH

	≤4.5		(4.5～5.5]		(5.5～6.5]		(6.5～7.5]		(7.5～8.5]		>8.5	
	样本数	占比（%）	样本数	占比（%）	样本数	占比（%）	样本数	占比（%）	样本数	占比（%）	样本数	占比（%）
	0	0.00	3	0.66	137	30.31	203	44.91	101	22.35	8	1.77

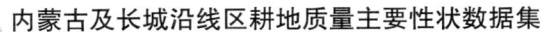

栗钙土耕地土壤主要理化性状

项目名称	样本数（个）	平均值	标准差	变异系数（%）	范围
有效土层厚度（cm）	4 138	67.8	28.00	41.32	25.0~150.0
耕层厚度（cm）	4 073	39.8	21.51	54.06	18.0~95.0
耕层容重（g/cm³）	4 022	1.40	0.15	10.93	1.08~1.80
有机质（g/kg）	4 137	19.4	8.88	45.70	5.3~56.5
全氮（g/kg）	4 142	1.171	0.52	44.67	0.294~2.960
有效磷（mg/kg）	4 047	15.3	11.79	77.32	2.7~65.2
速效钾（mg/kg）	3 989	141	59.41	42.27	42~382
缓效钾（mg/kg）	4 009	681	235.28	34.57	254~1 378
有效铜（mg/kg）	4 046	0.90	0.56	62.28	0.18~3.32
有效锌（mg/kg）	3 992	1.00	0.91	91.26	0.12~5.42
有效铁（mg/kg）	4 130	17.60	16.82	95.56	1.71~120.49
有效锰（mg/kg）	4 094	12.19	7.29	59.80	1.73~54.40
有效硼（mg/kg）	3 999	0.73	0.46	63.65	0.04~2.63
有效钼（mg/kg）	3 977	0.108	0.10	94.22	0.010~0.570
有效硫（mg/kg）	4 055	23.10	21.81	94.42	3.19~173.45
有效硅（mg/kg）	4 044	195.21	95.47	48.90	9.57~451.36

耕层质地

	砂土	砂壤土	轻壤土	中壤土	重壤土	黏土
样本数	221	1701	1366	828	73	19
占比（%）	5.25	40.42	32.46	19.68	1.73	0.45

土壤 pH

	≤4.5	(4.5~5.5]	(5.5~6.5]	(6.5~7.5]	(7.5~8.5]	>8.5
样本数	0	1	63	315	3390	439
占比（%）	0.00	0.02	1.50	7.49	80.56	10.43

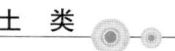

栗褐土耕地土壤主要理化性状

项目名称	样本数（个）	平均值	标准差	变异系数（%）	范 围
有效土层厚度（cm）	1 441	83.2	35.71	42.92	25.0~150.0
耕层厚度（cm）	1 516	35.0	21.84	62.35	18.0~94.0
耕层容重（g/cm³）	1 530	1.31	0.12	9.21	1.09~1.80
有机质（g/kg）	1 505	13.1	5.96	45.45	5.3~53.9
全氮（g/kg）	1 439	0.803	0.34	42.09	0.293~2.900
有效磷（mg/kg）	1 511	13.2	10.03	76.11	2.7~65.0
速效钾（mg/kg）	1 524	132	58.72	44.40	42~380
缓效钾（mg/kg）	1 558	737	185.87	25.23	266~1 347
有效铜（mg/kg）	1 542	0.82	0.49	59.82	0.18~3.27
有效锌（mg/kg）	1 513	0.92	0.85	92.15	0.12~5.35
有效铁（mg/kg）	1 461	9.77	10.63	108.82	1.71~111.55
有效锰（mg/kg）	1 460	8.67	6.15	70.94	1.73~48.93
有效硼（mg/kg）	1 456	0.58	0.46	78.11	0.04~2.58
有效钼（mg/kg）	1 485	0.128	0.09	72.83	0.010~0.570
有效硫（mg/kg）	1 543	27.77	23.16	83.41	3.35~173.40
有效硅（mg/kg）	1 520	205.01	109.02	53.18	9.87~434.83

耕层质地

	砂土	砂壤土	轻壤土	中壤土	重壤土	黏土
样本数	43	568	746	194	1	20
占比（%）	2.74	36.13	47.46	12.34	0.06	1.27

土壤 pH

	≤4.5	(4.5~5.5]	(5.5~6.5]	(6.5~7.5]	(7.5~8.5]	>8.5
样本数	0	0	0	9	1234	329
占比（%）	0.00	0.00	0.00	0.57	78.50	20.93

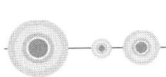

黑垆土耕地土壤主要理化性状

项目名称	样本数（个）	平均值	标准差	变异系数（%）	范围
有效土层厚度（cm）	42	87.2	22.33	25.60	30.0～100.0
耕层厚度（cm）	42	67.7	21.15	31.24	20.0～80.0
耕层容重（g/cm³）	43	1.37	0.10	7.10	1.21～1.78
有机质（g/kg）	43	22.3	10.37	46.52	8.8～52.6
全氮（g/kg）	43	1.097	0.45	40.94	0.522～2.436
有效磷（mg/kg）	40	13.7	12.75	92.77	3.0～61.7
速效钾（mg/kg）	43	109	52.92	48.62	52～301
缓效钾（mg/kg）	38	951	254.72	26.79	551～1 364
有效铜（mg/kg）	28	0.62	0.34	54.58	0.20～1.65
有效锌（mg/kg）	41	0.82	0.53	64.72	0.16～2.84
有效铁（mg/kg）	40	32.21	20.43	63.44	9.47～87.80
有效锰（mg/kg）	39	14.72	9.86	67.00	4.29～51.40
有效硼（mg/kg）	42	0.79	0.28	35.84	0.46～2.10
有效钼（mg/kg）	43	0.068	0.11	160.59	0.030～0.523
有效硫（mg/kg）	43	25.27	12.31	48.71	8.87～56.06
有效硅（mg/kg）	41	155.59	90.97	58.47	55.81～394.13

耕层质地

砂土		砂壤土		轻壤土		中壤土		重壤土		黏土	
样本数	占比（%）	样本数	占比（%）	样本数	占比（%）	样本数	占比（%）	样本数	占比（%）	样本数	占比（%）
2	4.65	10	23.26	15	34.88	15	34.88	0	0.00	1	2.33

土壤pH

≤4.5		(4.5～5.5]		(5.5～6.5]		(6.5～7.5]		(7.5～8.5]		>8.5	
样本数	占比（%）	样本数	占比（%）	样本数	占比（%）	样本数	占比（%）	样本数	占比（%）	样本数	占比（%）
0	0.00	0	0.00	0	0.00	0	0.00	34	79.07	9	20.93

棕钙土耕地土壤主要理化性状

项目名称	样本数（个）	平均值	标准差	变异系数（%）	范　围
有效土层厚度（cm）	20	40.6	12.82	31.53	25.0~70.0
耕层厚度（cm）	20	24.9	9.71	39.09	20.0~50.0
耕层容重（g/cm³）	15	1.52	0.27	17.44	1.08~1.80
有机质（g/kg）	20	17.3	5.88	33.90	9.6~29.2
全氮（g/kg）	20	1.104	0.40	35.93	0.597~2.067
有效磷（mg/kg）	20	14.6	10.78	73.64	3.0~47.2
速效钾（mg/kg）	18	174	65.12	37.35	51~273
缓效钾（mg/kg）	19	741	329.00	44.42	263~1 181
有效铜（mg/kg）	20	1.10	0.87	79.41	0.23~2.72
有效锌（mg/kg）	20	1.10	1.06	95.68	0.26~3.64
有效铁（mg/kg）	19	12.68	9.18	72.36	3.60~35.10
有效锰（mg/kg）	20	12.25	7.85	64.11	3.30~38.36
有效硼（mg/kg）	20	0.98	0.57	58.80	0.21~2.44
有效钼（mg/kg）	20	0.101	0.08	82.57	0.013~0.398
有效硫（mg/kg）	20	35.75	22.06	61.71	9.25~84.95
有效硅（mg/kg）	20	181.55	63.12	34.77	50.40~303.49

耕层质地

	砂土	砂壤土	轻壤土	中壤土	重壤土	黏土
样本数	0	14	1	2	3	0
占比（%）	0.00	70.00	5.00	10.00	15.00	0.00

土壤pH

	≤4.5	(4.5~5.5]	(5.5~6.5]	(6.5~7.5]	(7.5~8.5]	>8.5
样本数	0	0	0	1	10	9
占比（%）	0.00	0.00	0.00	5.00	50.00	45.00

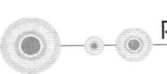

黄绵土耕地土壤主要理化性状

项目名称	样本数（个）	平均值	标准差	变异系数（%）	范 围
有效土层厚度（cm）	18	104.9	26.16	24.92	45.0～130.0
耕层厚度（cm）	18	29.9	9.79	32.71	25.0～69.0
耕层容重（g/cm³）	19	1.29	0.15	11.95	1.18～1.75
有机质（g/kg）	17	10.4	4.90	46.94	5.7～20.7
全氮（g/kg）	4	1.114	0.15	13.24	0.926～1.267
有效磷（mg/kg）	13	12.5	11.97	95.87	2.7～36.2
速效钾（mg/kg）	14	103	72.80	70.34	43～290
缓效钾（mg/kg）	19	827	160.83	19.45	591～1 277
有效铜（mg/kg）	19	0.69	0.52	76.23	0.18～2.29
有效锌（mg/kg）	17	1.01	0.85	84.48	0.17～2.22
有效铁（mg/kg）	19	9.09	8.55	94.07	1.85～34.51
有效锰（mg/kg）	18	6.24	2.91	46.62	1.94～12.40
有效硼（mg/kg）	19	0.55	0.40	71.51	0.06～1.08
有效钼（mg/kg）	19	0.128	0.07	57.64	0.049～0.298
有效硫（mg/kg）	18	32.95	27.19	82.52	5.86～92.00
有效硅（mg/kg）	18	252.98	103.33	40.85	61.70～437.33

耕层质地

砂土		砂壤土		轻壤土		中壤土		重壤土		黏土	
样本数	占比（%）	样本数	占比（%）	样本数	占比（%）	样本数	占比（%）	样本数	占比（%）	样本数	占比（%）
0	0.00	14	73.68	4	21.05	1	5.26	0	0.00	0	0.00

土壤 pH

≤4.5		(4.5～5.5]		(5.5～6.5]		(6.5～7.5]		(7.5～8.5]		>8.5	
样本数	占比（%）	样本数	占比（%）	样本数	占比（%）	样本数	占比（%）	样本数	占比（%）	样本数	占比（%）
0	0.00	1	5.26	0	0.00	0	0.00	10	52.63	8	42.11

新积土耕地土壤主要理化性状

项目名称	样本数（个）	平均值	标准差	变异系数（%）	范围
有效土层厚度（cm）	36	54.5	16.17	29.67	30.0~100.0
耕层厚度（cm）	29	27.8	17.01	61.28	18.0~80.0
耕层容重（g/cm³）	36	1.35	0.15	10.84	1.12~1.66
有机质（g/kg）	36	17.8	6.53	36.78	7.5~34.2
全氮（g/kg）	36	1.032	0.36	34.44	0.300~2.359
有效磷（mg/kg）	34	18.1	12.35	68.41	4.5~56.0
速效钾（mg/kg）	36	138	63.20	45.74	46~350
缓效钾（mg/kg）	33	906	244.39	26.96	391~1 328
有效铜（mg/kg）	33	1.32	0.51	38.70	0.30~2.19
有效锌（mg/kg）	35	2.04	1.12	55.14	0.43~5.32
有效铁（mg/kg）	35	23.56	22.27	94.56	5.10~116.70
有效锰（mg/kg）	36	15.86	6.99	44.04	6.28~39.30
有效硼（mg/kg）	36	0.57	0.23	40.21	0.14~1.18
有效钼（mg/kg）	36	0.090	0.06	65.25	0.010~0.200
有效硫（mg/kg）	30	28.87	29.54	102.30	5.00~125.00
有效硅（mg/kg）	32	198.41	82.86	41.76	29.75~367.89

耕层质地

	砂土	砂壤土	轻壤土	中壤土	重壤土	黏土
样本数	1	3	16	16	0	0
占比（%）	2.78	8.33	44.44	44.44	0.00	0.00

土壤 pH

	≤4.5	(4.5~5.5]	(5.5~6.5]	(6.5~7.5]	(7.5~8.5]	>8.5
样本数	0	7	7	8	14	0
占比（%）	0.00	19.44	19.44	22.22	38.89	0.00

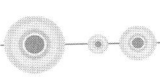

风沙土耕地土壤主要理化性状

项目名称	样本数（个）	平均值	标准差	变异系数（%）	范围
有效土层厚度（cm）	782	68.6	28.44	41.47	25.0~150.0
耕层厚度（cm）	781	48.4	25.48	52.59	20.0~90.0
耕层容重（g/cm³）	789	1.44	0.12	8.28	1.09~1.76
有机质（g/kg）	737	13.8	6.71	48.50	5.3~53.0
全氮（g/kg）	763	0.805	0.38	47.16	0.294~2.890
有效磷（mg/kg）	769	12.7	9.65	75.77	2.7~64.6
速效钾（mg/kg）	769	124	51.61	41.54	43~371
缓效钾（mg/kg）	743	628	265.27	42.26	260~1 356
有效铜（mg/kg）	766	0.98	0.46	46.69	0.18~3.32
有效锌（mg/kg）	771	0.95	0.66	69.93	0.13~4.41
有效铁（mg/kg）	787	18.44	16.31	88.44	1.71~112.00
有效锰（mg/kg）	783	12.82	7.03	54.83	1.82~53.82
有效硼（mg/kg）	768	0.67	0.41	61.84	0.05~2.61
有效钼（mg/kg）	777	0.100	0.09	87.50	0.010~0.561
有效硫（mg/kg）	755	25.88	25.52	98.60	3.19~162.18
有效硅（mg/kg）	757	194.92	108.24	55.53	10.99~450.00

耕层质地

	砂土	砂壤土	轻壤土	中壤土	重壤土	黏土
样本数	420	203	70	82	14	3
占比（%）	53.03	25.63	8.84	10.35	1.77	0.38

土壤 pH

	≤4.5	(4.5~5.5]	(5.5~6.5]	(6.5~7.5]	(7.5~8.5]	>8.5
样本数	0	0	10	42	567	173
占比（%）	0.00	0.00	1.26	5.30	71.59	21.84

粗骨土耕地土壤主要理化性状

项目名称	样本数（个）	平均值	标准差	变异系数（%）	范围
有效土层厚度（cm）	17	45.9	30.99	67.53	25.0~100.0
耕层厚度（cm）	19	32.6	25.13	77.02	20.0~80.0
耕层容重（g/cm³）	19	1.39	0.09	6.44	1.25~1.61
有机质（g/kg）	19	15.3	4.89	31.90	6.0~22.1
全氮（g/kg）	19	0.918	0.33	35.57	0.357~1.690
有效磷（mg/kg）	18	12.4	9.09	73.13	3.4~30.3
速效钾（mg/kg）	18	113	35.12	31.04	52~172
缓效钾（mg/kg）	18	707	255.07	36.09	293~1262
有效铜（mg/kg）	17	1.16	0.54	46.42	0.18~2.34
有效锌（mg/kg）	19	0.95	0.52	54.25	0.12~2.48
有效铁（mg/kg）	18	19.92	13.48	67.66	6.89~56.16
有效锰（mg/kg）	19	16.67	9.20	55.20	4.83~35.50
有效硼（mg/kg）	18	0.80	0.46	57.06	0.17~1.88
有效钼（mg/kg）	19	0.130	0.09	72.43	0.030~0.342
有效硫（mg/kg）	19	34.32	35.94	104.69	10.36~134.55
有效硅（mg/kg）	18	211.32	132.12	62.52	27.36~333.00

耕层质地

	砂土	砂壤土	轻壤土	中壤土	重壤土	黏土
样本数	2	6	4	5	1	1
占比（%）	10.53	31.58	21.05	26.32	5.26	5.26

土壤pH

	≤4.5	(4.5~5.5]	(5.5~6.5]	(6.5~7.5]	(7.5~8.5]	>8.5
样本数	0	0	2	2	10	5
占比（%）	0.00	0.00	10.53	10.53	52.63	26.32

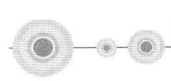

石质土耕地土壤主要理化性状

项目名称	样本数（个）	平均值	标准差	变异系数（%）	范围
有效土层厚度（cm）	20	53.1	25.91	48.79	25.0～110.0
耕层厚度（cm）	20	37.4	22.07	59.01	20.0～90.0
耕层容重（g/cm³）	20	1.31	0.18	13.63	1.08～1.71
有机质（g/kg）	19	21.0	9.30	44.26	7.3～48.1
全氮（g/kg）	20	1.245	0.47	37.93	0.550～2.360
有效磷（mg/kg）	20	12.9	6.81	52.88	3.5～30.8
速效钾（mg/kg）	16	133	71.62	53.83	66～347
缓效钾（mg/kg）	20	728	265.20	36.44	336～1 379
有效铜（mg/kg）	19	0.88	0.52	59.33	0.29～1.78
有效锌（mg/kg）	19	1.02	0.62	60.56	0.41～2.18
有效铁（mg/kg）	20	14.61	13.56	92.80	3.36～67.90
有效锰（mg/kg）	20	11.83	4.67	39.50	5.09～24.80
有效硼（mg/kg）	20	0.52	0.27	52.03	0.14～1.09
有效钼（mg/kg）	20	0.122	0.11	87.85	0.030～0.450
有效硫（mg/kg）	19	20.81	19.89	95.56	5.78～85.40
有效硅（mg/kg）	20	193.66	84.24	43.50	77.28～374.50

耕层质地

砂土		砂壤土		轻壤土		中壤土		重壤土		黏土	
样本数	占比（%）	样本数	占比（%）	样本数	占比（%）	样本数	占比（%）	样本数	占比（%）	样本数	占比（%）
6	30.00	11	55.00	0	0.00	2	10.00	0	0.00	1	5.00

土壤pH

≤4.5		(4.5～5.5]		(5.5～6.5]		(6.5～7.5]		(7.5～8.5]		>8.5	
样本数	占比（%）	样本数	占比（%）	样本数	占比（%）	样本数	占比（%）	样本数	占比（%）	样本数	占比（%）
0	0.00	0	0.00	2	10.00	1	5.00	17	85.00	0	0.00

草甸土耕地土壤主要理化性状

项目名称	样本数（个）	平均值	标准差	变异系数（%）	范围
有效土层厚度 (cm)	2 022	74.3	25.41	34.19	25.0~150.0
耕层厚度 (cm)	1 990	53.7	23.07	42.94	20.0~95.0
耕层容重 (g/cm³)	2 002	1.40	0.13	9.19	1.08~1.80
有机质 (g/kg)	1 943	19.0	9.90	52.11	5.3~56.6
全氮 (g/kg)	1 948	1.106	0.55	50.03	0.300~2.974
有效磷 (mg/kg)	2 004	15.3	10.46	68.42	2.9~65.0
速效钾 (mg/kg)	2 000	148	57.12	38.63	43~382
缓效钾 (mg/kg)	1 955	697	238.94	34.30	256~1 377
有效铜 (mg/kg)	1 990	1.22	0.57	46.56	0.19~3.31
有效锌 (mg/kg)	1 988	1.25	0.98	78.48	0.12~5.33
有效铁 (mg/kg)	1 933	25.59	27.31	106.76	1.90~120.57
有效锰 (mg/kg)	1 934	15.43	8.33	54.01	1.75~54.40
有效硼 (mg/kg)	2 006	0.79	0.37	46.75	0.05~2.57
有效钼 (mg/kg)	1 992	0.119	0.10	80.42	0.010~0.570
有效硫 (mg/kg)	1 968	24.46	21.84	89.32	3.19~173.45
有效硅 (mg/kg)	1 962	241.21	95.17	39.45	10.36~451.36

耕层质地

	砂土	砂壤土	轻壤土	中壤土	重壤土	黏土
样本数	297	490	479	517	143	107
占比（%）	14.61	24.10	23.56	25.43	7.03	5.26

土壤 pH

	≤4.5	(4.5~5.5]	(5.5~6.5]	(6.5~7.5]	(7.5~8.5]	>8.5
样本数	0	6	163	183	1484	197
占比（%）	0.00	0.30	8.02	9.00	73.00	9.69

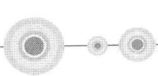

潮土耕地土壤主要理化性状

项目名称	样本数（个）	平均值	标准差	变异系数（%）	范围
有效土层厚度（cm）	933	84.7	28.44	33.59	25.0~150.0
耕层厚度（cm）	932	51.4	27.55	53.59	18.0~87.0
耕层容重（g/cm³）	927	1.34	0.12	8.82	1.08~1.79
有机质（g/kg）	919	15.1	6.90	45.56	5.3~55.2
全氮（g/kg）	931	0.897	0.39	43.11	0.300~2.730
有效磷（mg/kg）	869	16.3	12.28	75.30	2.7~65.1
速效钾（mg/kg）	893	145	67.13	46.42	44~374
缓效钾（mg/kg）	912	799	229.57	28.72	260~1 373
有效铜（mg/kg）	885	1.04	0.69	67.06	0.18~3.33
有效锌（mg/kg）	911	1.31	1.01	76.81	0.12~4.96
有效铁（mg/kg）	916	17.37	15.21	87.53	1.71~112.60
有效锰（mg/kg）	907	11.23	7.22	64.27	1.73~54.20
有效硼（mg/kg）	901	0.59	0.35	59.17	0.04~2.47
有效钼（mg/kg）	912	0.085	0.08	94.55	0.010~0.570
有效硫（mg/kg）	888	39.13	38.64	98.76	3.54~173.45
有效硅（mg/kg）	906	144.36	102.93	71.30	13.32~451.20

耕层质地

	砂土	砂壤土	轻壤土	中壤土	重壤土	黏土
样本数	82	299	265	203	26	72
占比（%）	8.66	31.57	27.98	21.44	2.75	7.60

土壤pH

	≤4.5	(4.5~5.5]	(5.5~6.5]	(6.5~7.5]	(7.5~8.5]	>8.5
样本数	0	6	24	52	518	347
占比（%）	0.00	0.63	2.53	5.49	54.70	36.64

山地草甸土耕地土壤主要理化性状

项目名称	样本数（个）	平均值	标准差	变异系数（%）	范围
有效土层厚度（cm）	18	150.0	0.00	0.00	150.0～150.0
耕层厚度（cm）	18	20.0	0.00	0.00	20.0～20.0
耕层容重（g/cm³）	18	1.27	0.04	3.47	1.20～1.37
有机质（g/kg）	18	9.8	2.47	25.13	6.2～15.4
全氮（g/kg）	18	0.648	0.14	21.95	0.441～1.030
有效磷（mg/kg）	18	9.1	7.72	84.70	2.9～28.9
速效钾（mg/kg）	18	122	27.10	22.25	69～159
缓效钾（mg/kg）	18	723	147.80	20.43	564～1 039
有效铜（mg/kg）	18	0.72	0.37	51.18	0.29～1.52
有效锌（mg/kg）	17	0.76	0.81	106.26	0.16～2.32
有效铁（mg/kg）	15	6.28	5.00	79.54	1.75～20.50
有效锰（mg/kg）	13	5.56	3.52	63.33	1.87～12.40
有效硼（mg/kg）	18	0.47	0.27	58.41	0.08～1.08
有效钼（mg/kg）	17	0.099	0.04	36.62	0.012～0.159
有效硫（mg/kg）	17	39.19	27.96	71.34	7.10～92.00
有效硅（mg/kg）	17	153.21	91.33	59.61	48.56～299.58

耕层质地

	砂土		砂壤土		轻壤土		中壤土		重壤土		黏土	
	样本数	占比（%）	样本数	占比（%）	样本数	占比（%）	样本数	占比（%）	样本数	占比（%）	样本数	占比（%）
	0	0.00	18	100.00	0	0.00	0	0.00	0	0.00	0	0.00

土壤 pH

≤4.5		(4.5～5.5]		(5.5～6.5]		(6.5～7.5]		(7.5～8.5]		>8.5	
样本数	占比（%）	样本数	占比（%）	样本数	占比（%）	样本数	占比（%）	样本数	占比（%）	样本数	占比（%）
0	0.00	0	0.00	0	0.00	0	0.00	16	88.89	2	11.11

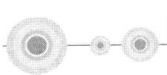

沼泽土耕地土壤主要理化性状

项目名称	样本数（个）	平均值	标准差	变异系数（%）	范围
有效土层厚度（cm）	55	67.7	26.79	39.57	30.0～118.0
耕层厚度（cm）	54	48.4	23.96	49.45	20.0～80.0
耕层容重（g/cm³）	53	1.37	0.11	8.37	1.20～1.76
有机质（g/kg）	50	27.3	13.96	51.08	5.6～55.8
全氮（g/kg）	50	1.416	0.70	49.38	0.370～2.888
有效磷（mg/kg）	55	14.8	11.82	79.68	3.8～49.8
速效钾（mg/kg）	55	146	54.28	37.23	49～261
缓效钾（mg/kg）	54	645	199.34	30.90	271～1 080
有效铜（mg/kg）	53	1.48	0.62	41.54	0.30～3.32
有效锌（mg/kg）	52	1.86	1.20	64.48	0.32～4.26
有效铁（mg/kg）	43	48.64	40.59	83.45	3.79～118.71
有效锰（mg/kg）	48	13.90	9.51	68.43	4.07～47.56
有效硼（mg/kg）	53	0.76	0.34	44.40	0.25～1.96
有效钼（mg/kg）	53	0.146	0.11	76.91	0.010～0.506
有效硫（mg/kg）	52	23.02	25.90	112.50	4.00～166.60
有效硅（mg/kg）	52	231.66	126.94	54.80	9.97～450.00

耕层质地

砂土		砂壤土		轻壤土		中壤土		重壤土		黏土	
样本数	占比（%）	样本数	占比（%）	样本数	占比（%）	样本数	占比（%）	样本数	占比（%）	样本数	占比（%）
7	12.73	7	12.73	7	12.73	32	58.18	2	3.64	0	0.00

土壤 pH

≤4.5		(4.5～5.5]		(5.5～6.5]		(6.5～7.5]		(7.5～8.5]		>8.5	
样本数	占比（%）	样本数	占比（%）	样本数	占比（%）	样本数	占比（%）	样本数	占比（%）	样本数	占比（%）
0	0.00	0	0.00	9	16.36	7	12.73	38	69.09	1	1.82

草甸盐土耕地土壤主要理化性状

项目名称	样本数（个）	平均值	标准差	变异系数（%）	范 围
有效土层厚度（cm）	76	88.2	22.98	26.07	25.0～100.0
耕层厚度（cm）	76	64.8	23.65	36.50	20.0～80.0
耕层容重（g/cm³）	73	1.41	0.12	8.30	1.19～1.70
有机质（g/kg）	69	16.2	7.76	47.96	5.3～40.2
全氮（g/kg）	74	0.977	0.48	48.65	0.351～2.727
有效磷（mg/kg）	71	16.7	13.15	78.88	3.4～64.9
速效钾（mg/kg）	71	147	71.32	48.58	47～363
缓效钾（mg/kg）	73	819	235.30	28.72	274～1 298
有效铜（mg/kg）	64	1.04	0.78	75.22	0.19～3.14
有效锌（mg/kg）	71	1.21	0.79	65.30	0.16～4.06
有效铁（mg/kg）	73	20.93	15.40	73.59	2.64～105.00
有效锰（mg/kg）	76	11.88	7.09	59.69	2.20～39.75
有效硼（mg/kg）	76	0.64	0.34	52.76	0.06～2.40
有效钼（mg/kg）	75	0.078	0.09	117.83	0.019～0.565
有效硫（mg/kg）	69	44.38	41.58	93.70	3.75～167.65
有效硅（mg/kg）	75	116.82	78.32	67.04	18.60～381.00

耕层质地

	砂土		砂壤土		轻壤土		中壤土		重壤土		黏土	
	样本数	占比（%）	样本数	占比（%）	样本数	占比（%）	样本数	占比（%）	样本数	占比（%）	样本数	占比（%）
	15	19.74	24	31.58	16	21.05	13	17.11	2	2.63	6	7.89

土壤pH

	≤4.5		(4.5～5.5]		(5.5～6.5]		(6.5～7.5]		(7.5～8.5]		>8.5	
	样本数	占比（%）	样本数	占比（%）	样本数	占比（%）	样本数	占比（%）	样本数	占比（%）	样本数	占比（%）
	0	0.00	0	0.00	0	0.00	1	1.32	45	59.21	30	39.47

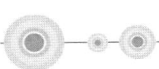

碱土耕地土壤主要理化性状

项目名称	样本数（个）	平均值	标准差	变异系数（%）	范　围
有效土层厚度（cm）	42	38.5	15.32	39.84	30.0~100.0
耕层厚度（cm）	42	25.4	11.71	46.17	20.0~80.0
耕层容重（g/cm³）	38	1.36	0.15	10.72	1.11~1.66
有机质（g/kg）	42	14.9	4.76	31.85	6.8~24.5
全氮（g/kg）	40	0.876	0.30	34.23	0.325~1.720
有效磷（mg/kg）	42	15.1	7.81	51.77	6.7~43.9
速效钾（mg/kg）	42	135	68.03	50.43	47~295
缓效钾（mg/kg）	42	586	212.48	36.26	325~1 098
有效铜（mg/kg）	41	1.18	0.58	48.97	0.26~2.57
有效锌（mg/kg）	42	1.03	0.78	75.60	0.47~3.85
有效铁（mg/kg）	42	14.43	7.39	51.20	2.30~32.80
有效锰（mg/kg）	42	13.38	2.53	18.94	7.80~18.40
有效硼（mg/kg）	42	1.03	0.35	33.65	0.36~1.55
有效钼（mg/kg）	41	0.077	0.06	79.66	0.011~0.290
有效硫（mg/kg）	42	37.52	30.22	80.54	3.28~173.42
有效硅（mg/kg）	42	184.69	61.59	33.35	80.20~329.52

耕层质地

砂土		砂壤土		轻壤土		中壤土		重壤土		黏土	
样本数	占比（%）	样本数	占比（%）	样本数	占比（%）	样本数	占比（%）	样本数	占比（%）	样本数	占比（%）
2	4.76	38	90.48	1	2.38	0	0.00	1	2.38	0	0.00

土壤pH

≤4.5		(4.5~5.5]		(5.5~6.5]		(6.5~7.5]		(7.5~8.5]		>8.5	
样本数	占比（%）	样本数	占比（%）	样本数	占比（%）	样本数	占比（%）	样本数	占比（%）	样本数	占比（%）
0	0.00	0	0.00	0	0.00	1	2.38	40	95.24	1	2.38

水稻土耕地土壤主要理化性状

项目名称	样本数（个）	平均值	标准差	变异系数（%）	范围
有效土层厚度（cm）	4	132.3	35.50	26.84	79.0~150.0
耕层厚度（cm）	5	19.6	0.89	4.56	18.0~20.0
耕层容重（g/cm³）	4	1.27	0.03	2.26	1.25~1.30
有机质（g/kg）	5	14.2	3.55	25.00	10.2~18.2
全氮（g/kg）	5	0.805	0.36	44.46	0.482~1.380
有效磷（mg/kg）	5	32.0	17.23	53.91	14.8~54.3
速效钾（mg/kg）	5	205	73.39	35.76	105~274
缓效钾（mg/kg）	5	748	88.77	11.86	669~863
有效铜（mg/kg）	5	1.18	0.95	80.56	0.46~2.83
有效锌（mg/kg）	5	1.46	1.76	120.69	0.42~4.51
有效铁（mg/kg）	5	8.52	6.87	80.56	3.60~20.34
有效锰（mg/kg）	5	9.01	3.69	40.92	4.00~13.49
有效硼（mg/kg）	5	0.45	0.33	73.48	0.17~1.03
有效钼（mg/kg）	5	0.070	0.04	51.94	0.030~0.114
有效硫（mg/kg）	5	33.05	36.35	109.98	5.38~95.74
有效硅（mg/kg）	5	155.28	67.01	43.15	48.32~221.78

耕层质地

	砂土		砂壤土		轻壤土		中壤土		重壤土		黏土	
	样本数	占比（%）	样本数	占比（%）	样本数	占比（%）	样本数	占比（%）	样本数	占比（%）	样本数	占比（%）
	0	0.00	1	20.00	1	20.00	2	40.00	1	20.00	0	0.00

土壤pH

	≤4.5		(4.5~5.5]		(5.5~6.5]		(6.5~7.5]		(7.5~8.5]		>8.5	
	样本数	占比（%）	样本数	占比（%）	样本数	占比（%）	样本数	占比（%）	样本数	占比（%）	样本数	占比（%）
	0	0.00	0	0.00	0	0.00	0	0.00	5	100.00	0	0.00

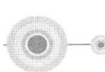

灌淤土耕地土壤主要理化性状

项目名称	样本数（个）	平均值	标准差	变异系数（%）	范　　围
有效土层厚度（cm）	40	91.0	38.88	42.73	40.0～150.0
耕层厚度（cm）	38	25.5	4.76	18.66	20.0～30.0
耕层容重（g/cm³）	39	1.41	0.17	12.02	1.17～1.76
有机质（g/kg）	40	19.4	5.97	30.74	9.1～40.0
全氮（g/kg）	40	1.111	0.36	32.61	0.470～1.717
有效磷（mg/kg）	39	21.0	15.03	71.72	4.6～63.4
速效钾（mg/kg）	37	235	69.20	29.46	105～359
缓效钾（mg/kg）	40	842	158.10	18.77	436～1 203
有效铜（mg/kg）	29	1.42	0.36	25.40	0.90～2.74
有效锌（mg/kg）	30	2.83	1.30	45.89	1.11～5.35
有效铁（mg/kg）	40	24.83	10.54	42.44	9.33～49.61
有效锰（mg/kg）	40	14.83	5.77	38.92	6.52～38.34
有效硼（mg/kg）	40	0.88	0.32	36.80	0.39～1.31
有效钼（mg/kg）	40	0.103	0.08	81.50	0.020～0.568
有效硫（mg/kg）	34	45.90	35.19	76.66	11.57～156.34
有效硅（mg/kg）	40	220.03	63.08	28.67	136.76～395.60

耕层质地

	砂土		砂壤土		轻壤土		中壤土		重壤土		黏土	
	样本数	占比（%）	样本数	占比（%）	样本数	占比（%）	样本数	占比（%）	样本数	占比（%）	样本数	占比（%）
	0	0.00	13	32.50	6	15.00	8	20.00	9	22.50	4	10.00

土壤 pH

	≤4.5		(4.5～5.5]		(5.5～6.5]		(6.5～7.5]		(7.5～8.5]		>8.5	
	样本数	占比（%）	样本数	占比（%）	样本数	占比（%）	样本数	占比（%）	样本数	占比（%）	样本数	占比（%）
	0	0.00	0	0.00	0	0.00	0	0.00	38	95.00	2	5.00

二、亚 类

棕壤—典型棕壤耕地土壤主要理化性状

项目名称	样本数（个）	平均值	标准差	变异系数（%）	范围
有效土层厚度（cm）	168	60.2	32.78	54.50	25.0~140.0
耕层厚度（cm）	156	36.0	23.29	64.63	18.0~80.0
耕层容重（g/cm³）	142	1.34	0.12	9.29	1.09~1.68
有机质（g/kg）	167	19.2	9.23	48.06	5.4~50.5
全氮（g/kg）	167	1.077	0.49	45.36	0.360~2.920
有效磷（mg/kg）	148	19.2	15.01	78.27	3.1~62.5
速效钾（mg/kg）	152	131	54.05	41.39	44~378
缓效钾（mg/kg）	166	721	200.34	27.77	262~1 320
有效铜（mg/kg）	161	1.04	0.58	55.41	0.28~2.90
有效锌（mg/kg）	158	1.47	1.06	72.18	0.16~5.31
有效铁（mg/kg）	167	22.18	23.49	105.89	1.71~117.00
有效锰（mg/kg）	164	13.18	8.63	65.52	3.11~53.20
有效硼（mg/kg）	161	0.78	0.49	63.56	0.05~2.43
有效钼（mg/kg）	166	0.133	0.12	86.70	0.010~0.560
有效硫（mg/kg）	159	27.68	33.38	120.58	3.64~170.50
有效硅（mg/kg）	161	231.10	81.78	35.39	20.94~443.70

耕层质地

	砂土	砂壤土	轻壤土	中壤土	重壤土	黏土
样本数	1	30	65	55	5	12
占比（%）	0.60	17.86	38.69	32.74	2.98	7.14

土壤pH

	≤4.5	(4.5~5.5]	(5.5~6.5]	(6.5~7.5]	(7.5~8.5]	>8.5
样本数	4	17	23	58	66	0
占比（%）	2.38	10.12	13.69	34.52	39.29	0.00

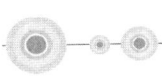

棕壤—潮棕壤耕地土壤主要理化性状

项目名称	样本数（个）	平均值	标准差	变异系数（%）	范　围
有效土层厚度（cm）	20	76.5	27.77	36.30	30.0～120.0
耕层厚度（cm）	19	56.3	22.90	40.67	20.0～80.0
耕层容重（g/cm³）	20	1.38	0.12	8.48	1.22～1.66
有机质（g/kg）	18	15.1	5.75	38.01	7.8～24.9
全氮（g/kg）	20	0.929	0.35	37.56	0.300～1.440
有效磷（mg/kg）	19	20.2	13.17	65.27	3.3～53.5
速效钾（mg/kg）	20	146	54.31	37.29	55～325
缓效钾（mg/kg）	20	754	208.13	27.59	350～1 220
有效铜（mg/kg）	19	1.00	0.67	66.70	0.26～2.99
有效锌（mg/kg）	20	1.34	0.96	71.42	0.33～5.00
有效铁（mg/kg）	20	28.98	31.53	108.78	5.17～104.60
有效锰（mg/kg）	20	14.82	12.03	81.19	3.41～53.20
有效硼（mg/kg）	19	0.76	0.42	55.65	0.35～1.96
有效钼（mg/kg）	20	0.123	0.08	63.57	0.020～0.310
有效硫（mg/kg）	19	40.78	34.62	84.87	6.10～119.00
有效硅（mg/kg）	20	273.15	46.78	17.13	211.60～341.38

耕层质地

	砂土		砂壤土		轻壤土		中壤土		重壤土		黏土	
	样本数	占比（%）	样本数	占比（%）	样本数	占比（%）	样本数	占比（%）	样本数	占比（%）	样本数	占比（%）
	1	5.00	3	15.00	7	35.00	9	45.00	0	0.00	0	0.00

土壤 pH

	≤4.5		(4.5～5.5]		(5.5～6.5]		(6.5～7.5]		(7.5～8.5]		>8.5	
	样本数	占比（%）	样本数	占比（%）	样本数	占比（%）	样本数	占比（%）	样本数	占比（%）	样本数	占比（%）
	2	10.00	5	25.00	5	25.00	2	10.00	6	30.00	0	0.00

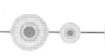

棕壤—棕壤性土耕地土壤主要理化性状

项目名称	样本数（个）	平均值	标准差	变异系数（%）	范　围
有效土层厚度（cm）	3	78.3	42.52	54.29	35.0~120.0
耕层厚度（cm）	3	18.0	0.00	0.00	18.0~18.0
耕层容重（g/cm³）	3	1.33	0.08	6.06	1.26~1.42
有机质（g/kg）	3	14.2	3.52	24.75	10.8~17.8
全氮（g/kg）	3	0.906	0.14	15.02	0.754~1.016
有效磷（mg/kg）	3	25.0	14.54	58.24	8.7~36.7
速效钾（mg/kg）	3	119	39.17	33.01	76~153
缓效钾（mg/kg）	2	1 219	105.36	8.65	1 144~1 293
有效铜（mg/kg）	3	0.60	0.14	22.75	0.47~0.74
有效锌（mg/kg）	3	2.30	0.08	3.36	2.21~2.34
有效铁（mg/kg）	3	14.59	0.13	0.88	14.44~14.69
有效锰（mg/kg）	3	10.60	0.52	4.92	10.26~11.20
有效硼（mg/kg）	3	1.10	0.23	20.84	0.86~1.32
有效钼（mg/kg）	3	0.107	0.01	5.41	0.100~0.110
有效硫（mg/kg）	3	5.00	0.00	0.00	5.00~5.00
有效硅（mg/kg）	3	217.82	2.22	1.02	215.33~219.61

耕层质地

砂土		砂壤土		轻壤土		中壤土		重壤土		黏土	
样本数	占比（%）	样本数	占比（%）	样本数	占比（%）	样本数	占比（%）	样本数	占比（%）	样本数	占比（%）
0	0.00	0	0.00	0	0.00	3	100.00	0	0.00	0	0.00

土壤 pH

≤4.5		(4.5~5.5]		(5.5~6.5]		(6.5~7.5]		(7.5~8.5]		>8.5	
样本数	占比（%）	样本数	占比（%）	样本数	占比（%）	样本数	占比（%）	样本数	占比（%）	样本数	占比（%）
0	0.00	0	0.00	0	0.00	3	100.00	0	0.00	0	0.00

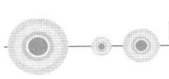

暗棕壤—典型暗棕壤耕地土壤主要理化性状

项目名称	样本数（个）	平均值	标准差	变异系数（%）	范　围
有效土层厚度（cm）	252	57.0	18.04	31.67	25.0~120.0
耕层厚度（cm）	251	37.7	15.35	40.69	20.0~80.0
耕层容重（g/cm³）	253	1.34	0.06	4.17	1.12~1.75
有机质（g/kg）	235	34.0	11.49	33.84	8.0~56.6
全氮（g/kg）	235	1.785	0.59	32.79	0.417~2.934
有效磷（mg/kg）	253	16.2	11.19	69.08	3.3~49.6
速效钾（mg/kg）	252	140	52.43	37.34	43~295
缓效钾（mg/kg）	248	625	159.49	25.52	289~989
有效铜（mg/kg）	253	1.64	0.44	26.89	0.35~2.99
有效锌（mg/kg）	252	1.98	1.12	56.53	0.19~4.95
有效铁（mg/kg）	215	82.17	28.38	34.54	3.60~120.62
有效锰（mg/kg）	233	19.45	10.41	53.53	3.25~52.00
有效硼（mg/kg）	253	0.73	0.27	36.60	0.10~1.40
有效钼（mg/kg）	241	0.125	0.07	57.85	0.013~0.397
有效硫（mg/kg）	240	10.38	7.27	70.04	3.36~47.60
有效硅（mg/kg）	236	290.98	94.94	32.63	10.50~450.00

耕层质地

	砂土	砂壤土	轻壤土	中壤土	重壤土	黏土
样本数	2	14	7	192	34	4
占比（%）	0.79	5.53	2.77	75.89	13.44	1.58

土壤pH

	≤4.5	(4.5~5.5]	(5.5~6.5]	(6.5~7.5]	(7.5~8.5]	>8.5
样本数	0	1	90	79	81	2
占比（%）	0.00	0.40	35.57	31.23	32.02	0.79

暗棕壤—草甸暗棕壤耕地土壤主要理化性状

项目名称	样本数（个）	平均值	标准差	变异系数（%）	范围
有效土层厚度（cm）	3	96.7	32.15	33.25	60.0~120.0
耕层厚度（cm）	2	65.0	35.36	54.39	40.0~90.0
耕层容重（g/cm³）	3	1.28	0.04	2.82	1.24~1.31
有机质（g/kg）	3	12.4	6.39	51.45	7.9~19.7
全氮（g/kg）	3	0.905	0.51	56.44	0.600~1.494
有效磷（mg/kg）	3	5.9	1.77	29.98	4.0~7.5
速效钾（mg/kg）	3	117	6.67	5.70	111~124
缓效钾（mg/kg）	2	674	169.71	25.18	554~794
有效铜（mg/kg）	3	0.57	0.28	48.29	0.38~0.89
有效锌（mg/kg）	3	0.63	0.43	69.29	0.13~0.91
有效铁（mg/kg）	3	11.74	0.57	4.87	11.40~12.40
有效锰（mg/kg）	3	7.73	1.25	16.20	6.71~9.13
有效硼（mg/kg）	3	0.50	0.19	38.27	0.34~0.71
有效钼（mg/kg）	3	0.134	0.14	102.73	0.040~0.292
有效硫（mg/kg）	3	9.29	5.37	57.80	4.30~14.97
有效硅（mg/kg）	3	62.59	43.26	69.12	12.72~90.00

耕层质地

	砂土		砂壤土		轻壤土		中壤土		重壤土		黏土	
	样本数	占比（%）	样本数	占比（%）	样本数	占比（%）	样本数	占比（%）	样本数	占比（%）	样本数	占比（%）
	0	0.00	0	0.00	3	100.00	0	0.00	0	0.00	0	0.00

土壤 pH

	≤4.5		(4.5~5.5]		(5.5~6.5]		(6.5~7.5]		(7.5~8.5]		>8.5	
	样本数	占比（%）	样本数	占比（%）	样本数	占比（%）	样本数	占比（%）	样本数	占比（%）	样本数	占比（%）
	0	0.00	0	0.00	0	0.00	2	66.67	1	33.33	0	0.00

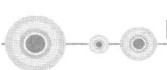

暗棕壤—灰化暗棕壤耕地土壤主要理化性状

项目名称	样本数（个）	平均值	标准差	变异系数（%）	范围
有效土层厚度（cm）	24	59.0	13.83	23.45	30.0~100.0
耕层厚度（cm）	25	38.7	13.15	33.97	20.0~80.0
耕层容重（g/cm³）	25	1.30	0.05	3.56	1.18~1.42
有机质（g/kg）	11	45.9	6.13	13.37	34.6~52.6
全氮（g/kg）	14	2.497	0.29	11.61	1.970~2.870
有效磷（mg/kg）	25	19.2	10.72	55.87	5.0~47.8
速效钾（mg/kg）	25	202	73.04	36.17	88~374
缓效钾（mg/kg）	25	802	118.76	14.80	547~958
有效铜（mg/kg）	25	1.93	0.37	19.04	1.42~2.56
有效锌（mg/kg）	25	2.68	1.00	37.29	1.20~4.16
有效铁（mg/kg）	11	102.81	17.97	17.48	53.68~117.38
有效锰（mg/kg）	22	29.53	12.17	41.23	11.70~51.23
有效硼（mg/kg）	25	0.92	0.30	32.23	0.40~1.40
有效钼（mg/kg）	23	0.173	0.10	59.58	0.041~0.356
有效硫（mg/kg）	25	12.88	7.39	57.43	5.70~32.40
有效硅（mg/kg）	25	283.87	81.85	28.83	46.66~450.00

耕层质地

	砂土	砂壤土	轻壤土	中壤土	重壤土	黏土
样本数	0	0	0	19	6	0
占比（%）	0.00	0.00	0.00	76.00	24.00	0.00

土壤pH

	≤4.5	(4.5~5.5]	(5.5~6.5]	(6.5~7.5]	(7.5~8.5]	>8.5
样本数	0	0	23	2	0	0
占比（%）	0.00	0.00	92.00	8.00	0.00	0.00

褐土—典型褐土耕地土壤主要理化性状

项目名称	样本数（个）	平均值	标准差	变异系数（%）	范　围
有效土层厚度（cm）	49	63.1	28.50	45.14	30.0～140.0
耕层厚度（cm）	48	37.0	24.63	66.64	18.0～80.0
耕层容重（g/cm³）	48	1.38	0.14	10.45	1.17～1.76
有机质（g/kg）	49	16.3	8.35	51.12	6.1～48.4
全氮（g/kg）	49	0.992	0.45	45.33	0.380～2.500
有效磷（mg/kg）	46	15.8	12.48	79.05	2.7～56.2
速效钾（mg/kg）	48	132	54.34	41.09	49～241
缓效钾（mg/kg）	47	725	231.53	31.93	312～1 276
有效铜（mg/kg）	49	1.09	0.58	53.44	0.36～2.48
有效锌（mg/kg）	48	1.30	0.86	66.09	0.33～4.56
有效铁（mg/kg）	49	13.90	9.63	69.26	5.10～46.45
有效锰（mg/kg）	49	14.37	10.93	76.04	3.90～54.40
有效硼（mg/kg）	49	0.72	0.32	44.14	0.24～1.63
有效钼（mg/kg）	48	0.115	0.12	106.92	0.010～0.520
有效硫（mg/kg）	47	19.29	17.49	90.67	3.42～86.70
有效硅（mg/kg）	47	173.93	91.66	52.70	15.40～449.00

耕层质地

	砂土		砂壤土		轻壤土		中壤土		重壤土		黏土	
	样本数	占比（%）	样本数	占比（%）	样本数	占比（%）	样本数	占比（%）	样本数	占比（%）	样本数	占比（%）
	0	0.00	8	16.33	26	53.06	11	22.45	2	4.08	2	4.08

土壤pH

	≤4.5		(4.5～5.5]		(5.5～6.5]		(6.5～7.5]		(7.5～8.5]		>8.5	
	样本数	占比（%）	样本数	占比（%）	样本数	占比（%）	样本数	占比（%）	样本数	占比（%）	样本数	占比（%）
	0	0.00	0	0.00	2	4.08	19	38.78	26	53.06	2	4.08

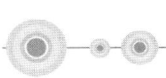

褐土—石灰性褐土耕地土壤主要理化性状

项目名称	样本数（个）	平均值	标准差	变异系数（%）	范　围
有效土层厚度（cm）	553	86.6	44.46	51.36	25.0～150.0
耕层厚度（cm）	531	29.6	18.89	63.76	18.0～90.0
耕层容重（g/cm³）	533	1.35	0.11	7.88	1.08～1.69
有机质（g/kg）	548	16.1	6.86	42.60	5.4～55.5
全氮（g/kg）	552	0.963	0.38	39.46	0.307～2.900
有效磷（mg/kg）	532	16.1	12.45	77.45	2.7～65.1
速效钾（mg/kg）	544	151	58.26	38.65	52～379
缓效钾（mg/kg）	541	783	222.93	28.47	269～1 350
有效铜（mg/kg）	499	1.02	0.53	51.84	0.18～3.13
有效锌（mg/kg）	544	1.46	1.04	71.33	0.16～5.35
有效铁（mg/kg）	538	14.34	11.81	82.33	1.71～114.00
有效锰（mg/kg）	537	11.89	7.06	59.43	1.73～51.80
有效硼（mg/kg）	538	0.63	0.37	59.09	0.04～2.53
有效钼（mg/kg）	538	0.127	0.10	76.24	0.010～0.570
有效硫（mg/kg）	504	37.88	40.76	107.61	3.15～173.45
有效硅（mg/kg）	539	215.87	93.61	43.36	19.44～440.76

耕层质地

砂土		砂壤土		轻壤土		中壤土		重壤土		黏土	
样本数	占比（%）	样本数	占比（%）	样本数	占比（%）	样本数	占比（%）	样本数	占比（%）	样本数	占比（%）
12	2.16	78	14.03	330	59.35	99	17.81	29	5.22	8	1.44

土壤 pH

≤4.5		(4.5～5.5]		(5.5～6.5]		(6.5～7.5]		(7.5～8.5]		>8.5	
样本数	占比（%）	样本数	占比（%）	样本数	占比（%）	样本数	占比（%）	样本数	占比（%）	样本数	占比（%）
0	0.00	3	0.54	14	2.52	50	8.99	476	85.61	13	2.34

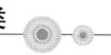

褐土—淋溶褐土耕地土壤主要理化性状

项目名称	样本数（个）	平均值	标准差	变异系数（%）	范　围
有效土层厚度（cm）	358	60.5	31.40	51.92	25.0~150.0
耕层厚度（cm）	342	25.6	16.47	64.43	18.0~80.0
耕层容重（g/cm³）	318	1.31	0.13	10.10	1.08~1.72
有机质（g/kg）	355	18.7	8.22	43.84	6.0~55.1
全氮（g/kg）	356	1.123	0.44	39.37	0.350~2.874
有效磷（mg/kg）	320	23.5	15.60	66.37	3.2~63.1
速效钾（mg/kg）	341	140	58.25	41.57	45~380
缓效钾（mg/kg）	336	809	231.77	28.66	311~1 367
有效铜（mg/kg）	339	1.25	0.69	55.22	0.21~2.94
有效锌（mg/kg）	337	1.87	1.09	58.17	0.17~5.28
有效铁（mg/kg）	359	20.51	17.25	84.13	1.71~103.54
有效锰（mg/kg）	355	13.39	8.36	62.47	1.74~54.40
有效硼（mg/kg）	359	0.81	0.45	55.41	0.06~1.98
有效钼（mg/kg）	351	0.111	0.09	83.35	0.010~0.537
有效硫（mg/kg）	347	24.69	31.20	126.38	3.35~173.45
有效硅（mg/kg）	347	208.11	75.28	36.17	20.46~440.76

耕层质地

	砂土	砂壤土	轻壤土	中壤土	重壤土	黏土
样本数	3	61	168	115	11	2
占比（%）	0.83	16.94	46.67	31.94	3.06	0.56

土壤pH

	≤4.5	(4.5~5.5]	(5.5~6.5]	(6.5~7.5]	(7.5~8.5]	>8.5
样本数	0	35	91	106	124	4
占比（%）	0.00	9.72	25.28	29.44	34.44	1.11

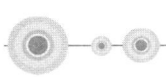

褐土—潮褐土耕地土壤主要理化性状

项目名称	样本数（个）	平均值	标准差	变异系数（%）	范围
有效土层厚度（cm）	357	63.9	29.64	46.39	25.0~140.0
耕层厚度（cm）	320	40.0	26.42	66.08	18.0~90.0
耕层容重（g/cm³）	357	1.34	0.13	9.55	1.14~1.73
有机质（g/kg）	353	16.4	6.49	39.54	5.3~46.5
全氮（g/kg）	357	1.038	0.40	38.83	0.312~2.810
有效磷（mg/kg）	335	17.2	13.26	77.00	2.7~63.0
速效钾（mg/kg）	346	141	52.66	37.39	46~350
缓效钾（mg/kg）	343	760	236.58	31.12	268~1 370
有效铜（mg/kg）	341	1.17	0.60	51.39	0.25~3.05
有效锌（mg/kg）	338	1.67	1.15	68.89	0.13~5.35
有效铁（mg/kg）	356	21.16	17.60	83.18	2.50~116.00
有效锰（mg/kg）	357	13.10	7.09	54.14	3.02~52.40
有效硼（mg/kg）	347	0.82	0.50	60.92	0.08~2.57
有效钼（mg/kg）	349	0.128	0.11	85.63	0.010~0.570
有效硫（mg/kg）	327	28.74	33.74	117.38	3.20~173.45
有效硅（mg/kg）	342	216.44	79.10	36.55	20.94~413.60

耕层质地

	砂土	砂壤土	轻壤土	中壤土	重壤土	黏土
样本数	5	58	214	71	10	0
占比（%）	1.40	16.20	59.78	19.83	2.79	0.00

土壤 pH

	≤4.5	(4.5~5.5]	(5.5~6.5]	(6.5~7.5]	(7.5~8.5]	>8.5
样本数	2	22	53	107	174	0
占比（%）	0.56	6.15	14.80	29.89	48.60	0.00

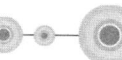

褐土—褐土性耕地土壤主要理化性状

项目名称	样本数（个）	平均值	标准差	变异系数（%）	范 围
有效土层厚度（cm）	388	76.5	43.44	56.81	25.0～150.0
耕层厚度（cm）	340	22.0	6.80	30.91	18.0～80.0
耕层容重（g/cm³）	361	1.32	0.10	7.36	1.12～1.71
有机质（g/kg）	383	15.0	7.30	48.69	5.3～49.2
全氮（g/kg）	385	0.884	0.42	46.98	0.297～2.749
有效磷（mg/kg）	390	17.5	11.58	66.28	2.7～64.1
速效钾（mg/kg）	383	142	66.69	46.84	48～378
缓效钾（mg/kg）	385	778	192.01	24.69	281～1 364
有效铜（mg/kg）	387	0.82	0.50	60.70	0.18～2.56
有效锌（mg/kg）	384	0.93	0.86	92.22	0.17～4.85
有效铁（mg/kg）	356	10.80	12.99	120.31	1.71～107.16
有效锰（mg/kg）	357	8.30	6.81	82.04	1.73～53.20
有效硼（mg/kg）	373	0.46	0.38	82.16	0.04～2.33
有效钼（mg/kg）	369	0.130	0.09	72.54	0.010～0.570
有效硫（mg/kg）	392	31.96	25.47	79.67	3.28～156.34
有效硅（mg/kg）	379	206.46	97.51	47.23	18.68～448.60

耕层质地

砂土		砂壤土		轻壤土		中壤土		重壤土		黏土	
样本数	占比（%）	样本数	占比（%）	样本数	占比（%）	样本数	占比（%）	样本数	占比（%）	样本数	占比（%）
29	7.27	109	27.32	217	54.39	39	9.77	2	0.50	3	0.75

土壤pH

≤4.5		(4.5～5.5]		(5.5～6.5]		(6.5～7.5]		(7.5～8.5]		>8.5	
样本数	占比（%）	样本数	占比（%）	样本数	占比（%）	样本数	占比（%）	样本数	占比（%）	样本数	占比（%）
0	0.00	7	1.75	12	3.01	25	6.27	319	79.95	36	9.02

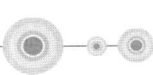

内蒙古及长城沿线区耕地质量主要性状数据集

灰褐土—典型灰褐土耕地土壤主要理化性状

项目名称	样本数（个）	平均值	标准差	变异系数（%）	范围
有效土层厚度（cm）	276	74.8	29.85	39.91	25.0~125.0
耕层厚度（cm）	286	54.6	27.20	49.84	20.0~90.0
耕层容重（g/cm³）	287	1.41	0.12	8.78	1.10~1.80
有机质（g/kg）	281	22.5	10.97	48.71	5.5~54.7
全氮（g/kg）	269	1.267	0.62	49.25	0.300~2.970
有效磷（mg/kg）	283	17.9	11.58	64.52	3.1~61.2
速效钾（mg/kg）	263	147	80.92	55.13	44~383
缓效钾（mg/kg）	266	891	258.05	28.96	267~1 378
有效铜（mg/kg）	282	1.04	0.72	69.54	0.20~3.00
有效锌（mg/kg）	265	1.29	1.06	81.95	0.14~5.32
有效铁（mg/kg）	285	26.56	20.56	77.42	2.85~119.80
有效锰（mg/kg）	285	16.25	10.00	61.55	2.54~52.60
有效硼（mg/kg）	269	0.93	0.46	49.35	0.08~2.63
有效钼（mg/kg）	281	0.039	0.03	78.71	0.010~0.277
有效硫（mg/kg）	274	39.37	34.90	88.65	3.65~160.20
有效硅（mg/kg）	285	174.83	106.27	60.78	12.38~445.90

耕层质地

	砂土	砂壤土	轻壤土	中壤土	重壤土	黏土
样本数	7	92	117	68	3	2
占比（%）	2.42	31.83	40.48	23.53	1.04	0.69

土壤 pH

	≤4.5	(4.5~5.5)	(5.5~6.5)	(6.5~7.5)	(7.5~8.5)	>8.5
样本数	0	0	0	1	148	140
占比（%）	0.00	0.00	0.00	0.35	51.21	48.44

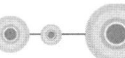

灰褐土—淋溶灰褐土耕地土壤主要理化性状

项目名称	样本数（个）	平均值	标准差	变异系数（%）	范　围
有效土层厚度（cm）	19	64.4	27.90	43.30	25.0～120.0
耕层厚度（cm）	18	43.5	22.42	51.54	20.0～86.0
耕层容重（g/cm³）	19	1.40	0.16	11.48	1.25～1.80
有机质（g/kg）	16	22.2	8.25	37.08	13.0～45.0
全氮（g/kg）	16	1.356	0.50	36.73	0.793～2.745
有效磷（mg/kg）	17	19.5	15.22	78.20	4.7～55.8
速效钾（mg/kg）	17	172	82.47	47.92	82～345
缓效钾（mg/kg）	19	705	193.68	27.48	370～1 047
有效铜（mg/kg）	19	0.56	0.20	36.31	0.24～0.98
有效锌（mg/kg）	19	0.83	0.68	82.08	0.14～2.64
有效铁（mg/kg）	19	18.30	5.95	32.53	9.23～34.31
有效锰（mg/kg）	17	11.12	5.04	45.29	5.14～21.80
有效硼（mg/kg）	19	1.08	0.52	48.17	0.07～2.17
有效钼（mg/kg）	19	0.117	0.11	96.31	0.018～0.423
有效硫（mg/kg）	19	17.60	10.58	60.14	4.95～37.59
有效硅（mg/kg）	18	279.52	126.69	45.33	39.07～445.68

耕层质地

	砂土		砂壤土		轻壤土		中壤土		重壤土		黏土	
	样本数	占比（%）	样本数	占比（%）	样本数	占比（%）	样本数	占比（%）	样本数	占比（%）	样本数	占比（%）
	2	10.53	5	26.32	7	36.84	4	21.05	1	5.26	0	0.00

土壤pH

	≤4.5		(4.5～5.5]		(5.5～6.5]		(6.5～7.5]		(7.5～8.5]		>8.5	
	样本数	占比（%）	样本数	占比（%）	样本数	占比（%）	样本数	占比（%）	样本数	占比（%）	样本数	占比（%）
	0	0.00	0	0.00	0	0.00	0	0.00	19	100.00	0	0.00

灰褐土—石灰性灰褐土耕地土壤主要理化性状

项目名称	样本数（个）	平均值	标准差	变异系数（%）	范围
有效土层厚度（cm）	93	60.7	23.16	38.14	25.0～118.0
耕层厚度（cm）	93	42.4	19.18	45.23	20.0～80.0
耕层容重（g/cm³）	94	1.29	0.12	9.55	1.08～1.68
有机质（g/kg）	93	24.5	10.61	43.23	5.5～56.7
全氮（g/kg）	94	1.266	0.47	36.75	0.470～2.515
有效磷（mg/kg）	89	17.5	15.37	87.62	2.9～62.9
速效钾（mg/kg）	86	149	69.00	46.35	46～357
缓效钾（mg/kg）	77	977	205.64	21.04	387～1 372
有效铜（mg/kg）	90	0.85	0.56	65.33	0.18～2.78
有效锌（mg/kg）	84	1.48	1.15	78.08	0.13～4.63
有效铁（mg/kg）	94	14.70	4.75	32.32	3.91～24.50
有效锰（mg/kg）	93	11.34	4.01	35.37	3.05～22.40
有效硼（mg/kg）	94	0.42	0.38	90.17	0.09～2.46
有效钼（mg/kg）	93	0.081	0.06	73.95	0.020～0.470
有效硫（mg/kg）	93	21.51	27.50	127.85	3.14～152.15
有效硅（mg/kg）	90	141.06	77.76	55.13	12.12～438.25

耕层质地

	砂土	砂壤土	轻壤土	中壤土	重壤土	黏土
样本数	5	54	15	18	0	2
占比（%）	5.32	57.45	15.96	19.15	0.00	2.13

土壤 pH

	≤4.5	(4.5～5.5]	(5.5～6.5]	(6.5～7.5]	(7.5～8.5]	>8.5
样本数	0	0	0	0	94	0
占比（%）	0.00	0.00	0.00	0.00	100.00	0.00

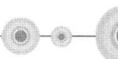

黑土——典型黑土耕地土壤主要理化性状

项目名称	样本数（个）	平均值	标准差	变异系数（%）	范　围
有效土层厚度（cm）	9	57.7	23.14	40.12	26.0~100.0
耕层厚度（cm）	10	38.3	19.71	51.46	20.0~80.0
耕层容重（g/cm³）	10	1.41	0.14	10.03	1.27~1.70
有机质（g/kg）	8	27.6	13.09	47.45	11.4~46.5
全氮（g/kg）	9	1.733	0.65	37.68	0.800~2.579
有效磷（mg/kg）	10	23.4	16.96	72.55	6.7~47.5
速效钾（mg/kg）	10	187	109.82	58.78	81~383
缓效钾（mg/kg）	8	798	299.01	37.49	470~1 285
有效铜（mg/kg）	10	1.16	0.65	56.42	0.24~2.08
有效锌（mg/kg）	10	1.75	1.01	57.81	0.31~3.22
有效铁（mg/kg）	9	37.28	36.58	98.12	7.04~106.47
有效锰（mg/kg）	10	16.26	8.31	51.14	6.09~31.20
有效硼（mg/kg）	9	0.79	0.40	50.64	0.30~1.67
有效钼（mg/kg）	10	0.091	0.07	77.56	0.030~0.231
有效硫（mg/kg）	10	29.98	46.53	155.20	5.05~156.60
有效硅（mg/kg）	10	265.69	59.79	22.50	145.99~331.69

耕层质地

	砂土		砂壤土		轻壤土		中壤土		重壤土		黏土	
	样本数	占比（%）	样本数	占比（%）	样本数	占比（%）	样本数	占比（%）	样本数	占比（%）	样本数	占比（%）
	3	30.00	0	0.00	2	20.00	5	50.00	0	0.00	0	0.00

土壤pH

	≤4.5		(4.5~5.5]		(5.5~6.5]		(6.5~7.5]		(7.5~8.5]		>8.5	
	样本数	占比（%）	样本数	占比（%）	样本数	占比（%）	样本数	占比（%）	样本数	占比（%）	样本数	占比（%）
	0	0.00	0	0.00	2	20.00	0	0.00	7	70.00	1	10.00

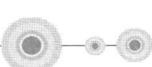

灰色森林土——典型灰色森林土耕地土壤主要理化性状

项目名称	样本数（个）	平均值	标准差	变异系数（%）	范　围
有效土层厚度（cm）	46	64.5	21.77	33.76	25.0~130.0
耕层厚度（cm）	45	44.1	17.81	40.38	20.0~80.0
耕层容重（g/cm³）	44	1.39	0.15	10.66	1.08~1.69
有机质（g/kg）	44	15.1	6.57	43.64	5.9~30.7
全氮（g/kg）	46	0.937	0.34	36.03	0.320~1.670
有效磷（mg/kg）	44	12.6	8.40	66.93	5.2~46.2
速效钾（mg/kg）	46	135	48.76	36.07	66~369
缓效钾（mg/kg）	46	629	162.12	25.78	341~1 130
有效铜（mg/kg）	46	0.99	0.39	39.08	0.33~1.85
有效锌（mg/kg）	45	0.93	0.45	48.15	0.32~2.45
有效铁（mg/kg）	46	16.48	15.81	95.97	3.00~78.70
有效锰（mg/kg）	46	14.34	8.26	57.58	4.47~38.60
有效硼（mg/kg）	45	0.79	0.44	55.25	0.33~2.29
有效钼（mg/kg）	45	0.161	0.11	70.76	0.020~0.484
有效硫（mg/kg）	45	22.15	19.04	85.92	3.57~90.40
有效硅（mg/kg）	45	262.51	35.05	13.35	105.30~351.00

耕层质地

	砂土	砂壤土	轻壤土	中壤土	重壤土	黏土
样本数	14	13	2	17	0	0
占比（%）	30.43	28.26	4.35	36.96	0.00	0.00

土壤 pH

	≤4.5	(4.5~5.5]	(5.5~6.5]	(6.5~7.5]	(7.5~8.5]	>8.5
样本数	0	1	1	5	39	0
占比（%）	0.00	2.17	2.17	10.87	84.78	0.00

灰色森林土—暗灰色森林土耕地土壤主要理化性状

项目名称	样本数（个）	平均值	标准差	变异系数（%）	范围
有效土层厚度（cm）	2	35.0	11.31	32.32	27.0~43.0
耕层厚度（cm）	2	21.5	2.12	9.87	20.0~23.0
耕层容重（g/cm³）	2	1.24	0.06	5.15	1.20~1.29
有机质（g/kg）	1	55.3	—	—	—
全氮（g/kg）	0	—	—	—	—
有效磷（mg/kg）	2	12.1	1.70	14.03	10.9~13.3
速效钾（mg/kg）	2	261	108.19	41.53	184~337
缓效钾（mg/kg）	2	750	51.11	6.81	714~786
有效铜（mg/kg）	2	1.42	0.55	38.84	1.03~1.81
有效锌（mg/kg）	2	2.30	2.25	97.77	0.71~3.89
有效铁（mg/kg）	1	34.23	—	—	—
有效锰（mg/kg）	2	20.61	4.83	23.43	17.20~24.03
有效硼（mg/kg）	2	1.46	0.20	13.77	1.32~1.60
有效钼（mg/kg）	2	0.141	0.11	78.02	0.063~0.219
有效硫（mg/kg）	2	26.22	20.25	77.24	11.90~40.54
有效硅（mg/kg）	2	133.12	52.16	39.18	96.24~170.00

耕层质地

	砂土	砂壤土	轻壤土	中壤土	重壤土	黏土
样本数	0	0	1	0	1	0
占比（%）	0.00	0.00	50.00	0.00	50.00	0.00

土壤 pH

	≤4.5	(4.5~5.5]	(5.5~6.5]	(6.5~7.5]	(7.5~8.5]	>8.5
样本数	0	0	1	1	0	0
占比（%）	0.00	0.00	50.00	50.00	0.00	0.00

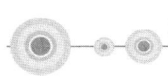

黑钙土—典型黑钙土耕地土壤主要理化性状

项目名称	样本数（个）	平均值	标准差	变异系数（%）	范　　围
有效土层厚度（cm）	238	56.2	19.03	33.84	25.0～114.0
耕层厚度（cm）	239	37.0	18.04	48.74	20.0～94.0
耕层容重（g/cm³）	204	1.30	0.15	11.40	1.08～1.80
有机质（g/kg）	176	35.6	13.73	38.54	6.8～56.6
全氮（g/kg）	185	1.924	0.69	35.64	0.334～2.950
有效磷（mg/kg）	230	20.1	12.49	62.13	3.0～64.6
速效钾（mg/kg）	233	179	72.61	40.64	44～379
缓效钾（mg/kg）	233	734	231.82	31.60	276～1 252
有效铜（mg/kg）	237	1.33	0.50	37.26	0.26～3.20
有效锌（mg/kg）	237	1.41	1.05	74.90	0.17～5.06
有效铁（mg/kg）	218	51.43	29.15	56.69	2.05～120.37
有效锰（mg/kg）	227	20.81	9.21	44.26	1.88～50.80
有效硼（mg/kg）	235	1.04	0.47	44.99	0.08～2.57
有效钼（mg/kg）	229	0.110	0.07	62.44	0.014～0.520
有效硫（mg/kg）	237	17.90	11.54	64.46	3.24～78.75
有效硅（mg/kg）	210	221.71	126.62	57.11	9.70～450.00

耕层质地

砂土		砂壤土		轻壤土		中壤土		重壤土		黏土	
样本数	占比（%）	样本数	占比（%）	样本数	占比（%）	样本数	占比（%）	样本数	占比（%）	样本数	占比（%）
0	0.00	38	15.90	74	30.96	97	40.59	29	12.13	1	0.42

土壤 pH

≤4.5		(4.5～5.5)		(5.5～6.5]		(6.5～7.5]		(7.5～8.5]		>8.5	
样本数	占比（%）	样本数	占比（%）	样本数	占比（%）	样本数	占比（%）	样本数	占比（%）	样本数	占比（%）
0	0.00	0	0.00	62	25.94	117	48.95	53	22.18	7	2.93

黑钙土—淋溶黑钙土耕地土壤主要理化性状

项目名称	样本数（个）	平均值	标准差	变异系数（%）	范围
有效土层厚度（cm）	58	59.0	26.73	45.27	25.0~130.0
耕层厚度（cm）	59	38.4	20.26	52.81	20.0~80.0
耕层容重（g/cm³）	60	1.36	0.13	9.75	1.12~1.72
有机质（g/kg）	53	24.9	12.41	49.86	6.5~54.7
全氮（g/kg）	58	1.577	0.72	45.36	0.320~2.950
有效磷（mg/kg）	61	19.2	13.22	69.05	2.9~55.5
速效钾（mg/kg）	59	159	56.49	35.52	58~306
缓效钾（mg/kg）	60	712	167.39	23.52	319~1 024
有效铜（mg/kg）	61	0.99	0.42	42.25	0.28~2.22
有效锌（mg/kg）	61	1.69	1.30	76.65	0.16~4.93
有效铁（mg/kg）	60	39.08	29.18	74.66	3.20~117.52
有效锰（mg/kg）	60	17.37	8.53	49.09	3.22~37.70
有效硼（mg/kg）	59	0.99	0.52	52.45	0.20~2.41
有效钼（mg/kg）	59	0.131	0.09	71.20	0.030~0.535
有效硫（mg/kg）	60	22.71	18.19	80.08	3.28~81.30
有效硅（mg/kg）	58	280.91	109.77	39.08	24.44~451.36

耕层质地

	砂土	砂壤土	轻壤土	中壤土	重壤土	黏土
样本数	5	4	10	42	0	0
占比（%）	8.20	6.56	16.39	68.85	0.00	0.00

土壤 pH

	≤4.5	(4.5~5.5]	(5.5~6.5]	(6.5~7.5]	(7.5~8.5]	>8.5
样本数	0	1	16	17	27	0
占比（%）	0.00	1.64	26.23	27.87	44.26	0.00

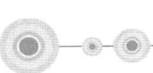

黑钙土—石灰性黑钙土耕地土壤主要理化性状

项目名称	样本数（个）	平均值	标准差	变异系数（%）	范　围
有效土层厚度（cm）	85	58.0	16.15	27.86	25.0～100.0
耕层厚度（cm）	87	38.9	14.08	36.18	20.0～80.0
耕层容重（g/cm³）	86	1.32	0.07	5.23	1.08～1.65
有机质（g/kg）	70	37.1	12.62	33.98	7.5～56.7
全氮（g/kg）	71	1.967	0.62	31.71	0.590～2.970
有效磷（mg/kg）	87	18.9	10.19	53.99	5.4～43.6
速效钾（mg/kg）	87	159	60.57	38.01	53～296
缓效钾（mg/kg）	86	681	175.32	25.74	321～977
有效铜（mg/kg）	87	1.79	0.56	31.16	0.31～2.91
有效锌（mg/kg）	87	1.85	0.82	44.41	0.50～3.47
有效铁（mg/kg）	70	78.83	35.05	44.46	2.90～120.35
有效锰（mg/kg）	79	24.61	12.20	49.56	3.72～54.24
有效硼（mg/kg）	86	0.76	0.39	51.48	0.10～2.45
有效钼（mg/kg）	86	0.141	0.10	70.14	0.027～0.547
有效硫（mg/kg）	86	13.40	6.97	52.04	3.60～34.70
有效硅（mg/kg）	81	303.18	79.24	26.14	56.93～450.00

耕层质地

	砂土	砂壤土	轻壤土	中壤土	重壤土	黏土
样本数	0	4	5	66	11	1
占比（%）	0.00	4.60	5.75	75.86	12.64	1.15

土壤 pH

	≤4.5	(4.5～5.5]	(5.5～6.5]	(6.5～7.5]	(7.5～8.5]	>8.5
样本数	0	1	38	35	13	0
占比（%）	0.00	1.15	43.68	40.23	14.94	0.00

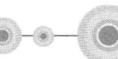

黑钙土—淡黑钙土耕地土壤主要理化性状

项目名称	样本数（个）	平均值	标准差	变异系数（%）	范　围
有效土层厚度（cm）	24	68.3	11.67	17.08	40.0～85.0
耕层厚度（cm）	24	48.3	11.67	24.15	20.0～65.0
耕层容重（g/cm³）	21	1.11	0.03	2.95	1.08～1.21
有机质（g/kg）	19	37.7	11.84	31.39	15.4～55.5
全氮（g/kg）	18	1.992	0.81	40.54	0.360～2.970
有效磷（mg/kg）	22	26.5	15.75	59.45	5.3～63.2
速效钾（mg/kg）	21	165	54.19	32.82	67～297
缓效钾（mg/kg）	23	540	86.52	16.02	363～683
有效铜（mg/kg）	22	1.00	0.52	52.09	0.33～2.62
有效锌（mg/kg）	23	0.98	0.81	83.07	0.24～2.99
有效铁（mg/kg）	24	34.08	23.76	69.72	8.30～88.20
有效锰（mg/kg）	24	14.44	7.13	49.40	5.20～30.70
有效硼（mg/kg）	24	0.69	0.33	46.89	0.19～1.42
有效钼（mg/kg）	24	0.101	0.00	3.68	0.090～0.108
有效硫（mg/kg）	23	18.89	17.56	92.95	3.53～61.65
有效硅（mg/kg）	23	258.82	102.47	39.59	90.50～437.20

耕层质地

	砂土		砂壤土		轻壤土		中壤土		重壤土		黏土	
	样本数	占比（%）	样本数	占比（%）	样本数	占比（%）	样本数	占比（%）	样本数	占比（%）	样本数	占比（%）
	0	0.00	21	87.50	0	0.00	3	12.50	0	0.00	0	0.00

土壤 pH

	≤4.5		(4.5～5.5]		(5.5～6.5]		(6.5～7.5]		(7.5～8.5]		>8.5	
	样本数	占比（%）	样本数	占比（%）	样本数	占比（%）	样本数	占比（%）	样本数	占比（%）	样本数	占比（%）
	0	0.00	0	0.00	4	16.67	18	75.00	2	8.33	0	0.00

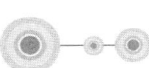

内蒙古及长城沿线区耕地质量主要性状数据集

黑钙土—草甸黑钙土耕地土壤主要理化性状

项目名称	样本数（个）	平均值	标准差	变异系数（%）	范　围
有效土层厚度（cm）	41	68.1	30.41	44.68	25.0～140.0
耕层厚度（cm）	38	44.0	25.69	58.42	20.0～90.0
耕层容重（g/cm³）	38	1.28	0.12	9.32	1.08～1.57
有机质（g/kg）	26	36.4	15.40	42.25	8.3～56.6
全氮（g/kg）	30	2.158	0.66	30.76	0.480～2.968
有效磷（mg/kg）	40	18.8	10.93	58.23	3.8～60.0
速效钾（mg/kg）	40	191	78.99	41.25	59～373
缓效钾（mg/kg）	39	847	185.48	21.89	385～1 203
有效铜（mg/kg）	41	1.42	0.55	38.60	0.45～2.80
有效锌（mg/kg）	41	1.21	0.91	75.60	0.14～4.12
有效铁（mg/kg）	38	61.66	30.95	50.20	3.22～115.86
有效锰（mg/kg）	38	22.44	8.09	36.06	6.22～37.28
有效硼（mg/kg）	39	1.29	0.45	34.98	0.44～2.14
有效钼（mg/kg）	41	0.098	0.06	59.27	0.011～0.340
有效硫（mg/kg）	40	23.28	21.86	93.93	5.70～137.80
有效硅（mg/kg）	36	214.57	157.71	73.50	9.86～451.36

耕层质地

砂土		砂壤土		轻壤土		中壤土		重壤土		黏土	
样本数	占比（%）	样本数	占比（%）	样本数	占比（%）	样本数	占比（%）	样本数	占比（%）	样本数	占比（%）
0	0.00	1	2.44	17	41.46	23	56.10	0	0.00	0	0.00

土壤pH

≤4.5		(4.5～5.5]		(5.5～6.5]		(6.5～7.5]		(7.5～8.5]		>8.5	
样本数	占比（%）	样本数	占比（%）	样本数	占比（%）	样本数	占比（%）	样本数	占比（%）	样本数	占比（%）
0	0.00	1	2.44	17	41.46	16	39.02	6	14.63	1	2.44

50

栗钙土—典型栗钙土耕地土壤主要理化性状

项目名称	样本数（个）	平均值	标准差	变异系数（%）	范　围
有效土层厚度（cm）	1 513	69.2	27.61	39.87	25.0～150.0
耕层厚度（cm）	1 486	40.9	22.49	55.01	20.0～90.0
耕层容重（g/cm³）	1 489	1.42	0.14	9.91	1.09～1.80
有机质（g/kg）	1 493	17.2	6.93	40.27	5.3～50.8
全氮（g/kg）	1 505	1.044	0.42	40.45	0.294～2.910
有效磷（mg/kg）	1 452	15.3	11.87	77.41	2.7～65.0
速效钾（mg/kg）	1 452	138	62.78	45.65	42～382
缓效钾（mg/kg）	1 431	716	240.75	33.64	254～1 377
有效铜（mg/kg）	1 467	0.94	0.61	64.77	0.18～3.21
有效锌（mg/kg）	1 462	0.98	0.90	91.62	0.12～5.35
有效铁（mg/kg）	1 523	15.26	11.37	74.52	1.90～88.90
有效锰（mg/kg）	1 503	12.66	7.14	56.38	1.86～54.40
有效硼（mg/kg）	1 488	0.75	0.47	62.46	0.05～2.63
有效钼（mg/kg）	1 473	0.083	0.09	111.86	0.010～0.559
有效硫（mg/kg）	1 461	23.84	23.97	100.52	3.23～173.45
有效硅（mg/kg）	1 469	161.17	85.15	52.83	9.72～451.36

耕层质地

	砂土		砂壤土		轻壤土		中壤土		重壤土		黏土
样本数	占比（%）	样本数	占比（%）	样本数	占比（%）	样本数	占比（%）	样本数	占比（%）	样本数	占比（%）
125	8.19	702	46.00	527	34.53	161	10.55	8	0.52	3	0.20

土壤 pH

≤4.5		(4.5～5.5]		(5.5～6.5]		(6.5～7.5]		(7.5～8.5]		>8.5	
样本数	占比（%）	样本数	占比（%）	样本数	占比（%）	样本数	占比（%）	样本数	占比（%）	样本数	占比（%）
0	0.00	0	0.00	2	0.13	35	2.29	1 238	81.13	251	16.45

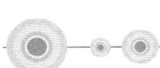

栗钙土—暗栗钙土耕地土壤主要理化性状

项目名称	样本数（个）	平均值	标准差	变异系数（%）	范围
有效土层厚度（cm）	1 677	61.5	25.54	41.55	25.0~150.0
耕层厚度（cm）	1 676	38.7	19.45	50.25	20.0~94.0
耕层容重（g/cm³）	1 610	1.38	0.16	11.73	1.08~1.79
有机质（g/kg）	1 709	22.4	9.90	44.21	5.3~56.4
全氮（g/kg）	1 696	1.361	0.57	41.89	0.300~2.960
有效磷（mg/kg）	1 683	15.5	12.00	77.17	2.7~65.2
速效钾（mg/kg）	1 612	141	55.08	38.98	43~381
缓效钾（mg/kg）	1 664	632	223.11	35.30	254~1 368
有效铜（mg/kg）	1 649	0.89	0.56	62.25	0.18~3.32
有效锌（mg/kg）	1 611	1.03	0.95	92.60	0.12~5.35
有效铁（mg/kg）	1 685	21.88	21.90	100.09	1.83~120.49
有效锰（mg/kg）	1 665	12.55	7.73	61.58	1.77~53.40
有效硼（mg/kg）	1 618	0.74	0.46	61.40	0.04~2.61
有效钼（mg/kg）	1 605	0.123	0.11	85.21	0.010~0.567
有效硫（mg/kg）	1 669	21.07	19.79	93.96	3.19~173.45
有效硅（mg/kg）	1 663	225.48	94.06	41.71	9.57~450.00

耕层质地

	砂土	砂壤土	轻壤土	中壤土	重壤土	黏土
样本数	36	684	512	446	48	1
占比（%）	2.08	39.61	29.65	25.83	2.78	0.06

土壤 pH

	≤4.5	(4.5~5.5]	(5.5~6.5]	(6.5~7.5]	(7.5~8.5]	>8.5
样本数	0	1	52	252	1 362	60
占比（%）	0.00	0.06	3.01	14.59	78.87	3.47

栗钙土—淡栗钙土耕地土壤主要理化性状

项目名称	样本数（个）	平均值	标准差	变异系数（%）	范围
有效土层厚度 (cm)	364	80.2	31.09	38.76	28.0~150.0
耕层厚度 (cm)	365	26.0	11.77	45.23	18.0~80.0
耕层容重 (g/cm³)	352	1.34	0.16	11.82	1.08~1.80
有机质 (g/kg)	364	16.5	6.72	40.60	5.9~48.9
全氮 (g/kg)	362	0.893	0.32	35.99	0.320~2.084
有效磷 (mg/kg)	341	14.3	11.39	79.71	2.7~57.7
速效钾 (mg/kg)	354	142	68.04	47.95	50~371
缓效钾 (mg/kg)	358	728	208.85	28.68	293~1 365
有效铜 (mg/kg)	356	0.76	0.47	62.41	0.18~2.94
有效锌 (mg/kg)	356	0.96	0.90	94.26	0.12~5.04
有效铁 (mg/kg)	336	8.99	6.68	74.34	1.71~47.58
有效锰 (mg/kg)	339	7.49	4.78	63.78	1.73~38.54
有效硼 (mg/kg)	346	0.48	0.37	77.29	0.04~2.28
有效钼 (mg/kg)	343	0.119	0.08	70.76	0.010~0.570
有效硫 (mg/kg)	360	29.18	21.52	73.74	3.35~140.50
有效硅 (mg/kg)	350	179.32	83.17	46.38	16.83~434.83

耕层质地

	砂土	砂壤土	轻壤土	中壤土	重壤土	黏土
样本数	5	135	86	121	11	7
占比（%）	1.37	36.99	23.56	33.15	3.01	1.92

土壤 pH

	≤4.5	(4.5~5.5]	(5.5~6.5]	(6.5~7.5]	(7.5~8.5]	>8.5
样本数	0	0	0	2	278	85
占比（%）	0.00	0.00	0.00	0.55	76.16	23.29

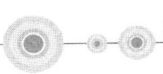

栗钙土—草甸栗钙土耕地土壤主要理化性状

项目名称	样本数（个）	平均值	标准差	变异系数（%）	范围
有效土层厚度（cm）	482	75.4	29.25	38.78	25.0~150.0
耕层厚度（cm）	447	50.9	24.77	48.71	20.0~94.0
耕层容重（g/cm³）	468	1.41	0.14	9.64	1.08~1.80
有机质（g/kg）	469	18.5	9.17	49.57	5.3~56.5
全氮（g/kg）	476	1.131	0.55	48.37	0.308~2.952
有效磷（mg/kg）	471	14.9	11.35	76.10	2.7~62.7
速效钾（mg/kg）	467	147	58.46	39.90	47~378
缓效钾（mg/kg）	456	689	237.59	34.51	261~1 360
有效铜（mg/kg）	477	0.93	0.48	51.25	0.19~2.98
有效锌（mg/kg）	467	0.98	0.78	79.33	0.12~5.30
有效铁（mg/kg）	481	16.33	11.67	71.51	2.50~109.10
有效锰（mg/kg）	482	12.48	6.51	52.16	1.96~53.40
有效硼（mg/kg）	452	0.81	0.49	61.15	0.05~2.63
有效钼（mg/kg）	463	0.124	0.11	87.89	0.010~0.564
有效硫（mg/kg）	461	22.92	21.01	91.68	3.28~163.30
有效硅（mg/kg）	457	199.88	102.03	51.04	9.97~450.30

耕层质地

砂土		砂壤土		轻壤土		中壤土		重壤土		黏土	
样本数	占比（%）	样本数	占比（%）	样本数	占比（%）	样本数	占比（%）	样本数	占比（%）	样本数	占比（%）
47	9.69	125	25.77	214	44.12	90	18.56	3	0.62	6	1.24

土壤 pH

≤4.5		(4.5~5.5]		(5.5~6.5]		(6.5~7.5]		(7.5~8.5]		>8.5	
样本数	占比（%）	样本数	占比（%）	样本数	占比（%）	样本数	占比（%）	样本数	占比（%）	样本数	占比（%）
0	0.00	0	0.00	5	1.03	23	4.74	421	86.80	36	7.42

栗钙土—盐化栗钙土耕地土壤主要理化性状

项目名称	样本数（个）	平均值	标准差	变异系数（%）	范围
有效土层厚度（cm）	70	68.3	31.06	45.45	25.0~140.0
耕层厚度（cm）	68	40.4	22.36	55.40	20.0~95.0
耕层容重（g/cm³）	71	1.50	0.12	8.34	1.27~1.76
有机质（g/kg）	73	17.8	7.66	43.05	5.6~48.6
全氮（g/kg）	72	1.068	0.44	40.75	0.334~2.330
有效磷（mg/kg）	70	13.3	9.01	67.80	2.8~47.1
速效钾（mg/kg）	72	144	49.89	34.62	61~286
缓效钾（mg/kg）	71	781	271.79	34.82	315~1 378
有效铜（mg/kg）	68	0.71	0.39	54.67	0.18~1.99
有效锌（mg/kg）	67	0.64	0.61	95.09	0.13~4.40
有效铁（mg/kg）	73	17.05	10.24	60.07	2.50~54.41
有效锰（mg/kg）	73	14.56	7.96	54.70	3.96~29.55
有效硼（mg/kg）	63	0.75	0.49	65.63	0.06~2.50
有效钼（mg/kg）	63	0.132	0.13	101.16	0.010~0.556
有效硫（mg/kg）	73	24.27	21.00	86.54	3.98~137.49
有效硅（mg/kg）	73	229.87	102.95	44.79	20.95~451.08

耕层质地

	砂土		砂壤土		轻壤土		中壤土		重壤土		黏土	
	样本数	占比（%）	样本数	占比（%）	样本数	占比（%）	样本数	占比（%）	样本数	占比（%）	样本数	占比（%）
	5	6.85	49	67.12	9	12.33	6	8.22	3	4.11	1	1.37

土壤 pH

	≤4.5		(4.5~5.5]		(5.5~6.5]		(6.5~7.5]		(7.5~8.5]		>8.5	
	样本数	占比（%）	样本数	占比（%）	样本数	占比（%）	样本数	占比（%）	样本数	占比（%）	样本数	占比（%）
	0	0.00	0	0.00	0	0.00	0	0.00	66	90.41	7	9.59

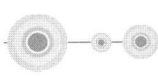

栗钙土—碱化栗钙土耕地土壤主要理化性状

项目名称	样本数（个）	平均值	标准差	变异系数（%）	范 围
有效土层厚度（cm）	19	57.9	5.35	9.25	40.0～60.0
耕层厚度（cm）	19	37.9	5.35	14.13	20.0～40.0
耕层容重（g/cm³）	19	1.51	0.11	7.12	1.26～1.66
有机质（g/kg）	18	14.1	3.54	25.07	7.8～22.0
全氮（g/kg）	18	0.877	0.20	23.22	0.482～1.205
有效磷（mg/kg）	19	9.4	6.13	65.57	4.5～30.1
速效钾（mg/kg）	19	129	23.58	18.32	89～175
缓效钾（mg/kg）	16	887	313.31	35.33	401～1 293
有效铜（mg/kg）	19	1.09	0.32	29.01	0.21～1.61
有效锌（mg/kg）	19	0.83	0.29	35.18	0.56～1.88
有效铁（mg/kg）	19	16.93	23.25	137.33	4.10～111.00
有效锰（mg/kg）	19	12.98	3.32	25.60	9.50～22.10
有效硼（mg/kg）	19	0.69	0.23	34.11	0.35～1.27
有效钼（mg/kg）	18	0.054	0.03	62.03	0.012～0.140
有效硫（mg/kg）	19	22.20	12.97	58.45	4.32～70.60
有效硅（mg/kg）	19	240.76	57.16	23.74	129.20～344.39

耕层质地

砂土		砂壤土		轻壤土		中壤土		重壤土		黏土	
样本数	占比（%）	样本数	占比（%）	样本数	占比（%）	样本数	占比（%）	样本数	占比（%）	样本数	占比（%）
1	5.26	0	0.00	17	89.47	1	5.26	0	0.00	0	0.00

土壤 pH

≤4.5		(4.5～5.5]		(5.5～6.5]		(6.5～7.5]		(7.5～8.5]		>8.5	
样本数	占比（%）	样本数	占比（%）	样本数	占比（%）	样本数	占比（%）	样本数	占比（%）	样本数	占比（%）
0	0.00	0	0.00	0	0.00	0	0.00	19	100.00	0	0.00

栗钙土——栗钙土性耕地土壤主要理化性状

项目名称	样本数（个）	平均值	标准差	变异系数（%）	范　围
有效土层厚度（cm）	13	85.3	26.18	30.69	40.0～125.0
耕层厚度（cm）	12	57.8	28.30	48.93	20.0～95.0
耕层容重（g/cm³）	13	1.49	0.13	8.96	1.19～1.67
有机质（g/kg）	11	19.3	8.26	42.72	5.4～38.2
全氮（g/kg）	13	1.115	0.46	41.55	0.500～2.180
有效磷（mg/kg）	11	26.7	15.48	57.93	6.9～54.8
速效钾（mg/kg）	13	136	40.83	30.07	80～220
缓效钾（mg/kg）	13	671	184.81	27.54	340～949
有效铜（mg/kg）	10	1.49	0.93	62.60	0.27～3.16
有效锌（mg/kg）	10	2.31	1.61	69.62	0.94～5.42
有效铁（mg/kg）	13	11.48	8.68	75.62	2.11～24.97
有效锰（mg/kg）	13	10.59	5.38	50.84	2.98～19.49
有效硼（mg/kg）	13	0.55	0.18	32.62	0.23～0.89
有效钼（mg/kg）	12	0.174	0.13	72.05	0.060～0.510
有效硫（mg/kg）	12	35.84	30.14	84.11	5.20～89.53
有效硅（mg/kg）	13	172.35	70.46	40.88	79.00～312.86

耕层质地

	砂土		砂壤土		轻壤土		中壤土		重壤土		黏土	
样本数	占比（%）	样本数	占比（%）	样本数	占比（%）	样本数	占比（%）	样本数	占比（%）	样本数	占比（%）	
2	15.38	6	46.15	1	7.69	3	23.08	0	0.00	1	7.69	

土壤 pH

≤4.5		(4.5～5.5]		(5.5～6.5]		(6.5～7.5]		(7.5～8.5]		>8.5	
样本数	占比（%）	样本数	占比（%）	样本数	占比（%）	样本数	占比（%）	样本数	占比（%）	样本数	占比（%）
0	0.00	0	0.00	4	30.77	3	23.08	6	46.15	0	0.00

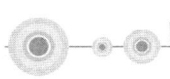
栗褐土——典型栗褐土耕地土壤主要理化性状

项目名称	样本数（个）	平均值	标准差	变异系数（%）	范　围
有效土层厚度（cm）	514	87.8	34.77	39.59	25.0～150.0
耕层厚度（cm）	498	28.8	14.08	48.93	18.0～65.0
耕层容重（g/cm³）	511	1.35	0.15	11.38	1.09～1.80
有机质（g/kg）	537	14.0	6.11	43.53	5.3～53.9
全氮（g/kg）	547	0.822	0.31	37.29	0.302～2.300
有效磷（mg/kg）	526	13.9	10.62	76.65	2.7～61.2
速效钾（mg/kg）	541	147	61.28	41.71	45～380
缓效钾（mg/kg）	544	740	199.11	26.89	276～1 347
有效铜（mg/kg）	548	0.88	0.53	60.28	0.18～2.83
有效锌（mg/kg）	520	1.16	1.10	94.47	0.12～5.35
有效铁（mg/kg）	510	8.33	6.20	74.48	1.71～41.80
有效锰（mg/kg）	515	9.18	5.52	60.18	1.73～36.34
有效硼（mg/kg）	529	0.55	0.40	73.50	0.04～2.31
有效钼（mg/kg）	517	0.138	0.09	63.81	0.010～0.570
有效硫（mg/kg）	542	28.28	23.97	84.76	3.90～156.78
有效硅（mg/kg）	534	197.36	80.26	40.66	10.14～434.83

耕层质地

砂土		砂壤土		轻壤土		中壤土		重壤土		黏土	
样本数	占比（%）	样本数	占比（%）	样本数	占比（%）	样本数	占比（%）	样本数	占比（%）	样本数	占比（%）
15	2.72	222	40.22	241	43.66	59	10.69	0	0.00	15	2.72

土壤 pH

≤4.5		(4.5～5.5]		(5.5～6.5]		(6.5～7.5]		(7.5～8.5]		>8.5	
样本数	占比（%）	样本数	占比（%）	样本数	占比（%）	样本数	占比（%）	样本数	占比（%）	样本数	占比（%）
0	0.00	0	0.00	0	0.00	5	0.91	447	80.98	100	18.12

栗褐土—淡栗褐土耕地土壤主要理化性状

项目名称	样本数（个）	平均值	标准差	变异系数（%）	范　围
有效土层厚度（cm）	825	79.5	37.41	47.05	25.0～150.0
耕层厚度（cm）	916	34.5	22.09	63.96	20.0～94.0
耕层容重（g/cm³）	917	1.29	0.09	7.26	1.10～1.71
有机质（g/kg）	869	12.4	5.72	46.13	5.3～53.1
全氮（g/kg）	794	0.775	0.35	44.99	0.293～2.900
有效磷（mg/kg）	886	12.7	9.61	75.60	2.7～65.0
速效钾（mg/kg）	883	123	55.63	45.28	42～363
缓效钾（mg/kg）	914	736	175.35	23.81	266～1 340
有效铜（mg/kg）	893	0.76	0.46	60.28	0.18～3.27
有效锌（mg/kg）	892	0.76	0.64	84.26	0.12～4.87
有效铁（mg/kg）	849	9.66	11.25	116.42	1.71～107.40
有效锰（mg/kg）	850	7.92	6.18	78.05	1.73～48.93
有效硼（mg/kg）	837	0.57	0.47	81.51	0.04～2.58
有效钼（mg/kg）	867	0.122	0.09	76.63	0.010～0.570
有效硫（mg/kg）	901	27.96	22.42	80.18	3.35～173.40
有效硅（mg/kg）	887	204.64	117.77	57.55	9.87～434.83

耕层质地

	砂土		砂壤土		轻壤土		中壤土		重壤土		黏土	
	样本数	占比（%）	样本数	占比（%）	样本数	占比（%）	样本数	占比（%）	样本数	占比（%）	样本数	占比（%）
	21	2.29	327	35.62	491	53.49	73	7.95	1	0.11	5	0.54

土壤 pH

	≤4.5		(4.5～5.5]		(5.5～6.5]		(6.5～7.5]		(7.5～8.5]		>8.5	
	样本数	占比（%）	样本数	占比（%）	样本数	占比（%）	样本数	占比（%）	样本数	占比（%）	样本数	占比（%）
	0	0.00	0	0.00	0	0.00	4	0.44	709	77.23	205	22.33

栗褐土—潮栗褐土耕地土壤主要理化性状

项目名称	样本数（个）	平均值	标准差	变异系数（%）	范围
有效土层厚度（cm）	102	89.6	18.98	21.18	30.0~100.0
耕层厚度（cm）	102	69.8	18.40	26.36	20.0~80.0
耕层容重（g/cm³）	102	1.31	0.10	7.77	1.12~1.65
有机质（g/kg）	99	14.6	6.41	43.98	5.4~36.3
全氮（g/kg）	98	0.930	0.38	41.31	0.306~1.980
有效磷（mg/kg）	99	13.8	10.39	75.16	2.9~51.5
速效钾（mg/kg）	100	136	54.85	40.33	49~304
缓效钾（mg/kg）	100	717	204.61	28.52	359~1 260
有效铜（mg/kg）	101	0.96	0.43	45.06	0.28~3.11
有效锌（mg/kg）	101	1.07	0.62	57.48	0.12~3.42
有效铁（mg/kg）	102	17.91	17.36	96.93	3.20~111.55
有效锰（mg/kg）	95	12.71	7.27	57.23	3.10~44.80
有效硼（mg/kg）	90	0.92	0.53	57.62	0.06~2.41
有效钼（mg/kg）	101	0.125	0.11	87.63	0.030~0.530
有效硫（mg/kg）	100	23.21	24.96	107.53	4.08~169.10
有效硅（mg/kg）	99	249.59	146.53	58.71	20.33~412.00

耕层质地

	砂土	砂壤土	轻壤土	中壤土	重壤土	黏土
样本数	7	19	14	62	0	0
占比（%）	6.86	18.63	13.73	60.78	0.00	0.00

土壤 pH

	≤4.5	(4.5~5.5]	(5.5~6.5]	(6.5~7.5]	(7.5~8.5]	>8.5
样本数	0	0	0	0	78	24
占比（%）	0.00	0.00	0.00	0.00	76.47	23.53

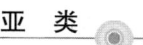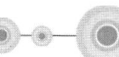

黑垆土—典型黑垆土耕地土壤主要理化性状

项目名称	样本数（个）	平均值	标准差	变异系数（%）	范围
有效土层厚度（cm）	41	86.9	22.52	25.90	30.0~100.0
耕层厚度（cm）	41	67.4	21.33	31.63	20.0~80.0
耕层容重（g/cm³）	42	1.37	0.10	6.94	1.25~1.78
有机质（g/kg）	42	22.4	10.47	46.78	8.8~52.6
全氮（g/kg）	42	1.093	0.45	41.52	0.522~2.436
有效磷（mg/kg）	39	13.9	12.88	92.71	3.0~61.7
速效钾（mg/kg）	42	107	52.04	48.67	52~301
缓效钾（mg/kg）	37	956	256.06	26.78	551~1 364
有效铜（mg/kg）	27	0.61	0.34	55.83	0.20~1.65
有效锌（mg/kg）	40	0.83	0.54	65.43	0.16~2.84
有效铁（mg/kg）	39	32.57	20.57	63.16	9.47~87.80
有效锰（mg/kg）	38	14.71	9.99	67.93	4.29~51.40
有效硼（mg/kg）	41	0.80	0.28	35.69	0.46~2.10
有效钼（mg/kg）	42	0.066	0.11	165.12	0.030~0.523
有效硫（mg/kg）	42	24.57	11.57	47.08	8.87~56.06
有效硅（mg/kg）	40	150.81	86.75	57.52	55.81~394.13

耕层质地

	砂土		砂壤土		轻壤土		中壤土		重壤土		黏土	
	样本数	占比（%）	样本数	占比（%）	样本数	占比（%）	样本数	占比（%）	样本数	占比（%）	样本数	占比（%）
	2	4.76	10	23.81	15	35.71	14	33.33	0	0.00	1	2.38

土壤 pH

	≤4.5		(4.5~5.5]		(5.5~6.5]		(6.5~7.5]		(7.5~8.5]		>8.5	
	样本数	占比（%）	样本数	占比（%）	样本数	占比（%）	样本数	占比（%）	样本数	占比（%）	样本数	占比（%）
	0	0.00	0	0.00	0	0.00	0	0.00	33	78.57	9	21.43

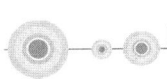

黑垆土—潮黑垆土耕地土壤主要理化性状

项目名称	样本数（个）	平均值	标准差	变异系数（%）	范围
有效土层厚度（cm）	1	100.0	—	—	—
耕层厚度（cm）	1	80.0	—	—	—
耕层容重（g/cm³）	1	1.21	—	—	—
有机质（g/kg）	1	18.1	—	—	—
全氮（g/kg）	1	1.260	—	—	—
有效磷（mg/kg）	1	7.9	—	—	—
速效钾（mg/kg）	1	189	—	—	—
缓效钾（mg/kg）	1	753	—	—	—
有效铜（mg/kg）	1	0.89	—	—	—
有效锌（mg/kg）	1	0.77	—	—	—
有效铁（mg/kg）	1	18.10	—	—	—
有效锰（mg/kg）	1	15.00	—	—	—
有效硼（mg/kg）	1	0.55	—	—	—
有效钼（mg/kg）	1	0.120	—	—	—
有效硫（mg/kg）	1	54.50	—	—	—
有效硅（mg/kg）	1	347.00	—	—	—

耕层质地

砂土		砂壤土		轻壤土		中壤土		重壤土		黏土	
样本数	占比（%）	样本数	占比（%）	样本数	占比（%）	样本数	占比（%）	样本数	占比（%）	样本数	占比（%）
0	0.00	0	0.00	0	0.00	1	100.00	0	0.00	0	0.00

土壤pH

≤4.5		(4.5～5.5]		(5.5～6.5]		(6.5～7.5]		(7.5～8.5]		>8.5	
样本数	占比（%）	样本数	占比（%）	样本数	占比（%）	样本数	占比（%）	样本数	占比（%）	样本数	占比（%）
0	0.00	0	0.00	0	0.00	0	0.00	1	100.00	0	0.00

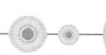

棕钙土—典型棕钙土耕地土壤主要理化性状

项目名称	样本数（个）	平均值	标准差	变异系数（%）	范　围
有效土层厚度（cm）	13	38.6	13.12	33.99	25.0～70.0
耕层厚度（cm）	13	24.3	9.51	39.11	20.0～50.0
耕层容重（g/cm³）	10	1.49	0.29	19.73	1.08～1.77
有机质（g/kg）	13	16.9	5.16	30.47	9.6～28.0
全氮（g/kg）	13	1.006	0.30	29.96	0.597～1.484
有效磷（mg/kg）	13	14.8	11.50	77.91	4.8～47.2
速效钾（mg/kg）	13	175	63.38	36.23	57～273
缓效钾（mg/kg）	13	662	338.08	51.04	263～1 181
有效铜（mg/kg）	13	1.07	0.91	85.26	0.23～2.70
有效锌（mg/kg）	13	1.22	1.13	92.97	0.26～3.64
有效铁（mg/kg）	12	10.34	5.55	53.68	3.60～20.04
有效锰（mg/kg）	13	11.95	5.58	46.73	3.30～19.27
有效硼（mg/kg）	13	0.89	0.50	55.78	0.21～1.77
有效钼（mg/kg）	13	0.078	0.04	56.27	0.013～0.140
有效硫（mg/kg）	13	32.45	20.25	62.42	9.25～70.30
有效硅（mg/kg）	13	172.19	66.05	38.36	50.40～260.86

耕层质地

砂土		砂壤土		轻壤土		中壤土		重壤土		黏土	
样本数	占比（%）	样本数	占比（%）	样本数	占比（%）	样本数	占比（%）	样本数	占比（%）	样本数	占比（%）
0	0.00	10	76.92	1	7.69	1	7.69	1	7.69	0	0.00

土壤pH

≤4.5		(4.5～5.5]		(5.5～6.5]		(6.5～7.5]		(7.5～8.5]		>8.5	
样本数	占比（%）	样本数	占比（%）	样本数	占比（%）	样本数	占比（%）	样本数	占比（%）	样本数	占比（%）
0	0.00	0	0.00	0	0.00	1	7.69	7	53.85	5	38.46

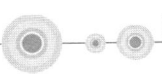
棕钙土—淡棕钙土耕地土壤主要理化性状

项目名称	样本数（个）	平均值	标准差	变异系数（%）	范围
有效土层厚度（cm）	1	70.0	—	—	—
耕层厚度（cm）	1	50.0	—	—	—
耕层容重（g/cm³）	0	—	—	—	—
有机质（g/kg）	1	11.6	—	—	—
全氮（g/kg）	1	2.067	—	—	—
有效磷（mg/kg）	1	25.9	—	—	—
速效钾（mg/kg）	0	—	—	—	—
缓效钾（mg/kg）	1	1 088	—	—	—
有效铜（mg/kg）	1	0.47	—	—	—
有效锌（mg/kg）	1	0.34	—	—	—
有效铁（mg/kg）	1	11.41	—	—	—
有效锰（mg/kg）	1	6.87	—	—	—
有效硼（mg/kg）	1	0.68	—	—	—
有效钼（mg/kg）	1	0.398	—	—	—
有效硫（mg/kg）	1	21.17	—	—	—
有效硅（mg/kg）	1	229.24	—	—	—

耕层质地

砂土		砂壤土		轻壤土		中壤土		重壤土		黏土	
样本数	占比（%）	样本数	占比（%）	样本数	占比（%）	样本数	占比（%）	样本数	占比（%）	样本数	占比（%）
0	0.00	0	0.00	0	0.00	1	100.00	0	0.00	0	0.00

土壤pH

≤4.5		(4.5～5.5]		(5.5～6.5]		(6.5～7.5]		(7.5～8.5]		>8.5	
样本数	占比（%）	样本数	占比（%）	样本数	占比（%）	样本数	占比（%）	样本数	占比（%）	样本数	占比（%）
0	0.00	0	0.00	0	0.00	0	0.00	1	100.00	0	0.00

棕钙土—草甸棕钙土耕地土壤主要理化性状

项目名称	样本数（个）	平均值	标准差	变异系数（%）	范　围
有效土层厚度（cm）	4	39.8	6.65	16.73	30.0～45.0
耕层厚度（cm）	4	22.3	2.06	9.27	20.0～25.0
耕层容重（g/cm³）	3	1.44	0.15	10.49	1.30～1.60
有机质（g/kg）	4	18.4	6.46	35.06	11.9～27.4
全氮（g/kg）	4	1.137	0.35	30.78	0.850～1.647
有效磷（mg/kg）	4	11.7	8.42	71.96	3.3～23.3
速效钾（mg/kg）	4	154	74.77	48.55	51～216
缓效钾（mg/kg）	3	827	323.76	39.17	474～1 111
有效铜（mg/kg）	4	0.97	0.65	66.71	0.48～1.86
有效锌（mg/kg）	4	0.58	0.21	36.04	0.34～0.84
有效铁（mg/kg）	4	13.35	14.64	109.62	4.10～35.10
有效锰（mg/kg）	4	9.05	3.01	33.31	5.20～12.33
有效硼（mg/kg）	4	1.30	0.77	59.44	0.73～2.44
有效钼（mg/kg）	4	0.106	0.06	60.58	0.030～0.185
有效硫（mg/kg）	4	48.21	31.05	64.40	21.37～84.95
有效硅（mg/kg）	4	173.87	38.93	22.39	116.48～201.50

耕层质地

砂土		砂壤土		轻壤土		中壤土		重壤土		黏土	
样本数	占比（%）	样本数	占比（%）	样本数	占比（%）	样本数	占比（%）	样本数	占比（%）	样本数	占比（%）
0	0.00	2	50.00	0	0.00	0	0.00	2	50.00	0	0.00

土壤 pH

≤4.5		(4.5～5.5]		(5.5～6.5]		(6.5～7.5]		(7.5～8.5]		>8.5	
样本数	占比（%）	样本数	占比（%）	样本数	占比（%）	样本数	占比（%）	样本数	占比（%）	样本数	占比（%）
0	0.00	0	0.00	0	0.00	0	0.00	1	25.00	3	75.00

棕钙土—盐化棕钙土耕地土壤主要理化性状

项目名称	样本数（个）	平均值	标准差	变异系数（%）	范 围
有效土层厚度（cm）	2	41.0	1.41	3.45	40.0~42.0
耕层厚度（cm）	2	21.0	1.41	6.73	20.0~22.0
耕层容重（g/cm³）	2	1.78	0.04	1.99	1.75~1.80
有机质（g/kg）	2	20.6	12.30	59.84	11.9~29.2
全氮（g/kg）	2	1.191	0.68	56.94	0.711~1.670
有效磷（mg/kg）	2	14.2	15.76	111.39	3.0~25.3
速效钾（mg/kg）	1	248	—	—	—
缓效钾（mg/kg）	2	946	245.35	25.93	773~1 120
有效铜（mg/kg）	2	1.82	1.27	69.87	0.92~2.72
有效锌（mg/kg）	2	1.81	1.71	94.42	0.60~3.02
有效铁（mg/kg）	2	26.01	10.45	40.18	18.62~33.40
有效锰（mg/kg）	2	23.26	21.36	91.80	8.16~38.36
有效硼（mg/kg）	2	1.04	0.94	90.88	0.37~1.70
有效钼（mg/kg）	2	0.088	0.02	20.08	0.075~0.100
有效硫（mg/kg）	2	39.59	20.73	52.36	24.93~54.24
有效硅（mg/kg）	2	233.97	98.32	42.02	164.45~303.49

耕层质地

	砂土	砂壤土	轻壤土	中壤土	重壤土	黏土
样本数	0	2	0	0	0	0
占比（%）	0.00	100.00	0.00	0.00	0.00	0.00

土壤pH

	≤4.5	(4.5~5.5]	(5.5~6.5]	(6.5~7.5]	(7.5~8.5]	>8.5
样本数	0	0	0	0	1	1
占比（%）	0.00	0.00	0.00	0.00	50.00	50.00

黄绵土—黄绵土耕地土壤主要理化性状

项目名称	样本数（个）	平均值	标准差	变异系数（%）	范　围
有效土层厚度（cm）	18	104.9	26.16	24.92	45.0～130.0
耕层厚度（cm）	18	29.9	9.79	32.71	25.0～69.0
耕层容重（g/cm³）	19	1.29	0.15	11.95	1.18～1.75
有机质（g/kg）	17	10.4	4.90	46.94	5.7～20.7
全氮（g/kg）	4	1.114	0.15	13.24	0.926～1.267
有效磷（mg/kg）	13	12.5	11.97	95.87	2.7～36.2
速效钾（mg/kg）	14	103	72.80	70.34	43～290
缓效钾（mg/kg）	19	827	160.83	19.45	591～1 277
有效铜（mg/kg）	19	0.69	0.52	76.23	0.18～2.29
有效锌（mg/kg）	17	1.01	0.85	84.48	0.17～2.22
有效铁（mg/kg）	19	9.09	8.55	94.07	1.85～34.51
有效锰（mg/kg）	18	6.24	2.91	46.62	1.94～12.40
有效硼（mg/kg）	19	0.55	0.40	71.51	0.06～1.08
有效钼（mg/kg）	19	0.128	0.07	57.64	0.049～0.298
有效硫（mg/kg）	18	32.95	27.19	82.52	5.86～92.00
有效硅（mg/kg）	18	252.98	103.33	40.85	61.70～437.33

耕层质地

砂土		砂壤土		轻壤土		中壤土		重壤土		黏土	
样本数	占比（%）	样本数	占比（%）	样本数	占比（%）	样本数	占比（%）	样本数	占比（%）	样本数	占比（%）
0	0.00	14	73.68	4	21.05	1	5.26	0	0.00	0	0.00

土壤pH

≤4.5		(4.5～5.5]		(5.5～6.5]		(6.5～7.5]		(7.5～8.5]		>8.5	
样本数	占比（%）	样本数	占比（%）	样本数	占比（%）	样本数	占比（%）	样本数	占比（%）	样本数	占比（%）
0	0.00	1	5.26	0	0.00	0	0.00	10	52.63	8	42.11

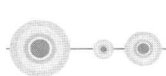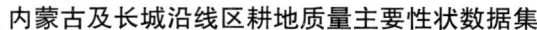

新积土—典型新积土耕地土壤主要理化性状

项目名称	样本数（个）	平均值	标准差	变异系数（%）	范 围
有效土层厚度（cm）	35	53.2	14.37	27.01	30.0～99.0
耕层厚度（cm）	28	25.9	13.98	53.98	18.0～79.0
耕层容重（g/cm³）	35	1.34	0.14	10.71	1.12～1.66
有机质（g/kg）	35	17.7	6.60	37.37	7.5～34.2
全氮（g/kg）	35	1.036	0.36	34.65	0.300～2.359
有效磷（mg/kg）	33	18.3	12.43	67.73	4.5～56.0
速效钾（mg/kg）	35	139	63.82	45.84	46～350
缓效钾（mg/kg）	32	898	243.35	27.10	391～1 328
有效铜（mg/kg）	32	1.31	0.51	39.25	0.30～2.19
有效锌（mg/kg）	34	2.02	1.14	56.21	0.43～5.32
有效铁（mg/kg）	34	23.61	22.61	95.73	5.10～116.70
有效锰（mg/kg）	35	15.80	7.08	44.80	6.28～39.30
有效硼（mg/kg）	35	0.58	0.23	38.96	0.14～1.18
有效钼（mg/kg）	35	0.091	0.06	64.92	0.010～0.200
有效硫（mg/kg）	29	27.60	29.21	105.83	5.00～125.00
有效硅（mg/kg）	31	200.77	83.13	41.41	29.75～367.89

耕层质地

	砂土		砂壤土		轻壤土		中壤土		重壤土		黏土	
	样本数	占比（%）	样本数	占比（%）	样本数	占比（%）	样本数	占比（%）	样本数	占比（%）	样本数	占比（%）
	1	2.86	2	5.71	16	45.71	16	45.71	0	0.00	0	0.00

土壤 pH

	≤4.5		(4.5～5.5]		(5.5～6.5]		(6.5～7.5]		(7.5～8.5]		>8.5	
	样本数	占比（%）	样本数	占比（%）	样本数	占比（%）	样本数	占比（%）	样本数	占比（%）	样本数	占比（%）
	0	0.00	7	20.00	7	20.00	8	22.86	13	37.14	0	0.00

新积土—冲积土耕地土壤主要理化性状

项目名称	样本数（个）	平均值	标准差	变异系数（%）	范围
有效土层厚度（cm）	1	100.0	—	—	—
耕层厚度（cm）	1	80.0	—	—	—
耕层容重（g/cm³）	1	1.56	—	—	—
有机质（g/kg）	1	21.2	—	—	—
全氮（g/kg）	1	0.860	—	—	—
有效磷（mg/kg）	1	8.5	—	—	—
速效钾（mg/kg）	1	102	—	—	—
缓效钾（mg/kg）	1	1 177	—	—	—
有效铜（mg/kg）	1	1.76	—	—	—
有效锌（mg/kg）	1	2.63	—	—	—
有效铁（mg/kg）	1	21.60	—	—	—
有效锰（mg/kg）	1	18.00	—	—	—
有效硼（mg/kg）	1	0.25	—	—	—
有效钼（mg/kg）	1	0.050	—	—	—
有效硫（mg/kg）	1	65.75	—	—	—
有效硅（mg/kg）	1	125.26	—	—	—

耕层质地

	砂土	砂壤土	轻壤土	中壤土	重壤土	黏土
样本数	0	1	0	0	0	0
占比（%）	0.00	100.00	0.00	0.00	0.00	0.00

土壤 pH

	≤4.5	(4.5~5.5]	(5.5~6.5]	(6.5~7.5]	(7.5~8.5]	>8.5
样本数	0	0	0	0	1	0
占比（%）	0.00	0.00	0.00	0.00	100.00	0.00

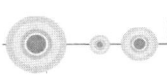
风沙土—草原风沙土耕地土壤主要理化性状

项目名称	样本数（个）	平均值	标准差	变异系数（%）	范围
有效土层厚度（cm）	586	72.3	28.20	39.02	25.0~150.0
耕层厚度（cm）	581	51.5	25.40	49.35	20.0~90.0
耕层容重（g/cm³）	589	1.42	0.11	7.73	1.09~1.72
有机质（g/kg）	551	14.1	6.71	47.62	5.3~53.0
全氮（g/kg）	576	0.823	0.38	45.95	0.299~2.890
有效磷（mg/kg）	569	13.1	10.25	78.18	2.7~64.6
速效钾（mg/kg）	569	127	51.19	40.40	43~371
缓效钾（mg/kg）	548	660	277.26	41.99	260~1 356
有效铜（mg/kg）	569	0.96	0.46	47.46	0.18~3.32
有效锌（mg/kg）	571	0.95	0.68	71.17	0.13~4.31
有效铁（mg/kg）	589	18.53	15.00	80.91	1.71~112.00
有效锰（mg/kg）	585	12.80	6.68	52.23	1.82~53.82
有效硼（mg/kg）	570	0.67	0.42	62.32	0.05~2.61
有效钼（mg/kg）	580	0.099	0.09	92.54	0.010~0.561
有效硫（mg/kg）	566	26.23	27.02	103.01	3.20~162.18
有效硅（mg/kg）	562	182.48	116.20	63.68	10.99~450.00

耕层质地

	砂土		砂壤土		轻壤土		中壤土		重壤土		黏土	
	样本数	占比（%）	样本数	占比（%）	样本数	占比（%）	样本数	占比（%）	样本数	占比（%）	样本数	占比（%）
	315	53.21	153	25.84	61	10.30	59	9.97	4	0.68	0	0.00

土壤 pH

	≤4.5		(4.5~5.5]		(5.5~6.5]		(6.5~7.5]		(7.5~8.5]		>8.5	
	样本数	占比（%）	样本数	占比（%）	样本数	占比（%）	样本数	占比（%）	样本数	占比（%）	样本数	占比（%）
	0	0.00	0	0.00	10	1.69	37	6.25	421	71.11	124	20.95

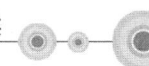

风沙土—草甸风沙土耕地土壤主要理化性状

项目名称	样本数（个）	平均值	标准差	变异系数（%）	范　围
有效土层厚度 (cm)	196	57.5	26.20	45.61	25.0~100.0
耕层厚度 (cm)	200	39.7	23.67	59.67	20.0~80.0
耕层容重 (g/cm³)	200	1.48	0.13	8.87	1.20~1.76
有机质 (g/kg)	186	13.1	6.66	51.00	5.4~43.1
全氮 (g/kg)	187	0.752	0.38	50.70	0.294~2.542
有效磷 (mg/kg)	200	11.7	7.62	65.23	3.1~45.0
速效钾 (mg/kg)	200	117	52.26	44.57	45~343
缓效钾 (mg/kg)	195	536	202.12	37.73	268~1 284
有效铜 (mg/kg)	197	1.05	0.46	44.16	0.22~3.27
有效锌 (mg/kg)	200	0.93	0.62	66.24	0.23~4.41
有效铁 (mg/kg)	198	18.16	19.74	108.72	2.30~109.94
有效锰 (mg/kg)	198	12.90	7.99	61.94	2.31~50.10
有效硼 (mg/kg)	198	0.66	0.40	60.55	0.05~2.59
有效钼 (mg/kg)	197	0.105	0.08	72.52	0.010~0.550
有效硫 (mg/kg)	189	24.84	20.41	82.14	3.19~105.50
有效硅 (mg/kg)	195	230.78	69.77	30.23	18.95~450.00

耕层质地

	砂土	砂壤土	轻壤土	中壤土	重壤土	黏土
样本数	105	50	9	23	10	3
占比（%）	52.50	25.00	4.50	11.50	5.00	1.50

土壤pH

	≤4.5	(4.5~5.5]	(5.5~6.5]	(6.5~7.5]	(7.5~8.5]	>8.5
样本数	0	0	0	5	146	49
占比（%）	0.00	0.00	0.00	2.50	73.00	24.50

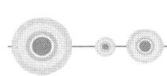

粗骨土——中性粗骨土耕地土壤主要理化性状

项目名称	样本数（个）	平均值	标准差	变异系数（%）	范围
有效土层厚度（cm）	14	45.0	29.81	66.24	30.0~100.0
耕层厚度（cm）	14	32.9	25.55	77.76	20.0~80.0
耕层容重（g/cm³）	14	1.38	0.10	7.41	1.25~1.61
有机质（g/kg）	14	16.5	4.92	29.74	6.0~22.1
全氮（g/kg）	14	0.943	0.34	35.77	0.357~1.690
有效磷（mg/kg）	14	13.5	9.98	73.86	3.4~30.3
速效钾（mg/kg）	14	118	28.72	24.28	56~158
缓效钾（mg/kg）	14	799	206.84	25.89	442~1 262
有效铜（mg/kg）	13	1.14	0.55	48.58	0.18~2.34
有效锌（mg/kg）	14	1.11	0.49	44.07	0.60~2.48
有效铁（mg/kg）	13	17.01	11.20	65.84	6.89~51.90
有效锰（mg/kg）	14	17.65	10.64	60.28	4.83~35.50
有效硼（mg/kg）	13	0.94	0.45	48.18	0.34~1.88
有效钼（mg/kg）	14	0.149	0.10	69.22	0.030~0.342
有效硫（mg/kg）	14	31.19	30.46	97.68	10.36~99.10
有效硅（mg/kg）	13	277.06	88.08	31.79	76.67~333.00

耕层质地

	砂土		砂壤土		轻壤土		中壤土		重壤土		黏土	
	样本数	占比（%）	样本数	占比（%）	样本数	占比（%）	样本数	占比（%）	样本数	占比（%）	样本数	占比（%）
	0	0.00	3	21.43	4	28.57	5	35.71	1	7.14	1	7.14

土壤pH

	≤4.5		(4.5~5.5]		(5.5~6.5]		(6.5~7.5]		(7.5~8.5]		>8.5	
	样本数	占比（%）	样本数	占比（%）	样本数	占比（%）	样本数	占比（%）	样本数	占比（%）	样本数	占比（%）
	0	0.00	0	0.00	2	14.29	2	14.29	7	50.00	3	21.43

粗骨土—钙质粗骨土耕地土壤主要理化性状

项目名称	样本数（个）	平均值	标准差	变异系数（%）	范围
有效土层厚度（cm）	3	50.0	43.30	86.60	25.0~100.0
耕层厚度（cm）	5	32.0	26.83	83.85	20.0~80.0
耕层容重（g/cm³）	5	1.42	0.02	1.32	1.40~1.45
有机质（g/kg）	5	11.9	3.03	25.42	7.8~14.8
全氮（g/kg）	5	0.850	0.32	37.70	0.420~1.290
有效磷（mg/kg）	4	8.7	3.65	42.05	4.3~12.4
速效钾（mg/kg）	4	95	53.44	56.18	52~172
缓效钾（mg/kg）	4	384	67.56	17.60	293~452
有效铜（mg/kg）	4	1.23	0.56	45.63	0.64~1.96
有效锌（mg/kg）	5	0.51	0.30	59.04	0.12~0.90
有效铁（mg/kg）	5	27.47	17.23	62.71	10.33~56.16
有效锰（mg/kg）	5	13.94	0.92	6.61	12.48~14.76
有效硼（mg/kg）	5	0.43	0.15	35.24	0.17~0.56
有效钼（mg/kg）	5	0.078	0.03	38.89	0.050~0.130
有效硫（mg/kg）	5	43.11	51.61	119.72	14.76~134.55
有效硅（mg/kg）	5	40.40	18.75	46.40	27.36~70.96

耕层质地

	砂土	砂壤土	轻壤土	中壤土	重壤土	黏土
样本数	2	3	0	0	0	0
占比（%）	40.00	60.00	0.00	0.00	0.00	0.00

土壤pH

	≤4.5	(4.5~5.5]	(5.5~6.5]	(6.5~7.5]	(7.5~8.5]	>8.5
样本数	0	3	0	0	3	2
占比（%）	0.00	60.00	0.00	0.00	60.00	40.00

石质土—中性石质土耕地土壤主要理化性状

项目名称	样本数（个）	平均值	标准差	变异系数（%）	范围
有效土层厚度 (cm)	20	53.1	25.91	48.79	25.0~110.0
耕层厚度 (cm)	20	37.4	22.07	59.01	20.0~90.0
耕层容重 (g/cm³)	20	1.31	0.18	13.63	1.08~1.71
有机质 (g/kg)	19	21.0	9.30	44.26	7.3~48.1
全氮 (g/kg)	20	1.245	0.47	37.93	0.550~2.360
有效磷 (mg/kg)	20	12.9	6.81	52.88	3.5~30.8
速效钾 (mg/kg)	16	133	71.62	53.83	66~347
缓效钾 (mg/kg)	20	728	265.20	36.44	336~1 379
有效铜 (mg/kg)	19	0.88	0.52	59.33	0.29~1.78
有效锌 (mg/kg)	19	1.02	0.62	60.56	0.41~2.18
有效铁 (mg/kg)	20	14.61	13.56	92.80	3.36~67.90
有效锰 (mg/kg)	20	11.83	4.67	39.50	5.09~24.80
有效硼 (mg/kg)	20	0.52	0.27	52.03	0.14~1.09
有效钼 (mg/kg)	20	0.122	0.11	87.85	0.030~0.450
有效硫 (mg/kg)	19	20.81	19.89	95.56	5.78~85.40
有效硅 (mg/kg)	20	193.66	84.24	43.50	77.28~374.50

耕层质地

	砂土	砂壤土	轻壤土	中壤土	重壤土	黏土
样本数	6	11	0	2	0	1
占比（%）	30.00	55.00	0.00	10.00	0.00	5.00

土壤 pH

	≤4.5	(4.5~5.5]	(5.5~6.5]	(6.5~7.5]	(7.5~8.5]	>8.5
样本数	0	0	2	1	17	0
占比（%）	0.00	0.00	10.00	5.00	85.00	0.00

草甸土——典型草甸土耕地土壤主要理化性状

项目名称	样本数（个）	平均值	标准差	变异系数（%）	范 围
有效土层厚度（cm）	258	80.1	26.98	33.68	25.0～140.0
耕层厚度（cm）	246	56.0	24.91	44.50	20.0～95.0
耕层容重（g/cm³）	251	1.35	0.11	8.17	1.08～1.68
有机质（g/kg）	235	23.2	10.50	45.20	5.5～55.5
全氮（g/kg）	240	1.473	0.65	43.96	0.390～2.974
有效磷（mg/kg）	258	18.1	12.66	69.84	2.9～65.0
速效钾（mg/kg）	252	156	61.34	39.32	55～382
缓效钾（mg/kg）	254	656	206.21	31.45	294～1 373
有效铜（mg/kg）	257	1.35	0.57	42.34	0.22～3.30
有效锌（mg/kg）	254	2.13	1.31	61.65	0.18～5.20
有效铁（mg/kg）	243	47.53	35.53	74.75	1.96～120.50
有效锰（mg/kg）	235	15.82	9.17	57.97	2.39～53.50
有效硼（mg/kg）	258	0.74	0.39	53.14	0.08～2.24
有效钼（mg/kg）	253	0.157	0.10	64.28	0.020～0.520
有效硫（mg/kg）	237	19.96	25.06	125.53	3.36～173.45
有效硅（mg/kg）	252	233.46	87.57	37.51	11.16～451.36

耕层质地

	砂土		砂壤土		轻壤土		中壤土		重壤土		黏土	
	样本数	占比（%）	样本数	占比（%）	样本数	占比（%）	样本数	占比（%）	样本数	占比（%）	样本数	占比（%）
	19	7.31	15	5.77	54	20.77	137	52.69	16	6.15	19	7.31

土壤 pH

	≤4.5		(4.5～5.5]		(5.5～6.5]		(6.5～7.5]		(7.5～8.5]		>8.5	
	样本数	占比（%）	样本数	占比（%）	样本数	占比（%）	样本数	占比（%）	样本数	占比（%）	样本数	占比（%）
	0	0.00	2	0.77	35	13.46	58	22.31	157	60.38	8	3.08

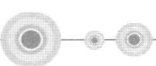

草甸土—石灰性草甸土耕地土壤主要理化性状

项目名称	样本数（个）	平均值	标准差	变异系数（%）	范围
有效土层厚度（cm）	1 286	71.8	25.16	35.05	25.0~120.0
耕层厚度（cm）	1 285	52.5	23.28	44.37	20.0~90.0
耕层容重（g/cm³）	1 283	1.40	0.12	8.89	1.08~1.80
有机质（g/kg）	1 231	18.9	10.21	54.03	5.3~56.6
全氮（g/kg）	1 235	1.063	0.54	50.34	0.310~2.970
有效磷（mg/kg）	1 274	14.9	9.66	65.01	3.1~63.5
速效钾（mg/kg）	1 285	146	56.79	39.01	43~379
缓效钾（mg/kg）	1 242	690	239.36	34.67	256~1 365
有效铜（mg/kg）	1 266	1.27	0.55	43.53	0.19~3.31
有效锌（mg/kg）	1 267	1.20	0.88	73.72	0.12~5.33
有效铁（mg/kg）	1 215	25.21	27.29	108.27	1.90~120.57
有效锰（mg/kg）	1 235	15.99	8.48	53.03	2.27~54.40
有效硼（mg/kg）	1 290	0.78	0.33	42.29	0.05~2.54
有效钼（mg/kg）	1 269	0.112	0.09	83.05	0.010~0.570
有效硫（mg/kg）	1 264	23.79	18.10	76.08	3.19~135.40
有效硅（mg/kg）	1 256	245.43	93.98	38.29	10.36~451.20

耕层质地

	砂土	砂壤土	轻壤土	中壤土	重壤土	黏土
样本数	197	320	316	309	78	72
占比（%）	15.25	24.77	24.46	23.92	6.04	5.57

土壤 pH

	≤4.5	(4.5~5.5]	(5.5~6.5]	(6.5~7.5]	(7.5~8.5]	>8.5
样本数	0	4	127	100	942	119
占比（%）	0.00	0.31	9.83	7.74	72.91	9.21

草甸土—盐化草甸土耕地土壤主要理化性状

项目名称	样本数（个）	平均值	标准差	变异系数（%）	范　围
有效土层厚度（cm）	401	77.8	26.16	33.63	25.0～150.0
耕层厚度（cm）	382	55.4	22.76	41.06	20.0～90.0
耕层容重（g/cm³）	391	1.44	0.15	10.14	1.08～1.80
有机质（g/kg）	401	17.3	8.56	49.44	5.3～53.5
全氮（g/kg）	397	1.045	0.50	48.13	0.300～2.970
有效磷（mg/kg）	395	15.6	11.27	72.29	2.9～64.8
速效钾（mg/kg）	386	146	55.82	38.17	44～374
缓效钾（mg/kg）	391	684	207.38	30.31	261～1 366
有效铜（mg/kg）	390	1.01	0.59	58.41	0.20～3.31
有效锌（mg/kg）	390	0.96	0.77	79.47	0.12～5.30
有效铁（mg/kg）	398	15.70	12.40	78.99	2.20～89.30
有效锰（mg/kg）	390	13.67	7.48	54.72	1.75～51.50
有效硼（mg/kg）	381	0.86	0.48	55.62	0.06～2.57
有效钼（mg/kg）	393	0.128	0.10	78.84	0.010～0.563
有效硫（mg/kg）	392	30.26	30.01	99.15	3.20～172.00
有效硅（mg/kg）	381	232.04	104.69	45.12	10.79～450.00

耕层质地

	砂土		砂壤土		轻壤土		中壤土		重壤土		黏土	
	样本数	占比（%）	样本数	占比（%）	样本数	占比（%）	样本数	占比（%）	样本数	占比（%）	样本数	占比（%）
	74	18.32	134	33.17	101	25.00	68	16.83	20	4.95	7	1.73

土壤 pH

	≤4.5		(4.5～5.5]		(5.5～6.5]		(6.5～7.5]		(7.5～8.5]		>8.5	
	样本数	占比（%）	样本数	占比（%）	样本数	占比（%）	样本数	占比（%）	样本数	占比（%）	样本数	占比（%）
	0	0.00	0	0.00	1	0.25	25	6.19	313	77.48	65	16.09

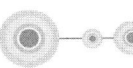

草甸土—碱化草甸土耕地土壤主要理化性状

项目名称	样本数（个）	平均值	标准差	变异系数（%）	范围
有效土层厚度（cm）	77	79.4	9.51	11.98	50.0～100.0
耕层厚度（cm）	77	59.4	9.51	16.02	30.0～80.0
耕层容重（g/cm³）	77	1.45	0.08	5.84	1.15～1.60
有机质（g/kg）	76	16.6	4.23	25.52	6.8～27.6
全氮（g/kg）	76	0.972	0.26	26.81	0.351～1.736
有效磷（mg/kg）	77	11.2	8.33	74.64	4.6～49.6
速效钾（mg/kg）	77	167	48.92	29.21	74～338
缓效钾（mg/kg）	68	1 034	263.70	25.50	340～1 377
有效铜（mg/kg）	77	1.07	0.39	36.67	0.22～2.53
有效锌（mg/kg）	77	0.66	0.22	32.76	0.17～1.25
有效铁（mg/kg）	77	13.36	6.07	45.45	2.20～28.51
有效锰（mg/kg）	74	14.10	5.63	39.97	6.80～47.77
有效硼（mg/kg）	77	0.81	0.22	27.50	0.25～1.43
有效钼（mg/kg）	77	0.066	0.03	39.23	0.020～0.150
有效硫（mg/kg）	75	19.48	7.41	38.03	3.28～35.00
有效硅（mg/kg）	73	243.35	84.88	34.88	32.77～427.30

耕层质地

砂土		砂壤土		轻壤土		中壤土		重壤土		黏土	
样本数	占比（%）	样本数	占比（%）	样本数	占比（%）	样本数	占比（%）	样本数	占比（%）	样本数	占比（%）
7	9.09	21	27.27	8	10.39	3	3.90	29	37.66	9	11.69

土壤 pH

≤4.5		(4.5～5.5]		(5.5～6.5]		(6.5～7.5]		(7.5～8.5]		>8.5	
样本数	占比（%）	样本数	占比（%）	样本数	占比（%）	样本数	占比（%）	样本数	占比（%）	样本数	占比（%）
0	0.00	0	0.00	0	0.00	0	0.00	72	93.51	5	6.49

潮土—典型潮土耕地土壤主要理化性状

项目名称	样本数（个）	平均值	标准差	变异系数（%）	范围
有效土层厚度（cm）	389	76.5	30.75	40.21	30.0~150.0
耕层厚度（cm）	387	45.6	27.05	59.36	18.0~80.0
耕层容重（g/cm³）	376	1.31	0.11	8.09	1.08~1.67
有机质（g/kg）	382	16.2	7.38	45.68	5.5~55.2
全氮（g/kg）	385	0.964	0.40	41.44	0.311~2.730
有效磷（mg/kg）	353	19.3	13.20	68.28	2.8~61.7
速效钾（mg/kg）	372	147	65.72	44.65	44~371
缓效钾（mg/kg）	370	844	224.15	26.55	260~1 373
有效铜（mg/kg）	381	1.13	0.67	59.78	0.18~3.25
有效锌（mg/kg）	377	1.66	1.13	67.83	0.12~4.87
有效铁（mg/kg）	379	19.21	16.87	87.83	1.71~111.40
有效锰（mg/kg）	377	12.12	7.76	64.03	1.74~54.20
有效硼（mg/kg）	369	0.65	0.37	56.19	0.04~2.45
有效钼（mg/kg）	384	0.087	0.07	81.66	0.010~0.540
有效硫（mg/kg）	361	39.79	40.08	100.75	3.60~173.45
有效硅（mg/kg）	367	163.70	103.31	63.11	19.17~451.20

耕层质地

	砂土	砂壤土	轻壤土	中壤土	重壤土	黏土
样本数	28	97	143	103	4	16
占比（%）	7.16	24.81	36.57	26.34	1.02	4.09

土壤 pH

	≤4.5	(4.5~5.5]	(5.5~6.5]	(6.5~7.5]	(7.5~8.5]	>8.5
样本数	0	6	24	51	229	81
占比（%）	0.00	1.53	6.14	13.04	58.57	20.72

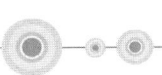

潮土—脱潮土耕地土壤主要理化性状

项目名称	样本数（个）	平均值	标准差	变异系数（%）	范 围
有效土层厚度（cm）	42	95.7	20.26	21.17	30.0~150.0
耕层厚度（cm）	43	66.3	23.98	36.16	18.0~80.0
耕层容重（g/cm³）	41	1.45	0.10	7.03	1.23~1.74
有机质（g/kg）	42	12.4	3.68	29.71	6.9~20.6
全氮（g/kg）	41	0.669	0.22	32.74	0.328~1.370
有效磷（mg/kg）	39	12.2	12.44	101.91	2.9~65.1
速效钾（mg/kg）	30	95	59.77	62.90	45~335
缓效钾（mg/kg）	43	728	173.84	23.88	391~1 234
有效铜（mg/kg）	38	0.54	0.27	49.27	0.18~1.30
有效锌（mg/kg）	43	0.92	0.61	65.79	0.20~3.76
有效铁（mg/kg）	42	18.12	12.51	69.02	1.72~60.60
有效锰（mg/kg）	40	6.03	3.49	57.95	1.85~21.00
有效硼（mg/kg）	43	0.63	0.21	33.94	0.04~0.73
有效钼（mg/kg）	42	0.057	0.08	143.11	0.030~0.490
有效硫（mg/kg）	43	23.53	13.15	55.89	8.54~74.24
有效硅（mg/kg）	42	109.93	60.18	54.74	52.87~299.58

耕层质地

砂土		砂壤土		轻壤土		中壤土		重壤土		黏土	
样本数	占比（%）	样本数	占比（%）	样本数	占比（%）	样本数	占比（%）	样本数	占比（%）	样本数	占比（%）
2	4.65	28	65.12	8	18.60	2	4.65	0	0.00	3	6.98

土壤 pH

≤4.5		(4.5~5.5]		(5.5~6.5]		(6.5~7.5]		(7.5~8.5]		>8.5	
样本数	占比（%）	样本数	占比（%）	样本数	占比（%）	样本数	占比（%）	样本数	占比（%）	样本数	占比（%）
0	0.00	0	0.00	0	0.00	0	0.00	21	48.84	22	51.16

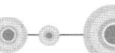

潮土—盐化潮土耕地土壤主要理化性状

项目名称	样本数（个）	平均值	标准差	变异系数（%）	范围
有效土层厚度（cm）	430	88.4	27.14	30.69	25.0~150.0
耕层厚度（cm）	430	50.4	27.23	54.04	18.0~87.0
耕层容重（g/cm³）	438	1.35	0.12	9.20	1.08~1.79
有机质（g/kg）	427	15.0	6.75	45.01	5.3~53.9
全氮（g/kg）	433	0.857	0.38	44.47	0.300~2.382
有效磷（mg/kg）	409	14.2	10.87	76.82	2.8~61.7
速效钾（mg/kg）	419	144	66.59	46.31	45~374
缓效钾（mg/kg）	430	797	223.70	28.07	275~1 360
有效铜（mg/kg）	403	0.97	0.69	71.18	0.18~3.33
有效锌（mg/kg）	419	1.03	0.83	80.76	0.12~4.96
有效铁（mg/kg）	423	15.40	14.55	94.43	1.71~112.60
有效锰（mg/kg）	418	9.82	6.01	61.24	1.73~36.60
有效硼（mg/kg）	417	0.56	0.35	62.24	0.04~2.47
有效钼（mg/kg）	414	0.090	0.09	102.80	0.010~0.570
有效硫（mg/kg）	413	41.73	39.15	93.82	3.54~171.63
有效硅（mg/kg）	426	148.64	102.95	69.26	14.51~441.80

耕层质地

	砂土		砂壤土		轻壤土		中壤土		重壤土		黏土	
	样本数	占比（%）	样本数	占比（%）	样本数	占比（%）	样本数	占比（%）	样本数	占比（%）	样本数	占比（%）
	32	7.26	153	34.69	107	24.26	77	17.46	22	4.99	50	11.34

土壤 pH

	≤4.5		(4.5~5.5]		(5.5~6.5]		(6.5~7.5]		(7.5~8.5]		>8.5	
	样本数	占比（%）	样本数	占比（%）	样本数	占比（%）	样本数	占比（%）	样本数	占比（%）	样本数	占比（%）
	0	0.00	0	0.00	0	0.00	1	0.23	261	59.18	179	40.59

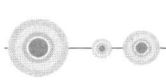
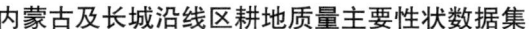

潮土—灌淤潮土耕地土壤主要理化性状

项目名称	样本数（个）	平均值	标准差	变异系数（%）	范　围
有效土层厚度（cm）	72	100.0	0.00	0.00	100.0~100.0
耕层厚度（cm）	72	80.0	0.00	0.00	80.0~80.0
耕层容重（g/cm³）	72	1.42	0.05	3.61	1.30~1.61
有机质（g/kg）	68	12.1	4.88	40.49	5.3~30.3
全氮（g/kg）	72	0.915	0.35	38.27	0.370~2.000
有效磷（mg/kg）	68	16.0	12.01	75.30	2.7~48.2
速效钾（mg/kg）	72	157	72.51	46.24	49~332
缓效钾（mg/kg）	69	617	225.66	36.59	278~1 239
有效铜（mg/kg）	63	1.21	0.84	69.65	0.18~3.25
有效锌（mg/kg）	72	1.33	0.87	65.37	0.12~4.88
有效铁（mg/kg）	72	18.82	8.52	45.28	6.08~35.73
有效锰（mg/kg）	72	17.70	7.32	41.37	6.55~31.39
有效硼（mg/kg）	72	0.44	0.26	58.63	0.10~1.20
有效钼（mg/kg）	72	0.060	0.02	36.42	0.010~0.140
有效硫（mg/kg）	71	30.09	35.44	117.81	3.60~167.45
有效硅（mg/kg）	71	39.09	26.18	66.98	13.32~148.47

耕层质地

砂土		砂壤土		轻壤土		中壤土		重壤土		黏土	
样本数	占比（%）	样本数	占比（%）	样本数	占比（%）	样本数	占比（%）	样本数	占比（%）	样本数	占比（%）
20	27.78	21	29.17	7	9.72	21	29.17	0	0.00	3	4.17

土壤 pH

≤4.5		(4.5~5.5]		(5.5~6.5]		(6.5~7.5]		(7.5~8.5]		>8.5	
样本数	占比（%）	样本数	占比（%）	样本数	占比（%）	样本数	占比（%）	样本数	占比（%）	样本数	占比（%）
0	0.00	0	0.00	0	0.00	0	0.00	7	9.72	65	90.28

山地草甸土—典型山地草甸土耕地土壤主要理化性状

项目名称	样本数（个）	平均值	标准差	变异系数（%）	范围
有效土层厚度 (cm)	18	150.0	0.00	0.00	150.0~150.0
耕层厚度 (cm)	18	20.0	0.00	0.00	20.0~20.0
耕层容重 (g/cm³)	18	1.27	0.04	3.47	1.20~1.37
有机质 (g/kg)	18	9.8	2.47	25.13	6.2~15.4
全氮 (g/kg)	18	0.648	0.14	21.95	0.441~1.030
有效磷 (mg/kg)	18	9.1	7.72	84.70	2.9~28.9
速效钾 (mg/kg)	18	122	27.10	22.25	69~159
缓效钾 (mg/kg)	18	723	147.80	20.43	564~1 039
有效铜 (mg/kg)	18	0.72	0.37	51.18	0.29~1.52
有效锌 (mg/kg)	17	0.76	0.81	106.26	0.16~2.32
有效铁 (mg/kg)	15	6.28	5.00	79.54	1.75~20.50
有效锰 (mg/kg)	13	5.56	3.52	63.33	1.87~12.40
有效硼 (mg/kg)	18	0.47	0.27	58.41	0.08~1.08
有效钼 (mg/kg)	17	0.099	0.04	36.62	0.012~0.159
有效硫 (mg/kg)	17	39.19	27.96	71.34	7.10~92.00
有效硅 (mg/kg)	17	153.21	91.33	59.61	48.56~299.58

耕层质地

	砂土	砂壤土	轻壤土	中壤土	重壤土	黏土
样本数	0	18	0	0	0	0
占比 (%)	0.00	100.00	0.00	0.00	0.00	0.00

土壤 pH

	≤4.5	(4.5~5.5]	(5.5~6.5]	(6.5~7.5]	(7.5~8.5]	>8.5
样本数	0	0	0	16	0	2
占比 (%)	0.00	0.00	0.00	88.89	0.00	11.11

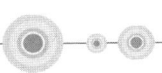

沼泽土—腐泥沼泽土耕地土壤主要理化性状

项目名称	样本数（个）	平均值	标准差	变异系数（%）	范围
有效土层厚度（cm）	11	50.4	15.93	31.64	30.0~68.0
耕层厚度（cm）	11	33.1	12.39	37.44	20.0~48.0
耕层容重（g/cm³）	11	1.34	0.11	8.17	1.25~1.57
有机质（g/kg）	9	29.1	13.68	47.01	12.7~55.8
全氮（g/kg）	8	1.427	0.58	40.62	0.510~2.141
有效磷（mg/kg）	11	23.7	13.93	58.83	4.1~49.8
速效钾（mg/kg）	11	165	55.36	33.54	97~235
缓效钾（mg/kg）	11	685	172.99	25.26	336~907
有效铜（mg/kg）	11	1.72	0.67	38.94	0.75~2.85
有效锌（mg/kg）	11	2.11	1.52	72.25	0.41~4.26
有效铁（mg/kg）	7	40.83	51.38	125.84	6.47~118.71
有效锰（mg/kg）	9	18.27	10.97	60.05	5.38~40.09
有效硼（mg/kg）	11	0.97	0.40	41.24	0.42~1.96
有效钼（mg/kg）	10	0.181	0.13	74.04	0.035~0.440
有效硫（mg/kg）	11	16.86	19.28	114.38	5.00~72.75
有效硅（mg/kg）	10	295.54	113.11	38.27	113.00~450.00

耕层质地

	砂土		砂壤土		轻壤土		中壤土		重壤土		黏土	
	样本数	占比（%）	样本数	占比（%）	样本数	占比（%）	样本数	占比（%）	样本数	占比（%）	样本数	占比（%）
	0	0.00	3	27.27	2	18.18	5	45.45	1	9.09	0	0.00

土壤 pH

	≤4.5		(4.5~5.5]		(5.5~6.5]		(6.5~7.5]		(7.5~8.5]		>8.5	
	样本数	占比（%）	样本数	占比（%）	样本数	占比（%）	样本数	占比（%）	样本数	占比（%）	样本数	占比（%）
	0	0.00	0	0.00	5	45.45	1	9.09	5	45.45	0	0.00

沼泽土—泥炭沼泽土耕地土壤主要理化性状

项目名称	样本数（个）	平均值	标准差	变异系数（%）	范　围
有效土层厚度（cm）	2	100.0	0.00	0.00	100.0～100.0
耕层厚度（cm）	2	80.0	0.00	0.00	80.0～80.0
耕层容重（g/cm³）	2	1.35	0.04	2.63	1.32～1.37
有机质（g/kg）	1	8.5	—	—	—
全氮（g/kg）	2	0.600	0.33	54.21	0.370～0.830
有效磷（mg/kg）	2	8.8	6.65	75.96	4.0～13.4
速效钾（mg/kg）	2	115	35.64	31.07	90～140
缓效钾（mg/kg）	2	345	105.78	30.64	271～420
有效铜（mg/kg）	1	1.06	—	—	—
有效锌（mg/kg）	2	1.85	0.60	32.48	1.42～2.27
有效铁（mg/kg）	2	16.78	7.90	47.07	11.20～22.37
有效锰（mg/kg）	2	13.54	0.24	1.81	13.36～13.71
有效硼（mg/kg）	2	0.51	0.23	46.21	0.34～0.67
有效钼（mg/kg）	2	0.065	0.01	10.88	0.060～0.070
有效硫（mg/kg）	2	50.08	7.46	14.90	44.80～55.35
有效硅（mg/kg）	2	19.11	0.34	1.78	18.87～19.35

耕层质地

砂土		砂壤土		轻壤土		中壤土		重壤土		黏土	
占比（%）	样本数	占比（%）	样本数	占比（%）	样本数	占比（%）	样本数	占比（%）	样本数	占比（%）	样本数
100.00	2	0.00	0	0.00	0	0.00	0	0.00	0	0.00	0

土壤pH

≤4.5		(4.5～5.5]		(5.5～6.5]		(6.5～7.5]		(7.5～8.5]		>8.5	
占比（%）	样本数	占比（%）	样本数	占比（%）	样本数	占比（%）	样本数	占比（%）	样本数	占比（%）	样本数
0.00	0	0.00	0	0.00	0	0.00	0	100.00	2	0.00	0

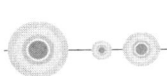

沼泽土——草甸沼泽土耕地土壤主要理化性状

项目名称	样本数（个）	平均值	标准差	变异系数（%）	范围
有效土层厚度（cm）	42	70.7	27.25	38.54	30.0～118.0
耕层厚度（cm）	41	51.0	24.51	48.03	20.0～80.0
耕层容重（g/cm³）	40	1.38	0.12	8.54	1.20～1.76
有机质（g/kg）	40	27.4	14.03	51.17	5.6～54.4
全氮（g/kg）	40	1.454	0.72	49.37	0.410～2.888
有效磷（mg/kg）	42	12.8	10.42	81.36	3.8～47.0
速效钾（mg/kg）	42	142	54.25	38.14	49～261
缓效钾（mg/kg）	41	649	199.87	30.79	304～1 080
有效铜（mg/kg）	41	1.43	0.60	41.83	0.30～3.32
有效锌（mg/kg）	39	1.80	1.14	63.39	0.32～3.95
有效铁（mg/kg）	34	52.12	39.09	74.99	3.79～117.59
有效锰（mg/kg）	37	12.86	9.25	71.90	4.07～47.56
有效硼（mg/kg）	40	0.71	0.30	42.34	0.25～1.48
有效钼（mg/kg）	41	0.141	0.11	76.44	0.010～0.506
有效硫（mg/kg）	39	23.37	27.40	117.28	4.00～166.60
有效硅（mg/kg）	40	226.32	121.36	53.62	9.97～450.00

耕层质地

	砂土		砂壤土		轻壤土		中壤土		重壤土		黏土	
	样本数	占比（%）	样本数	占比（%）	样本数	占比（%）	样本数	占比（%）	样本数	占比（%）	样本数	占比（%）
	5	11.90	4	9.52	5	11.90	27	64.29	1	2.38	0	0.00

土壤 pH

	≤4.5		(4.5～5.5]		(5.5～6.5]		(6.5～7.5)		[7.5～8.5)		>8.5	
	样本数	占比（%）	样本数	占比（%）	样本数	占比（%）	样本数	占比（%）	样本数	占比（%）	样本数	占比（%）
	0	0.00	0	0.00	4	9.52	6	14.29	31	73.81	1	2.38

草甸盐土—典型草甸盐土耕地土壤主要理化性状

项目名称	样本数（个）	平均值	标准差	变异系数（%）	范　围
有效土层厚度（cm）	73	90.1	21.16	23.49	30.0~100.0
耕层厚度（cm）	73	66.4	22.71	34.23	20.0~80.0
耕层容重（g/cm³）	70	1.41	0.12	8.47	1.19~1.70
有机质（g/kg）	66	15.7	7.50	47.74	5.3~40.2
全氮（g/kg）	71	0.958	0.48	49.64	0.351~2.727
有效磷（mg/kg）	68	16.5	13.35	80.73	3.4~64.9
速效钾（mg/kg）	68	150	71.43	47.76	52~363
缓效钾（mg/kg）	70	829	225.08	27.16	320~1 298
有效铜（mg/kg）	61	1.06	0.79	75.04	0.19~3.14
有效锌（mg/kg）	69	1.22	0.80	65.97	0.16~4.06
有效铁（mg/kg）	71	21.32	15.44	72.43	2.64~105.00
有效锰（mg/kg）	73	11.49	6.44	56.03	2.20~31.30
有效硼（mg/kg）	73	0.62	0.33	53.12	0.06~2.40
有效钼（mg/kg）	72	0.077	0.09	121.21	0.019~0.565
有效硫（mg/kg）	66	45.93	41.85	91.10	3.75~167.65
有效硅（mg/kg）	72	110.70	71.78	64.84	18.60~297.62

耕层质地

	砂土		砂壤土		轻壤土		中壤土		重壤土		黏土	
	样本数	占比（%）	样本数	占比（%）	样本数	占比（%）	样本数	占比（%）	样本数	占比（%）	样本数	占比（%）
	14	19.18	23	31.51	15	20.55	13	17.81	2	2.74	6	8.22

土壤 pH

	≤4.5		(4.5~5.5]		(5.5~6.5]		(6.5~7.5]		(7.5~8.5]		>8.5	
	样本数	占比（%）	样本数	占比（%）	样本数	占比（%）	样本数	占比（%）	样本数	占比（%）	样本数	占比（%）
	0	0.00	0	0.00	0	0.00	0	0.00	43	58.90	30	41.10

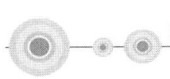

草甸盐土—碱化盐土耕地土壤主要理化性状

项目名称	样本数（个）	平均值	标准差	变异系数（%）	范围
有效土层厚度（cm）	3	41.7	17.56	42.14	25.0~60.0
耕层厚度（cm）	3	26.7	11.55	43.30	20.0~40.0
耕层容重（g/cm³）	3	1.43	0.03	2.01	1.41~1.46
有机质（g/kg）	3	26.4	7.38	27.99	18.5~33.2
全氮（g/kg）	3	1.429	0.10	7.18	1.318~1.521
有效磷（mg/kg）	3	19.9	8.42	42.44	10.5~26.9
速效钾（mg/kg）	3	85	33.18	39.15	47~109
缓效钾（mg/kg）	3	595	408.40	68.64	274~1 055
有效铜（mg/kg）	3	0.70	0.48	68.54	0.38~1.25
有效锌（mg/kg）	2	1.09	0.30	27.56	0.88~1.30
有效铁（mg/kg）	2	7.18	1.38	19.23	6.20~8.15
有效锰（mg/kg）	3	21.51	15.83	73.61	11.28~39.75
有效硼（mg/kg）	3	0.98	0.33	33.54	0.78~1.36
有效钼（mg/kg）	3	0.095	0.02	21.81	0.080~0.118
有效硫（mg/kg）	3	10.11	5.97	59.05	4.32~16.25
有效硅（mg/kg）	3	263.68	101.82	38.62	198.25~381.00

耕层质地

砂土		砂壤土		轻壤土		中壤土		重壤土		黏土	
样本数	占比（%）	样本数	占比（%）	样本数	占比（%）	样本数	占比（%）	样本数	占比（%）	样本数	占比（%）
1	33.33	1	33.33	1	33.33	0	0.00	0	0.00	0	0.00

土壤 pH

≤4.5		(4.5~5.5]		(5.5~6.5]		(6.5~7.5]		(7.5~8.5]		>8.5	
样本数	占比（%）	样本数	占比（%）	样本数	占比（%）	样本数	占比（%）	样本数	占比（%）	样本数	占比（%）
0	0.00	0	0.00	0	0.00	1	33.33	2	66.67	0	0.00

碱土—草甸碱土耕地土壤主要理化性状

项目名称	样本数（个）	平均值	标准差	变异系数（%）	范　围
有效土层厚度（cm）	42	38.5	15.32	39.84	30.0~100.0
耕层厚度（cm）	42	25.4	11.71	46.17	20.0~80.0
耕层容重（g/cm³）	38	1.36	0.15	10.72	1.11~1.66
有机质（g/kg）	42	14.9	4.76	31.85	6.8~24.5
全氮（g/kg）	40	0.876	0.30	34.23	0.325~1.720
有效磷（mg/kg）	42	15.1	7.81	51.77	6.7~43.9
速效钾（mg/kg）	42	135	68.03	50.43	47~295
缓效钾（mg/kg）	42	586	212.48	36.26	325~1 098
有效铜（mg/kg）	41	1.18	0.58	48.97	0.26~2.57
有效锌（mg/kg）	42	1.03	0.78	75.60	0.47~3.85
有效铁（mg/kg）	42	14.43	7.39	51.20	2.30~32.80
有效锰（mg/kg）	42	13.38	2.53	18.94	7.80~18.40
有效硼（mg/kg）	42	1.03	0.35	33.65	0.36~1.55
有效钼（mg/kg）	41	0.077	0.06	79.66	0.011~0.290
有效硫（mg/kg）	42	37.52	30.22	80.54	3.28~173.42
有效硅（mg/kg）	42	184.69	61.59	33.35	80.20~329.52

耕层质地

	砂土		砂壤土		轻壤土		中壤土		重壤土		黏土	
	样本数	占比（%）	样本数	占比（%）	样本数	占比（%）	样本数	占比（%）	样本数	占比（%）	样本数	占比（%）
	2	4.76	38	90.48	1	2.38	0	0.00	1	2.38	0	0.00

土壤pH

	≤4.5		(4.5~5.5]		(5.5~6.5]		(6.5~7.5]		(7.5~8.5]		>8.5	
	样本数	占比（%）	样本数	占比（%）	样本数	占比（%）	样本数	占比（%）	样本数	占比（%）	样本数	占比（%）
	0	0.00	0	0.00	0	0.00	1	2.38	40	95.24	1	2.38

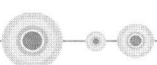

水稻土—淹育水稻土耕地土壤主要理化性状

项目名称	样本数（个）	平均值	标准差	变异系数（%）	范围
有效土层厚度（cm）	1	79.0	—	—	—
耕层厚度（cm）	1	18.0	—	—	—
耕层容重（g/cm³）	0	—	—	—	—
有机质（g/kg）	1	17.2	—	—	—
全氮（g/kg）	1	0.911	—	—	—
有效磷（mg/kg）	1	26.6	—	—	—
速效钾（mg/kg）	1	274	—	—	—
缓效钾（mg/kg）	1	822	—	—	—
有效铜（mg/kg）	1	0.72	—	—	—
有效锌（mg/kg）	1	1.45	—	—	—
有效铁（mg/kg）	1	8.65	—	—	—
有效锰（mg/kg）	1	9.20	—	—	—
有效硼（mg/kg）	1	0.34	—	—	—
有效钼（mg/kg）	1	0.030	—	—	—
有效硫（mg/kg）	1	5.38	—	—	—
有效硅（mg/kg）	1	137.73	—	—	—

耕层质地

	砂土	砂壤土	轻壤土	中壤土	重壤土	黏土
样本数	0	1	0	0	0	0
占比（%）	0.00	100.00	0.00	0.00	0.00	0.00

土壤pH

	≤4.5	(4.5～5.5]	(5.5～6.5]	(6.5～7.5]	(7.5～8.5]	>8.5
样本数	0	0	0	0	1	0
占比（%）	0.00	0.00	0.00	0.00	100.00	0.00

水稻土—潜育水稻土耕地土壤主要理化性状

项目名称	样本数（个）	平均值	标准差	变异系数（%）	范围
有效土层厚度（cm）	0	—	—	—	—
耕层厚度（cm）	1	20.0	—	—	—
耕层容重（g/cm³）	1	1.25	—	—	—
有机质（g/kg）	1	18.2	—	—	—
全氮（g/kg）	1	1.380	—	—	—
有效磷（mg/kg）	1	45.6	—	—	—
速效钾（mg/kg）	1	254	—	—	—
缓效钾（mg/kg）	1	863	—	—	—
有效铜（mg/kg）	1	1.02	—	—	—
有效锌（mg/kg）	1	4.51	—	—	—
有效铁（mg/kg）	1	20.34	—	—	—
有效锰（mg/kg）	1	13.49	—	—	—
有效硼（mg/kg）	1	1.03	—	—	—
有效钼（mg/kg）	1	0.050	—	—	—
有效硫（mg/kg）	1	31.63	—	—	—
有效硅（mg/kg）	1	191.58	—	—	—

耕层质地

砂土		砂壤土		轻壤土		中壤土		重壤土		黏土	
样本数	占比（%）	样本数	占比（%）	样本数	占比（%）	样本数	占比（%）	样本数	占比（%）	样本数	占比（%）
0	0.00	0	0.00	0	0.00	0	0.00	1	100.00	0	0.00

土壤 pH

≤4.5		(4.5~5.5]		(5.5~6.5]		(6.5~7.5]		(7.5~8.5]		>8.5	
样本数	占比（%）	样本数	占比（%）	样本数	占比（%）	样本数	占比（%）	样本数	占比（%）	样本数	占比（%）
0	0.00	0	0.00	0	0.00	0	0.00	1	100.00	0	0.00

水稻土—盐渍土耕地土壤主要理化性状

项目名称	样本数（个）	平均值	标准差	变异系数（%）	范围
有效土层厚度（cm）	3	150.0	0.00	0.00	150.0~150.0
耕层厚度（cm）	3	20.0	0.00	0.00	20.0~20.0
耕层容重（g/cm³）	3	1.28	0.03	2.25	1.25~1.30
有机质（g/kg）	3	11.8	2.02	17.09	10.2~14.1
全氮（g/kg）	3	0.577	0.08	14.62	0.482~0.643
有效磷（mg/kg）	3	29.2	21.78	74.57	14.8~54.3
速效钾（mg/kg）	3	166	70.05	42.20	105~242
缓效钾（mg/kg）	3	685	22.78	3.32	669~711
有效铜（mg/kg）	3	1.38	1.27	92.12	0.46~2.83
有效锌（mg/kg）	3	0.44	0.02	4.25	0.42~0.46
有效铁（mg/kg）	3	4.54	0.82	18.08	3.60~5.11
有效锰（mg/kg）	3	7.46	3.68	49.32	4.00~11.32
有效硼（mg/kg）	3	0.30	0.11	37.05	0.17~0.37
有效钼（mg/kg）	3	0.090	0.03	36.00	0.053~0.114
有效硫（mg/kg）	3	42.75	46.01	107.65	12.95~95.74
有效硅（mg/kg）	3	149.04	90.05	60.42	48.32~221.78

耕层质地

	砂土	砂壤土	轻壤土	中壤土	重壤土	黏土
样本数	0	0	1	2	3	0
占比（%）	0.00	0.00	33.33	66.67	0.00	0.00

土壤 pH

	≤4.5	(4.5~5.5]	(5.5~6.5]	(6.5~7.5]	(7.5~8.5]	>8.5
样本数	0	0	0	0	3	0
占比（%）	0.00	0.00	0.00	0.00	100.00	0.00

灌淤土——典型灌淤土耕地土壤主要理化性状

项目名称	样本数（个）	平均值	标准差	变异系数（%）	范　围
有效土层厚度（cm）	30	86.3	38.99	45.17	40.0～150.0
耕层厚度（cm）	30	26.0	4.98	19.16	20.0～30.0
耕层容重（g/cm³）	30	1.41	0.16	11.43	1.19～1.70
有机质（g/kg）	30	20.6	5.97	29.05	9.1～40.0
全氮（g/kg）	30	1.197	0.34	28.58	0.470～1.717
有效磷（mg/kg）	29	22.2	16.04	72.11	4.6～63.4
速效钾（mg/kg）	27	243	73.79	30.37	105～359
缓效钾（mg/kg）	30	840	171.16	20.37	436～1 203
有效铜（mg/kg）	23	1.44	0.40	27.72	0.90～2.74
有效锌（mg/kg）	21	2.94	1.38	46.83	1.11～5.35
有效铁（mg/kg）	30	28.75	9.08	31.57	9.33～49.61
有效锰（mg/kg）	30	16.02	5.89	36.77	6.67～38.34
有效硼（mg/kg）	30	0.94	0.32	34.30	0.51～1.31
有效钼（mg/kg）	30	0.089	0.04	43.60	0.020～0.150
有效硫（mg/kg）	24	38.51	7.03	18.24	30.54～58.18
有效硅（mg/kg）	30	218.32	63.02	28.86	136.76～395.60

耕层质地

砂土		砂壤土		轻壤土		中壤土		重壤土		黏土	
样本数	占比（%）	样本数	占比（%）	样本数	占比（%）	样本数	占比（%）	样本数	占比（%）	样本数	占比（%）
0	0.00	13	43.33	3	10.00	2	6.67	9	30.00	3	10.00

土壤pH

≤4.5		(4.5～5.5]		(5.5～6.5]		(6.5～7.5]		(7.5～8.5]		>8.5	
样本数	占比（%）	样本数	占比（%）	样本数	占比（%）	样本数	占比（%）	样本数	占比（%）	样本数	占比（%）
0	0.00	0	0.00	0	0.00	0	0.00	29	96.67	1	3.33

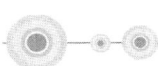

灌淤土—盐化灌淤土耕地土壤主要理化性状

项目名称	样本数（个）	平均值	标准差	变异系数（%）	范　围
有效土层厚度（cm）	10	105.0	36.89	35.14	50.0~150.0
耕层厚度（cm）	8	23.8	3.54	14.89	20.0~30.0
耕层容重（g/cm³）	9	1.39	0.20	14.52	1.17~1.76
有机质（g/kg）	10	16.0	4.69	29.35	11.2~26.8
全氮（g/kg）	10	0.855	0.31	36.09	0.523~1.522
有效磷（mg/kg）	10	17.2	11.53	66.88	6.3~39.6
速效钾（mg/kg）	10	213	51.92	24.38	113~305
缓效钾（mg/kg）	10	849	117.70	13.86	655~1 006
有效铜（mg/kg）	6	1.37	0.17	12.56	1.22~1.59
有效锌（mg/kg）	9	2.57	1.12	43.75	1.57~4.89
有效铁（mg/kg）	10	13.08	3.38	25.83	9.67~21.11
有效锰（mg/kg）	10	11.26	3.69	32.81	6.52~15.89
有效硼（mg/kg）	10	0.71	0.27	38.92	0.39~1.31
有效钼（mg/kg）	10	0.147	0.15	103.42	0.060~0.568
有效硫（mg/kg）	10	63.65	62.60	98.36	11.57~156.34
有效硅（mg/kg）	10	225.16	66.40	29.49	143.23~356.78

耕层质地

	砂土	砂壤土	轻壤土	中壤土	重壤土	黏土
样本数	0	0	3	6	0	1
占比（%）	0.00	0.00	30.00	60.00	0.00	10.00

土壤pH

	≤4.5	(4.5~5.5]	(5.5~6.5]	(6.5~7.5]	(7.5~8.5]	>8.5
样本数	0	0	0	0	9	1
占比（%）	0.00	0.00	0.00	0.00	90.00	10.00

三、土 属

棕壤—典型棕壤—黄土质棕壤耕地土壤主要理化性状

项目名称	样本数（个）	平均值	标准差	变异系数（%）	范 围
有效土层厚度（cm）	40	63.5	36.99	58.25	25.0～120.0
耕层厚度（cm）	35	39.1	26.55	67.84	20.0～80.0
耕层容重（g/cm³）	33	1.37	0.13	9.27	1.18～1.68
有机质（g/kg）	39	15.8	7.38	46.57	5.8～34.1
全氮（g/kg）	40	0.921	0.35	37.48	0.380～2.020
有效磷（mg/kg）	34	17.0	12.22	71.91	4.9～51.6
速效钾（mg/kg）	36	124	57.31	46.28	47～378
缓效钾（mg/kg）	40	690	175.69	25.46	262～1 030
有效铜（mg/kg）	39	0.91	0.43	46.80	0.29～2.06
有效锌（mg/kg）	39	1.32	0.96	72.44	0.16～5.31
有效铁（mg/kg）	40	28.16	32.33	114.79	4.40～108.26
有效锰（mg/kg）	38	13.56	11.83	87.25	3.81～53.20
有效硼（mg/kg）	40	0.66	0.41	62.25	0.15～1.88
有效钼（mg/kg）	40	0.116	0.11	97.84	0.023～0.547
有效硫（mg/kg）	40	24.57	27.73	112.88	3.86～161.00
有效硅（mg/kg）	39	220.47	76.91	34.89	30.41～416.00

耕层质地

	砂土		砂壤土		轻壤土		中壤土		重壤土		黏土	
	样本数	占比（%）	样本数	占比（%）	样本数	占比（%）	样本数	占比（%）	样本数	占比（%）	样本数	占比（%）
	0	0.00	7	17.50	14	35.00	14	35.00	0	0.00	5	12.50

土壤pH

	≤4.5		(4.5～5.5]		(5.5～6.5]		(6.5～7.5]		(7.5～8.5]		>8.5	
	样本数	占比（%）	样本数	占比（%）	样本数	占比（%）	样本数	占比（%）	样本数	占比（%）	样本数	占比（%）
	1	2.50	3	7.50	7	17.50	13	32.50	16	40.00	0	0.00

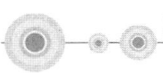

棕壤—典型棕壤—泥砂质棕壤耕地土壤主要理化性状

项目名称	样本数（个）	平均值	标准差	变异系数（%）	范围
有效土层厚度（cm）	29	57.8	35.62	61.67	25.0~125.0
耕层厚度（cm）	29	25.2	15.98	63.38	18.0~80.0
耕层容重（g/cm³）	20	1.32	0.16	11.87	1.14~1.67
有机质（g/kg）	29	21.1	7.49	35.55	7.9~39.5
全氮（g/kg）	28	1.051	0.36	34.73	0.400~1.963
有效磷（mg/kg）	24	26.9	15.88	59.12	5.7~60.6
速效钾（mg/kg）	26	118	57.64	48.65	44~238
缓效钾（mg/kg）	29	748	175.43	23.46	361~1 096
有效铜（mg/kg）	27	1.03	0.53	51.35	0.41~2.48
有效锌（mg/kg）	27	1.99	1.25	62.74	0.21~4.79
有效铁（mg/kg）	29	28.70	28.27	98.52	6.91~117.00
有效锰（mg/kg）	28	12.93	8.01	61.99	4.13~43.40
有效硼（mg/kg）	29	0.92	0.45	49.18	0.05~1.88
有效钼（mg/kg）	29	0.074	0.04	57.31	0.011~0.150
有效硫（mg/kg）	29	22.97	23.52	102.43	5.00~108.89
有效硅（mg/kg）	28	215.32	65.51	30.42	57.14~340.00

耕层质地

	砂土		砂壤土		轻壤土		中壤土		重壤土		黏土	
	样本数	占比（%）	样本数	占比（%）	样本数	占比（%）	样本数	占比（%）	样本数	占比（%）	样本数	占比（%）
	0	0.00	11	37.93	5	17.24	9	31.03	0	0.00	4	13.79

土壤 pH

	≤4.5		(4.5~5.5]		(5.5~6.5]		(6.5~7.5]		(7.5~8.5]		>8.5	
	样本数	占比（%）	样本数	占比（%）	样本数	占比（%）	样本数	占比（%）	样本数	占比（%）	样本数	占比（%）
	1	3.45	9	31.03	2	6.90	12	41.38	5	17.24	0	0.00

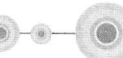

棕壤—典型棕壤—暗泥质棕壤耕地土壤主要理化性状

项目名称	样本数（个）	平均值	标准差	变异系数（%）	范围
有效土层厚度（cm）	32	61.7	32.02	51.88	25.0~100.0
耕层厚度（cm）	32	37.4	23.63	63.22	20.0~80.0
耕层容重（g/cm³）	25	1.32	0.09	6.79	1.14~1.52
有机质（g/kg）	32	18.2	10.30	56.54	6.2~47.6
全氮（g/kg）	32	1.023	0.53	51.65	0.410~2.600
有效磷（mg/kg）	28	19.6	15.43	78.59	3.1~54.7
速效钾（mg/kg）	30	145	54.30	37.32	73~337
缓效钾（mg/kg）	32	708	248.39	35.07	316~1 320
有效铜（mg/kg）	28	1.03	0.58	56.45	0.29~2.43
有效锌（mg/kg）	27	1.24	1.03	82.70	0.35~4.42
有效铁（mg/kg）	31	17.60	12.09	68.67	5.86~62.50
有效锰（mg/kg）	31	13.33	6.97	52.30	4.08~39.60
有效硼（mg/kg）	28	0.76	0.55	72.86	0.11~2.34
有效钼（mg/kg）	32	0.143	0.10	69.37	0.030~0.423
有效硫（mg/kg）	28	30.93	33.01	106.72	3.64~170.50
有效硅（mg/kg）	30	240.26	95.46	39.73	54.60~397.00

耕层质地

	砂土	砂壤土	轻壤土	中壤土	重壤土	黏土
样本数	0	2	10	17	2	1
占比（%）	0.00	6.25	31.25	53.13	6.25	3.13

土壤pH

	≤4.5	(4.5~5.5]	(5.5~6.5]	(6.5~7.5]	(7.5~8.5]	>8.5
样本数	0	0	6	11	15	0
占比（%）	0.00	0.00	18.75	34.38	46.88	0.00

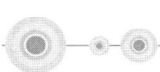

棕壤—典型棕壤—麻砂质棕壤耕地土壤主要理化性状

项目名称	样本数（个）	平均值	标准差	变异系数（%）	范围
有效土层厚度（cm）	55	58.3	30.56	52.43	25.0~140.0
耕层厚度（cm）	48	39.1	23.33	59.73	20.0~80.0
耕层容重（g/cm³）	52	1.32	0.13	9.57	1.09~1.62
有机质（g/kg）	55	21.1	10.04	47.56	5.8~50.5
全氮（g/kg）	55	1.224	0.57	46.47	0.450~2.920
有效磷（mg/kg）	52	16.7	14.56	87.13	3.1~55.6
速效钾（mg/kg）	50	132	53.94	40.96	53~337
缓效钾（mg/kg）	55	735	207.94	28.30	383~1 259
有效铜（mg/kg）	55	1.03	0.57	56.05	0.28~2.68
有效锌（mg/kg）	54	1.32	0.91	69.05	0.16~4.79
有效铁（mg/kg）	55	16.19	16.88	104.23	1.71~85.60
有效锰（mg/kg）	55	12.72	7.75	60.97	3.11~39.80
有效硼（mg/kg）	52	0.79	0.52	66.16	0.06~2.43
有效钼（mg/kg）	53	0.170	0.14	84.54	0.030~0.560
有效硫（mg/kg）	52	24.20	30.22	124.87	4.32~137.86
有效硅（mg/kg）	52	243.74	78.93	32.38	33.47~443.70

耕层质地

	砂土	砂壤土	轻壤土	中壤土	重壤土	黏土
样本数	1	9	27	14	2	2
占比（%）	1.82	16.36	49.09	25.45	3.64	3.64

土壤pH

	≤4.5	(4.5~5.5]	(5.5~6.5]	(6.5~7.5]	(7.5~8.5]	>8.5
样本数	2	5	8	19	21	0
占比（%）	3.64	9.09	14.55	34.55	38.18	0.00

棕壤—典型棕壤—硅质棕壤耕地土壤主要理化性状

项目名称	样本数（个）	平均值	标准差	变异系数（%）	范围
有效土层厚度 (cm)	1	30.0	—	—	—
耕层厚度 (cm)	1	20.0	—	—	—
耕层容重 (g/cm³)	1	1.26	—	—	—
有机质 (g/kg)	1	24.0	—	—	—
全氮 (g/kg)	1	1.413	—	—	—
有效磷 (mg/kg)	1	62.5	—	—	—
速效钾 (mg/kg)	1	152	—	—	—
缓效钾 (mg/kg)	1	743	—	—	—
有效铜 (mg/kg)	1	2.56	—	—	—
有效锌 (mg/kg)	1	2.33	—	—	—
有效铁 (mg/kg)	1	49.89	—	—	—
有效锰 (mg/kg)	1	12.89	—	—	—
有效硼 (mg/kg)	1	1.63	—	—	—
有效钼 (mg/kg)	1	0.090	—	—	—
有效硫 (mg/kg)	1	156.34	—	—	—
有效硅 (mg/kg)	1	245.37	—	—	—

耕层质地

	砂土	砂壤土	轻壤土	中壤土	重壤土	黏土
样本数	0	0	1	0	0	0
占比 (%)	0.00	0.00	100.00	0.00	0.00	0.00

土壤pH

	≤4.5	(4.5~5.5]	(5.5~6.5]	(6.5~7.5]	(7.5~8.5]	>8.5
样本数	0	0	0	1	0	0
占比 (%)	0.00	0.00	0.00	100.00	0.00	0.00

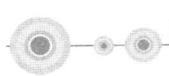

棕壤—典型棕壤—砂泥质棕壤耕地土壤主要理化性状

项目名称	样本数（个）	平均值	标准差	变异系数（%）	范围
有效土层厚度（cm）	7	67.1	27.52	40.98	30.0～90.0
耕层厚度（cm）	7	50.0	23.09	46.19	20.0～70.0
耕层容重（g/cm³）	7	1.39	0.09	6.53	1.27～1.54
有机质（g/kg）	7	17.5	10.79	61.67	5.4～31.2
全氮（g/kg）	7	0.960	0.51	53.07	0.360～1.720
有效磷（mg/kg）	6	7.6	5.45	71.43	3.2～17.6
速效钾（mg/kg）	6	136	20.23	14.86	100～159
缓效钾（mg/kg）	7	729	191.94	26.34	504～1 080
有效铜（mg/kg）	7	1.10	0.43	39.16	0.43～1.68
有效锌（mg/kg）	6	1.15	0.61	53.07	0.52～2.17
有效铁（mg/kg）	7	14.95	9.92	66.37	7.50～34.94
有效锰（mg/kg）	7	13.98	9.00	64.34	3.92～31.14
有效硼（mg/kg）	7	0.56	0.43	76.16	0.12～1.35
有效钼（mg/kg）	7	0.170	0.09	54.77	0.010～0.310
有效硫（mg/kg）	5	34.22	42.35	123.76	6.51～108.73
有效硅（mg/kg）	7	222.09	116.52	52.47	20.94～389.00

耕层质地

	砂土		砂壤土		轻壤土		中壤土		重壤土		黏土	
	样本数	占比（%）	样本数	占比（%）	样本数	占比（%）	样本数	占比（%）	样本数	占比（%）	样本数	占比（%）
	0	0.00	1	14.29	4	57.14	1	14.29	1	14.29	0	0.00

土壤pH

	≤4.5		(4.5～5.5]		(5.5～6.5]		(6.5～7.5]		(7.5～8.5]		>8.5	
	样本数	占比（%）	样本数	占比（%）	样本数	占比（%）	样本数	占比（%）	样本数	占比（%）	样本数	占比（%）
	0	0.00	0	0.00	0	0.00	1	14.29	6	85.71	0	0.00

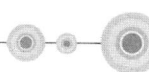

棕壤—典型棕壤—灰泥质棕壤耕地土壤主要理化性状

项目名称	样本数（个）	平均值	标准差	变异系数（%）	范 围
有效土层厚度（cm）	4	52.5	22.17	42.24	30.0～80.0
耕层厚度（cm）	4	20.0	0.00	0.00	20.0～20.0
耕层容重（g/cm³）	4	1.31	0.09	6.88	1.23～1.42
有机质（g/kg）	4	21.8	8.61	39.43	16.2～34.6
全氮（g/kg）	4	1.363	0.54	39.87	1.044～2.176
有效磷（mg/kg）	3	29.5	7.05	23.91	22.0～36.0
速效钾（mg/kg）	3	131	9.45	7.20	124～142
缓效钾（mg/kg）	2	770	89.80	11.67	706～833
有效铜（mg/kg）	4	2.30	0.79	34.17	1.15～2.90
有效锌（mg/kg）	4	3.33	0.94	28.22	2.33～4.56
有效铁（mg/kg）	4	38.57	13.85	35.91	17.90～47.38
有效锰（mg/kg）	4	15.17	2.09	13.75	13.50～18.05
有效硼（mg/kg）	4	1.02	0.56	54.67	0.37～1.63
有效钼（mg/kg）	4	0.095	0.02	18.23	0.080～0.120
有效硫（mg/kg）	4	75.15	80.89	107.64	5.34～155.67
有效硅（mg/kg）	4	224.51	119.51	53.23	49.36～301.23

耕层质地

砂土		砂壤土		轻壤土		中壤土		重壤土		黏土	
样本数	占比（%）	样本数	占比（%）	样本数	占比（%）	样本数	占比（%）	样本数	占比（%）	样本数	占比（%）
0	0.00	0	0.00	4	100.00	0	0.00	0	0.00	0	0.00

土壤pH

≤4.5		(4.5～5.5]		(5.5～6.5]		(6.5～7.5]		(7.5～8.5]		>8.5	
样本数	占比（%）	样本数	占比（%）	样本数	占比（%）	样本数	占比（%）	样本数	占比（%）	样本数	占比（%）
0	0.00	0	0.00	0	0.00	1	25.00	3	75.00	0	0.00

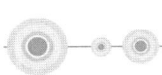

棕壤—潮棕壤—泥砂质潮棕壤耕地土壤主要理化性状

项目名称	样本数（个）	平均值	标准差	变异系数（%）	范 围
有效土层厚度（cm）	20	76.5	27.77	36.30	30.0~120.0
耕层厚度（cm）	19	56.3	22.90	40.67	20.0~80.0
耕层容重（g/cm³）	20	1.38	0.12	8.48	1.22~1.66
有机质（g/kg）	18	15.1	5.75	38.01	7.8~24.9
全氮（g/kg）	20	0.929	0.35	37.56	0.300~1.440
有效磷（mg/kg）	19	20.2	13.17	65.27	3.3~53.5
速效钾（mg/kg）	20	146	54.31	37.29	55~325
缓效钾（mg/kg）	20	754	208.13	27.59	350~1 220
有效铜（mg/kg）	19	1.00	0.67	66.70	0.26~2.99
有效锌（mg/kg）	20	1.34	0.96	71.42	0.33~5.00
有效铁（mg/kg）	20	28.98	31.53	108.78	5.17~104.60
有效锰（mg/kg）	20	14.82	12.03	81.19	3.41~53.20
有效硼（mg/kg）	19	0.76	0.42	55.65	0.35~1.96
有效钼（mg/kg）	20	0.123	0.08	63.57	0.020~0.310
有效硫（mg/kg）	19	40.78	34.62	84.87	6.10~119.00
有效硅（mg/kg）	20	273.15	46.78	17.13	211.60~341.38

耕层质地

	砂土	砂壤土	轻壤土	中壤土	重壤土	黏土
样本数	1	3	7	9	0	0
占比（%）	5.00	15.00	35.00	45.00	0.00	0.00

土壤 pH

	≤4.5	(4.5~5.5]	(5.5~6.5]	(6.5~7.5]	(7.5~8.5]	>8.5
样本数	2	5	5	2	6	0
占比（%）	10.00	25.00	25.00	10.00	30.00	0.00

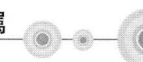

棕壤—棕壤性土—硅质棕壤性土耕地土壤主要理化性状

项目名称	样本数（个）	平均值	标准差	变异系数（%）	范　围
有效土层厚度（cm）	3	78.3	42.52	54.29	35.0～120.0
耕层厚度（cm）	3	18.0	0.00	0.00	18.0～18.0
耕层容重（g/cm³）	3	1.33	0.08	6.06	1.26～1.42
有机质（g/kg）	3	14.2	3.52	24.75	10.8～17.8
全氮（g/kg）	3	0.906	0.14	15.02	0.754～1.016
有效磷（mg/kg）	3	25.0	14.54	58.24	8.7～36.7
速效钾（mg/kg）	3	119	39.17	33.01	76～153
缓效钾（mg/kg）	2	1 219	105.36	8.65	1 144～1 293
有效铜（mg/kg）	3	0.60	0.14	22.75	0.47～0.74
有效锌（mg/kg）	3	2.30	0.08	3.36	2.21～2.34
有效铁（mg/kg）	3	14.59	0.13	0.88	14.44～14.69
有效锰（mg/kg）	3	10.60	0.52	4.92	10.26～11.20
有效硼（mg/kg）	3	1.10	0.23	20.84	0.86～1.32
有效钼（mg/kg）	3	0.107	0.01	5.41	0.100～0.110
有效硫（mg/kg）	3	5.00	0.00	0.00	5.00～5.00
有效硅（mg/kg）	3	217.82	2.22	1.02	215.33～219.61

耕层质地

砂土		砂壤土		轻壤土		中壤土		重壤土		黏土	
样本数	占比（%）	样本数	占比（%）	样本数	占比（%）	样本数	占比（%）	样本数	占比（%）	样本数	占比（%）
0	0.00	0	0.00	0	0.00	3	100.00	0	0.00	0	0.00

土壤pH

≤4.5		(4.5～5.5]		(5.5～6.5]		(6.5～7.5]		(7.5～8.5]		>8.5	
样本数	占比（%）	样本数	占比（%）	样本数	占比（%）	样本数	占比（%）	样本数	占比（%）	样本数	占比（%）
0	0.00	0	0.00	0	0.00	3	100.00	0	0.00	0	0.00

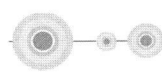

暗棕壤—典型暗棕壤—黄土质暗棕壤耕地土壤主要理化性状

项目名称	样本数（个）	平均值	标准差	变异系数（%）	范围
有效土层厚度（cm）	12	69.9	21.66	30.98	46.0～120.0
耕层厚度（cm）	11	45.4	15.57	34.32	26.0～80.0
耕层容重（g/cm³）	12	1.33	0.05	4.07	1.26～1.44
有机质（g/kg）	11	33.7	11.85	35.17	14.7～51.3
全氮（g/kg）	11	1.913	0.52	26.94	1.070～2.760
有效磷（mg/kg）	12	20.8	13.99	67.38	3.9～42.1
速效钾（mg/kg）	12	135	51.09	37.87	48～218
缓效钾（mg/kg）	11	554	95.49	17.23	360～714
有效铜（mg/kg）	12	1.79	0.60	33.56	0.35～2.47
有效锌（mg/kg）	11	2.36	0.99	42.07	1.08～4.29
有效铁（mg/kg）	8	66.96	33.25	49.66	13.42～104.37
有效锰（mg/kg）	9	27.49	9.97	36.25	11.41～39.01
有效硼（mg/kg）	12	0.67	0.23	34.07	0.40～1.20
有效钼（mg/kg）	12	0.133	0.07	50.42	0.068～0.287
有效硫（mg/kg）	12	12.92	11.57	89.57	5.00～47.60
有效硅（mg/kg）	11	289.65	107.83	37.23	16.17～400.00

耕层质地

砂土		砂壤土		轻壤土		中壤土		重壤土		黏土	
样本数	占比（%）	样本数	占比（%）	样本数	占比（%）	样本数	占比（%）	样本数	占比（%）	样本数	占比（%）
0	0.00	0	0.00	1	8.33	6	50.00	5	41.67	0	0.00

土壤 pH

≤4.5		(4.5～5.5]		(5.5～6.5]		(6.5～7.5]		(7.5～8.5]		>8.5	
样本数	占比（%）	样本数	占比（%）	样本数	占比（%）	样本数	占比（%）	样本数	占比（%）	样本数	占比（%）
0	0.00	0	0.00	9	75.00	2	16.67	1	8.33	0	0.00

暗棕壤—典型暗棕壤—暗泥质暗棕壤耕地土壤主要理化性状

项目名称	样本数（个）	平均值	标准差	变异系数（%）	范　围
有效土层厚度（cm）	22	68.4	26.38	38.57	25.0～100.0
耕层厚度（cm）	23	48.3	24.98	51.76	20.0～80.0
耕层容重（g/cm³）	23	1.33	0.03	2.54	1.26～1.38
有机质（g/kg）	23	26.8	6.97	25.96	10.1～42.5
全氮（g/kg）	23	1.813	0.46	25.50	0.740～2.540
有效磷（mg/kg）	23	19.6	13.05	66.74	5.0～45.1
速效钾（mg/kg）	22	132	50.21	38.18	68～251
缓效钾（mg/kg）	23	594	150.76	25.37	316～983
有效铜（mg/kg）	23	1.31	0.33	25.58	0.45～1.91
有效锌（mg/kg）	23	3.27	1.13	34.68	0.85～4.95
有效铁（mg/kg）	23	78.20	28.71	36.71	23.01～114.73
有效锰（mg/kg）	23	18.73	8.01	42.78	6.53～28.66
有效硼（mg/kg）	23	0.69	0.19	27.32	0.15～0.95
有效钼（mg/kg）	23	0.136	0.09	64.49	0.030～0.360
有效硫（mg/kg）	23	8.14	5.38	66.14	3.48～27.50
有效硅（mg/kg）	23	278.26	42.71	15.35	190.00～350.00

耕层质地

砂土		砂壤土		轻壤土		中壤土		重壤土		黏土	
样本数	占比（%）	样本数	占比（%）	样本数	占比（%）	样本数	占比（%）	样本数	占比（%）	样本数	占比（%）
0	0.00	0	0.00	0	0.00	21	91.30	2	8.70	0	0.00

土壤 pH

≤4.5		(4.5～5.5]		(5.5～6.5]		(6.5～7.5]		(7.5～8.5]		>8.5	
样本数	占比（%）	样本数	占比（%）	样本数	占比（%）	样本数	占比（%）	样本数	占比（%）	样本数	占比（%）
0	0.00	0	0.00	1	4.35	11	47.83	11	47.83	0	0.00

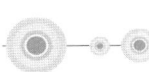

暗棕壤—典型暗棕壤—麻砂质暗棕壤耕地土壤主要理化性状

项目名称	样本数（个）	平均值	标准差	变异系数（%）	范围
有效土层厚度（cm）	167	52.1	15.82	30.37	25.0~100.0
耕层厚度（cm）	167	33.9	13.51	39.82	20.0~80.0
耕层容重（g/cm³）	167	1.35	0.06	4.54	1.12~1.75
有机质（g/kg）	153	34.2	11.90	34.79	8.0~55.4
全氮（g/kg）	157	1.732	0.64	36.71	0.417~2.934
有效磷（mg/kg）	167	13.4	9.15	68.30	3.3~46.7
速效钾（mg/kg）	167	139	53.16	38.18	44~295
缓效钾（mg/kg）	165	623	164.83	26.45	289~989
有效铜（mg/kg）	167	1.57	0.35	22.60	0.46~2.65
有效锌（mg/kg）	167	1.77	1.05	59.05	0.47~4.29
有效铁（mg/kg）	142	82.58	28.76	34.83	3.60~120.62
有效锰（mg/kg）	161	17.46	9.22	52.80	3.59~52.00
有效硼（mg/kg）	167	0.75	0.26	34.07	0.15~1.40
有效钼（mg/kg）	155	0.119	0.07	58.56	0.013~0.397
有效硫（mg/kg）	154	10.21	7.47	73.18	3.36~33.55
有效硅（mg/kg）	151	285.26	103.67	36.34	10.50~450.00

耕层质地

	砂土	砂壤土	轻壤土	中壤土	重壤土	黏土
样本数	2	14	4	127	17	3
占比（%）	1.20	8.38	2.40	76.05	10.18	1.80

土壤 pH

	≤4.5	(4.5~5.5]	(5.5~6.5]	(6.5~7.5]	(7.5~8.5]	>8.5
样本数	0	1	40	60	64	2
占比（%）	0.00	0.60	23.95	35.93	38.32	1.20

暗棕壤—典型暗棕壤—泥质暗棕壤耕地土壤主要理化性状

项目名称	样本数（个）	平均值	标准差	变异系数（%）	范围
有效土层厚度 (cm)	51	64.9	12.90	19.89	35.0~120.0
耕层厚度 (cm)	50	43.9	10.06	22.93	20.0~80.0
耕层容重 (g/cm³)	51	1.32	0.04	2.78	1.26~1.44
有机质 (g/kg)	48	36.7	10.70	29.17	11.8~56.6
全氮 (g/kg)	44	1.926	0.44	22.65	0.859~2.740
有效磷 (mg/kg)	51	22.7	12.43	54.67	5.1~49.6
速效钾 (mg/kg)	51	149	51.51	34.47	43~293
缓效钾 (mg/kg)	49	662	150.87	22.80	354~960
有效铜 (mg/kg)	51	2.02	0.47	23.24	0.56~2.99
有效锌 (mg/kg)	51	1.99	0.97	48.76	0.19~4.21
有效铁 (mg/kg)	42	85.84	25.68	29.92	12.32~120.10
有效锰 (mg/kg)	40	26.10	12.76	48.89	3.25~51.40
有效硼 (mg/kg)	51	0.68	0.33	48.15	0.10~1.40
有效钼 (mg/kg)	51	0.138	0.07	53.97	0.041~0.356
有效硫 (mg/kg)	51	11.31	5.90	52.15	5.00~27.60
有效硅 (mg/kg)	51	313.94	79.25	25.24	10.96~450.00

耕层质地

	砂土		砂壤土		轻壤土		中壤土		重壤土		黏土	
	样本数	占比（%）	样本数	占比（%）	样本数	占比（%）	样本数	占比（%）	样本数	占比（%）	样本数	占比（%）
	0	0.00	0	0.00	2	3.92	38	74.51	10	19.61	1	1.96

土壤 pH

	≤4.5		(4.5~5.5]		(5.5~6.5]		(6.5~7.5]		(7.5~8.5]		>8.5	
	样本数	占比（%）	样本数	占比（%）	样本数	占比（%）	样本数	占比（%）	样本数	占比（%）	样本数	占比（%）
	0	0.00	0	0.00	40	78.43	6	11.76	5	9.80	0	0.00

暗棕壤—草甸暗棕壤—泥砂质草甸暗棕壤耕地土壤主要理化性状

项目名称	样本数（个）	平均值	标准差	变异系数（%）	范围
有效土层厚度（cm）	3	96.7	32.15	33.25	60.0~120.0
耕层厚度（cm）	2	65.0	35.36	54.39	40.0~90.0
耕层容重（g/cm³）	3	1.28	0.04	2.82	1.24~1.31
有机质（g/kg）	3	12.4	6.39	51.45	7.9~19.7
全氮（g/kg）	3	0.905	0.51	56.44	0.600~1.494
有效磷（mg/kg）	3	5.9	1.77	29.98	4.0~7.5
速效钾（mg/kg）	3	117	6.67	5.70	111~124
缓效钾（mg/kg）	2	674	169.71	25.18	554~794
有效铜（mg/kg）	3	0.57	0.28	48.29	0.38~0.89
有效锌（mg/kg）	3	0.63	0.43	69.29	0.13~0.91
有效铁（mg/kg）	3	11.74	0.57	4.87	11.40~12.40
有效锰（mg/kg）	3	7.73	1.25	16.20	6.71~9.13
有效硼（mg/kg）	3	0.50	0.19	38.27	0.34~0.71
有效钼（mg/kg）	3	0.134	0.14	102.73	0.040~0.292
有效硫（mg/kg）	3	9.29	5.37	57.80	4.30~14.97
有效硅（mg/kg）	3	62.59	43.26	69.12	12.72~90.00

耕层质地

砂土		砂壤土		轻壤土		中壤土		重壤土		黏土	
样本数	占比（%）	样本数	占比（%）	样本数	占比（%）	样本数	占比（%）	样本数	占比（%）	样本数	占比（%）
0	0.00	0	0.00	3	100.00	0	0.00	0	0.00	0	0.00

土壤 pH

≤4.5		(4.5~5.5]		(5.5~6.5]		(6.5~7.5]		(7.5~8.5]		>8.5	
样本数	占比（%）	样本数	占比（%）	样本数	占比（%）	样本数	占比（%）	样本数	占比（%）	样本数	占比（%）
0	0.00	0	0.00	0	0.00	2	66.67	1	33.33	0	0.00

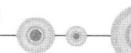

暗棕壤—灰化暗棕壤—麻砂质灰化暗棕壤耕地土壤主要理化性状

项目名称	样本数（个）	平均值	标准差	变异系数（%）	范 围
有效土层厚度 (cm)	11	60.2	17.90	29.74	30.0~100.0
耕层厚度 (cm)	12	39.6	16.44	41.53	20.0~80.0
耕层容重 (g/cm³)	12	1.30	0.06	4.33	1.18~1.39
有机质 (g/kg)	6	46.8	6.40	13.68	34.7~52.6
全氮 (g/kg)	8	2.563	0.24	9.36	2.172~2.870
有效磷 (mg/kg)	12	17.3	7.88	45.61	5.0~29.2
速效钾 (mg/kg)	12	208	85.27	40.94	101~374
缓效钾 (mg/kg)	12	793	119.98	15.14	607~947
有效铜 (mg/kg)	12	1.82	0.34	18.49	1.42~2.39
有效锌 (mg/kg)	12	2.74	1.06	38.59	1.20~4.16
有效铁 (mg/kg)	4	110.53	7.14	6.46	102.39~117.38
有效锰 (mg/kg)	10	25.53	9.77	38.24	11.70~47.21
有效硼 (mg/kg)	12	0.98	0.31	31.50	0.45~1.40
有效钼 (mg/kg)	11	0.188	0.11	57.71	0.067~0.356
有效硫 (mg/kg)	12	12.05	8.02	66.51	6.38~29.10
有效硅 (mg/kg)	12	272.50	75.69	27.78	180.00~450.00

耕层质地

	砂土		砂壤土		轻壤土		中壤土		重壤土		黏土	
	样本数	占比（%）	样本数	占比（%）	样本数	占比（%）	样本数	占比（%）	样本数	占比（%）	样本数	占比（%）
	0	0.00	0	0.00	0	0.00	11	91.67	1	8.33	0	0.00

土壤pH

	≤4.5		(4.5~5.5]		(5.5~6.5]		(6.5~7.5]		(7.5~8.5]		>8.5	
	样本数	占比（%）	样本数	占比（%）	样本数	占比（%）	样本数	占比（%）	样本数	占比（%）	样本数	占比（%）
	0	0.00	0	0.00	11	91.67	1	8.33	0	0.00	0	0.00

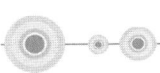

暗棕壤—灰化暗棕壤—泥质灰化暗棕壤耕地土壤主要理化性状

项目名称	样本数（个）	平均值	标准差	变异系数（%）	范围
有效土层厚度（cm）	13	57.9	9.84	17.00	46.0~68.0
耕层厚度（cm）	13	37.9	9.84	25.96	26.0~48.0
耕层容重（g/cm³）	13	1.31	0.04	2.84	1.28~1.42
有机质（g/kg）	5	44.7	6.30	14.09	34.6~50.8
全氮（g/kg）	6	2.410	0.35	14.50	1.970~2.790
有效磷（mg/kg）	13	20.9	12.88	61.48	5.7~47.8
速效钾（mg/kg）	13	196	62.67	31.96	88~282
缓效钾（mg/kg）	13	811	121.77	15.01	547~958
有效铜（mg/kg）	13	2.04	0.38	18.59	1.45~2.56
有效锌（mg/kg）	13	2.63	0.98	37.45	1.56~4.15
有效铁（mg/kg）	7	98.39	21.22	21.56	53.68~113.36
有效锰（mg/kg）	12	32.85	13.36	40.66	15.46~51.23
有效硼（mg/kg）	13	0.87	0.29	33.26	0.40~1.30
有效钼（mg/kg）	12	0.158	0.10	63.03	0.041~0.328
有效硫（mg/kg）	13	13.64	7.01	51.41	5.70~32.40
有效硅（mg/kg）	13	294.36	88.87	30.19	46.66~410.00

耕层质地

	砂土		砂壤土		轻壤土		中壤土		重壤土		黏土	
	样本数	占比（%）	样本数	占比（%）	样本数	占比（%）	样本数	占比（%）	样本数	占比（%）	样本数	占比（%）
	0	0.00	0	0.00	12	92.31	8	61.54	5	38.46	0	0.00

土壤 pH

	≤4.5		(4.5~5.5]		(5.5~6.5]		(6.5~7.5]		(7.5~8.5]		>8.5	
	样本数	占比（%）	样本数	占比（%）	样本数	占比（%）	样本数	占比（%）	样本数	占比（%）	样本数	占比（%）
	0	0.00	0	0.00	0	0.00	1	7.69	0	0.00	0	0.00

褐土—典型褐土—黄土质褐土耕地土壤主要理化性状

项目名称	样本数（个）	平均值	标准差	变异系数（%）	范　围
有效土层厚度（cm）	22	73.8	33.54	45.44	30.0~140.0
耕层厚度（cm）	21	48.9	26.95	55.15	20.0~80.0
耕层容重（g/cm³）	22	1.37	0.13	9.47	1.20~1.67
有机质（g/kg）	22	13.4	7.80	58.25	6.1~35.2
全氮（g/kg）	22	0.845	0.44	51.68	0.380~2.270
有效磷（mg/kg）	22	9.7	6.03	61.97	2.7~26.5
速效钾（mg/kg）	22	126	44.37	35.19	65~218
缓效钾（mg/kg）	21	705	275.41	39.06	312~1 276
有效铜（mg/kg）	22	0.97	0.39	40.58	0.52~2.04
有效锌（mg/kg）	22	1.26	0.78	62.02	0.33~3.45
有效铁（mg/kg）	22	14.65	10.12	69.07	5.10~43.59
有效锰（mg/kg）	22	17.17	11.53	67.17	4.26~54.40
有效硼（mg/kg）	22	0.66	0.37	56.17	0.24~1.49
有效钼（mg/kg）	21	0.159	0.13	83.34	0.010~0.520
有效硫（mg/kg）	21	20.73	19.51	94.11	3.42~86.70
有效硅（mg/kg）	21	181.25	69.45	38.32	20.98~304.98

耕层质地

	砂土	砂壤土	轻壤土	中壤土	重壤土	黏土
样本数	0	2	13	4	2	1
占比（%）	0.00	9.09	59.09	18.18	9.09	4.55

土壤 pH

	≤4.5	(4.5~5.5]	(5.5~6.5]	(6.5~7.5]	(7.5~8.5]	>8.5
样本数	0	1	5	15	1	1
占比（%）	0.00	4.55	22.73	68.18	4.55	4.55

褐土—典型褐土—泥砂质褐土耕地土壤主要理化性状

项目名称	样本数（个）	平均值	标准差	变异系数（%）	范　围
有效土层厚度（cm）	11	52.7	16.64	31.55	35.0～90.0
耕层厚度（cm）	11	27.1	15.66	57.79	18.0～70.0
耕层容重（g/cm³）	11	1.35	0.10	7.32	1.20～1.48
有机质（g/kg）	11	17.1	5.66	33.01	7.6～24.9
全氮（g/kg）	11	1.071	0.36	33.32	0.660～1.680
有效磷（mg/kg）	11	17.8	10.49	58.97	5.3～44.0
速效钾（mg/kg）	11	155	67.06	43.28	53～241
缓效钾（mg/kg）	11	687	126.39	18.40	487～894
有效铜（mg/kg）	11	1.19	0.58	48.68	0.50～2.21
有效锌（mg/kg）	11	1.35	0.61	45.24	0.60～2.32
有效铁（mg/kg）	11	14.18	8.56	60.33	5.44～37.34
有效锰（mg/kg）	11	14.73	10.76	73.07	6.15～38.34
有效硼（mg/kg）	11	0.76	0.26	34.36	0.35～1.24
有效钼（mg/kg）	11	0.062	0.06	102.30	0.010～0.220
有效硫（mg/kg）	11	23.50	19.31	82.18	5.00～61.04
有效硅（mg/kg）	11	114.93	93.06	80.97	15.40～229.47

耕层质地

砂土		砂壤土		轻壤土		中壤土		重壤土		黏土	
样本数	占比（%）	样本数	占比（%）	样本数	占比（%）	样本数	占比（%）	样本数	占比（%）	样本数	占比（%）
0	0.00	0	0.00	10	90.91	1	9.09	0	0.00	0	0.00

土壤 pH

≤4.5		(4.5～5.5]		(5.5～6.5]		(6.5～7.5]		(7.5～8.5]		>8.5	
样本数	占比（%）	样本数	占比（%）	样本数	占比（%）	样本数	占比（%）	样本数	占比（%）	样本数	占比（%）
0	0.00	0	0.00	1	9.09	7	63.64	3	27.27	0	0.00

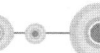

褐土—典型褐土—红土质褐土耕地土壤主要理化性状

项目名称	样本数（个）	平均值	标准差	变异系数（%）	范　围
有效土层厚度（cm）	2	100.0	0.00	0.00	100.0～100.0
耕层厚度（cm）	2	80.0	0.00	0.00	80.0～80.0
耕层容重（g/cm³）	2	1.47	0.19	13.03	1.33～1.60
有机质（g/kg）	2	20.4	9.79	48.07	13.4～27.3
全氮（g/kg）	2	1.215	0.43	35.50	0.910～1.520
有效磷（mg/kg）	2	7.9	1.41	17.90	6.9～8.9
速效钾（mg/kg）	2	169	21.21	12.55	154～184
缓效钾（mg/kg）	2	533	97.23	18.25	464～602
有效铜（mg/kg）	2	1.21	0.86	71.00	0.60～1.81
有效锌（mg/kg）	2	1.28	0.68	53.03	0.80～1.76
有效铁（mg/kg）	2	12.65	2.61	20.62	10.81～14.50
有效锰（mg/kg）	2	26.91	23.96	89.03	9.97～43.85
有效硼（mg/kg）	2	0.65	0.13	20.83	0.55～0.74
有效钼（mg/kg）	2	0.392	0.17	43.89	0.270～0.513
有效硫（mg/kg）	1	15.50	—	—	—
有效硅（mg/kg）	2	280.50	198.70	70.84	140.00～421.00

耕层质地

砂土		砂壤土		轻壤土		中壤土		重壤土		黏土	
样本数	占比（%）	样本数	占比（%）	样本数	占比（%）	样本数	占比（%）	样本数	占比（%）	样本数	占比（%）
0	0.00	1	50.00	0	0.00	0	0.00	0	0.00	1	50.00

土壤pH

≤4.5		(4.5～5.5]		(5.5～6.5]		(6.5～7.5]		(7.5～8.5]		>8.5	
样本数	占比（%）	样本数	占比（%）	样本数	占比（%）	样本数	占比（%）	样本数	占比（%）	样本数	占比（%）
0	0.00	0	0.00	0	0.00	0	0.00	2	100.00	0	0.00

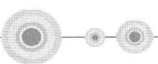

褐土—典型褐土—复钙褐土耕地土壤主要理化性状

项目名称	样本数（个）	平均值	标准差	变异系数（%）	范围
有效土层厚度（cm）	14	49.3	16.39	33.26	30.0～100.0
耕层厚度（cm）	14	20.7	2.67	12.90	20.0～30.0
耕层容重（g/cm³）	13	1.41	0.20	13.87	1.17～1.76
有机质（g/kg）	14	19.8	9.84	49.75	8.9～48.4
全氮（g/kg）	14	1.131	0.51	44.78	0.500～2.500
有效磷（mg/kg）	11	27.3	16.45	60.22	5.9～56.2
速效钾（mg/kg）	13	118	57.84	49.08	49～227
缓效钾（mg/kg）	13	819	217.14	26.50	372～1 114
有效铜（mg/kg）	14	1.18	0.80	67.86	0.36～2.48
有效锌（mg/kg）	13	1.33	1.21	91.14	0.35～4.56
有效铁（mg/kg）	14	12.68	10.82	85.38	5.83～46.45
有效锰（mg/kg）	14	7.90	3.19	40.42	3.90～13.21
有效硼（mg/kg）	14	0.79	0.29	36.35	0.35～1.63
有效钼（mg/kg）	14	0.052	0.03	63.51	0.011～0.100
有效硫（mg/kg）	14	14.11	12.74	90.29	5.00～51.20
有效硅（mg/kg）	13	195.65	89.28	45.63	70.51～449.00

耕层质地

	砂土	砂壤土	轻壤土	中壤土	重壤土	黏土
占比（%）	0.00	35.71	21.43	42.86	0.00	0.00
样本数	0	5	3	6	0	0

土壤pH

	≤4.5	(4.5～5.5]	(5.5～6.5]	(6.5～7.5]	(7.5～8.5]	>8.5
占比（%）	0.00	0.00	0.00	50.00	42.86	7.14
样本数	0	0	0	7	6	1

116

褐土—石灰性褐土—黄土质石灰性褐土耕地土壤主要理化性状

项目名称	样本数（个）	平均值	标准差	变异系数（%）	范　围
有效土层厚度（cm）	393	82.8	44.34	53.57	25.0~150.0
耕层厚度（cm）	374	30.5	19.49	63.95	18.0~90.0
耕层容重（g/cm³）	373	1.36	0.10	7.52	1.08~1.69
有机质（g/kg）	386	15.1	6.77	44.77	5.4~55.5
全氮（g/kg）	390	0.923	0.39	42.06	0.307~2.900
有效磷（mg/kg）	381	15.1	11.75	77.56	2.7~64.5
速效钾（mg/kg）	382	142	53.23	37.41	52~373
缓效钾（mg/kg）	380	748	216.77	28.99	269~1 350
有效铜（mg/kg）	380	0.98	0.51	52.23	0.18~3.13
有效锌（mg/kg）	385	1.28	1.03	79.89	0.16~5.28
有效铁（mg/kg）	378	13.90	13.11	94.33	1.71~114.00
有效锰（mg/kg）	375	12.28	7.52	61.26	1.73~51.28
有效硼（mg/kg）	379	0.61	0.41	67.33	0.04~2.53
有效钼（mg/kg）	376	0.131	0.10	75.20	0.010~0.570
有效硫（mg/kg）	360	31.46	31.96	101.58	3.15~167.90
有效硅（mg/kg）	381	224.71	88.81	39.52	24.67~440.76

耕层质地

	砂土	砂壤土	轻壤土	中壤土	重壤土	黏土
样本数	4	43	233	85	20	8
占比（%）	1.02	10.94	59.29	21.63	5.09	2.04

土壤pH

	≤4.5	(4.5~5.5]	(5.5~6.5]	(6.5~7.5]	(7.5~8.5]	>8.5
样本数	0	1	11	43	325	13
占比（%）	0.00	0.25	2.80	10.94	82.70	3.31

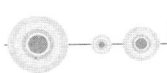

褐土—石灰性褐土—泥砂质石灰性褐土耕地土壤主要理化性状

项目名称	样本数（个）	平均值	标准差	变异系数（%）	范　围
有效土层厚度（cm）	134	98.6	44.83	45.45	30.0~150.0
耕层厚度（cm）	134	23.9	10.20	42.73	18.0~80.0
耕层容重（g/cm³）	136	1.31	0.11	8.28	1.09~1.61
有机质（g/kg）	136	19.1	6.24	32.71	7.3~40.0
全氮（g/kg）	136	1.077	0.34	31.29	0.420~2.127
有效磷（mg/kg）	128	19.4	14.36	74.14	3.3~65.1
速效钾（mg/kg）	136	174	64.55	37.19	57~379
缓效钾（mg/kg）	136	902	199.43	22.12	291~1 345
有效铜（mg/kg）	93	1.25	0.58	46.37	0.21~2.68
有效锌（mg/kg）	134	2.01	0.96	47.77	0.28~5.35
有效铁（mg/kg）	134	15.95	8.38	52.55	5.70~87.10
有效锰（mg/kg）	137	11.00	6.06	55.12	2.87~51.80
有效硼（mg/kg）	134	0.67	0.20	29.46	0.24~1.68
有效钼（mg/kg）	137	0.110	0.08	74.58	0.013~0.491
有效硫（mg/kg）	121	60.55	56.11	92.67	4.90~173.45
有效硅（mg/kg）	132	190.24	105.79	55.61	19.44~430.56

耕层质地

	砂土	砂壤土	轻壤土	中壤土	重壤土	黏土
样本数	8	30	91	8	0	0
占比（%）	5.84	21.90	66.42	5.84	0.00	0.00

土壤pH

	≤4.5	(4.5~5.5]	(5.5~6.5]	(6.5~7.5]	(7.5~8.5]	>8.5
样本数	0	2	2	2	131	0
占比（%）	0.00	1.46	1.46	1.46	95.62	0.00

褐土—石灰性褐土—灰泥质石灰性褐土耕地土壤主要理化性状

项目名称	样本数（个）	平均值	标准差	变异系数（%）	范围
有效土层厚度（cm）	6	86.2	10.72	12.44	79.0~100.0
耕层厚度（cm）	5	32.0	26.83	83.85	20.0~80.0
耕层容重（g/cm³）	4	1.57	0.10	6.61	1.43~1.67
有机质（g/kg）	6	22.9	9.45	41.27	7.1~29.8
全氮（g/kg）	6	1.443	0.25	17.52	1.150~1.802
有效磷（mg/kg）	4	14.6	9.14	62.39	4.6~26.8
速效钾（mg/kg）	6	188	114.39	60.81	80~355
缓效钾（mg/kg）	6	826	261.01	31.59	426~1 151
有效铜（mg/kg）	6	0.93	0.33	35.14	0.45~1.37
有效锌（mg/kg）	5	2.08	0.92	44.38	1.41~3.58
有效铁（mg/kg）	6	11.33	2.17	19.12	8.40~14.41
有效锰（mg/kg）	6	10.35	4.13	39.89	3.40~14.94
有效硼（mg/kg）	6	0.53	0.19	35.54	0.32~0.83
有效钼（mg/kg）	6	0.069	0.03	38.60	0.030~0.100
有效硫（mg/kg）	6	19.39	23.51	121.26	5.17~61.80
有效硅（mg/kg）	6	219.24	61.32	27.97	137.86~302.00

耕层质地

	砂土		砂壤土		轻壤土		中壤土		重壤土		黏土	
	样本数	占比（%）	样本数	占比（%）	样本数	占比（%）	样本数	占比（%）	样本数	占比（%）	样本数	占比（%）
	0	0.00	4	66.67	2	33.33	0	0.00	0	0.00	0	0.00

土壤pH

	≤4.5		(4.5~5.5]		(5.5~6.5]		(6.5~7.5]		(7.5~8.5]		>8.5	
	样本数	占比（%）	样本数	占比（%）	样本数	占比（%）	样本数	占比（%）	样本数	占比（%）	样本数	占比（%）
	0	0.00	0	0.00	1	16.67	0	0.00	5	83.33	0	0.00

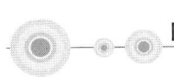

褐土—石灰性褐土—红土质石灰性褐土耕地土壤主要理化性状

项目名称	样本数（个）	平均值	标准差	变异系数（%）	范围
有效土层厚度（cm）	20	81.0	37.68	46.52	30.0~140.0
耕层厚度（cm）	18	54.4	29.75	54.64	20.0~80.0
耕层容重（g/cm³）	20	1.37	0.08	5.76	1.19~1.52
有机质（g/kg）	20	13.3	4.80	36.13	6.6~27.2
全氮（g/kg）	20	0.814	0.23	28.19	0.400~1.380
有效磷（mg/kg）	19	12.7	8.86	69.99	3.4~35.7
速效钾（mg/kg）	20	145	38.33	26.47	71~259
缓效钾（mg/kg）	19	627	159.50	25.44	375~1 010
有效铜（mg/kg）	20	0.87	0.46	53.10	0.46~1.92
有效锌（mg/kg）	20	1.10	0.52	46.80	0.17~2.16
有效铁（mg/kg）	20	12.96	3.44	26.52	9.20~23.62
有效锰（mg/kg）	19	11.01	4.14	37.63	5.15~19.60
有效硼（mg/kg）	19	0.71	0.49	68.79	0.23~2.33
有效钼（mg/kg）	19	0.200	0.14	68.80	0.050~0.513
有效硫（mg/kg）	17	18.88	14.08	74.57	4.30~64.30
有效硅（mg/kg）	20	215.69	78.05	36.19	139.00~332.00

耕层质地

	砂土		砂壤土		轻壤土		中壤土		重壤土		黏土	
	样本数	占比（%）	样本数	占比（%）	样本数	占比（%）	样本数	占比（%）	样本数	占比（%）	样本数	占比（%）
	0	0.00	1	5.00	4	20.00	6	30.00	9	45.00	0	0.00

土壤 pH

	≤4.5		(4.5~5.5]		(5.5~6.5]		(6.5~7.5]		(7.5~8.5]		>8.5	
	样本数	占比（%）	样本数	占比（%）	样本数	占比（%）	样本数	占比（%）	样本数	占比（%）	样本数	占比（%）
	0	0.00	0	0.00	0	0.00	5	25.00	15	75.00	0	0.00

褐土—淋溶褐土—黄土质淋溶褐土耕地土壤主要理化性状

项目名称	样本数（个）	平均值	标准差	变异系数（%）	范围
有效土层厚度 (cm)	106	71.3	36.70	51.47	25.0~150.0
耕层厚度 (cm)	101	34.9	23.98	68.65	20.0~80.0
耕层容重 (g/cm³)	98	1.35	0.10	7.05	1.14~1.70
有机质 (g/kg)	103	16.4	8.56	52.09	6.0~55.1
全氮 (g/kg)	104	0.991	0.46	46.46	0.350~2.874
有效磷 (mg/kg)	100	20.2	15.51	76.60	3.2~62.5
速效钾 (mg/kg)	102	148	60.06	40.69	49~380
缓效钾 (mg/kg)	99	766	240.48	31.40	311~1 366
有效铜 (mg/kg)	104	0.99	0.59	58.81	0.21~2.90
有效锌 (mg/kg)	102	1.47	1.02	69.36	0.19~5.28
有效铁 (mg/kg)	106	16.33	15.52	94.99	1.71~103.54
有效锰 (mg/kg)	106	13.78	9.36	67.94	1.74~47.50
有效硼 (mg/kg)	107	0.65	0.40	62.55	0.06~1.98
有效钼 (mg/kg)	101	0.127	0.10	78.30	0.011~0.479
有效硫 (mg/kg)	99	27.97	31.76	113.56	3.84~173.45
有效硅 (mg/kg)	104	191.74	84.79	44.22	20.46~401.65

耕层质地

	砂土	砂壤土	轻壤土	中壤土	重壤土	黏土
样本数	2	13	56	32	3	1
占比（%）	1.87	12.15	52.34	29.91	2.80	0.93

土壤 pH

	≤4.5	(4.5~5.5]	(5.5~6.5]	(6.5~7.5]	(7.5~8.5]	>8.5
样本数	0	1	18	31	53	4
占比（%）	0.00	0.93	16.82	28.97	49.53	3.74

褐土—淋溶褐土—泥砂质淋溶褐土耕地土壤主要理化性状

项目名称	样本数（个）	平均值	标准差	变异系数（%）	范围
有效土层厚度（cm）	117	67.6	31.87	47.16	25.0~132.0
耕层厚度（cm）	114	21.0	9.10	43.30	18.0~80.0
耕层容重（g/cm³）	92	1.30	0.15	11.61	1.08~1.67
有机质（g/kg）	117	18.6	7.80	41.86	7.0~49.3
全氮（g/kg）	117	1.152	0.44	38.60	0.370~2.500
有效磷（mg/kg）	99	26.3	15.42	58.56	5.2~63.1
速效钾（mg/kg）	111	130	59.19	45.58	45~354
缓效钾（mg/kg）	106	813	207.21	25.48	358~1 367
有效铜（mg/kg）	107	1.33	0.68	51.09	0.28~2.94
有效锌（mg/kg）	105	2.02	0.95	47.18	0.29~4.87
有效铁（mg/kg）	117	18.96	15.68	82.69	5.40~84.80
有效锰（mg/kg）	114	12.10	7.01	57.95	3.87~54.40
有效硼（mg/kg）	117	0.87	0.41	47.64	0.29~1.85
有效钼（mg/kg）	117	0.105	0.07	69.41	0.011~0.440
有效硫（mg/kg）	117	16.66	19.43	116.58	5.00~137.86
有效硅（mg/kg）	115	215.16	60.56	28.15	29.64~331.75

耕层质地

	砂土	砂壤土	轻壤土	中壤土	重壤土	黏土
样本数	1	22	37	57	0	0
占比（%）	0.85	18.80	31.62	48.72	0.00	0.00

土壤 pH

	≤4.5	(4.5~5.5]	(5.5~6.5]	(6.5~7.5]	(7.5~8.5]	>8.5
样本数	0	18	32	35	32	0
占比（%）	0.00	15.38	27.35	29.91	27.35	0.00

褐土—淋溶褐土—暗泥质淋溶淋溶褐土耕地土壤主要理化性状

项目名称	样本数（个）	平均值	标准差	变异系数（%）	范围
有效土层厚度（cm）	1	100.0	—	—	—
耕层厚度（cm）	1	80.0	—	—	—
耕层容重（g/cm³）	1	1.36	—	—	—
有机质（g/kg）	1	12.7	—	—	—
全氮（g/kg）	1	0.830	—	—	—
有效磷（mg/kg）	1	10.1	—	—	—
速效钾（mg/kg）	1	129	—	—	—
缓效钾（mg/kg）	1	593	—	—	—
有效铜（mg/kg）	1	0.51	—	—	—
有效锌（mg/kg）	1	0.81	—	—	—
有效铁（mg/kg）	1	11.04	—	—	—
有效锰（mg/kg）	1	8.55	—	—	—
有效硼（mg/kg）	1	0.43	—	—	—
有效钼（mg/kg）	0	—	—	—	—
有效硫（mg/kg）	1	13.40	—	—	—
有效硅（mg/kg）	1	149.00	—	—	—

耕层质地

	砂土	砂壤土	轻壤土	中壤土	重壤土	黏土
样本数	0	0	1	0	0	0
占比（%）	0.00	0.00	100.00	0.00	0.00	0.00

土壤pH

	≤4.5	(4.5~5.5]	(5.5~6.5]	(6.5~7.5]	(7.5~8.5]	>8.5
样本数	0	0	0	0	1	0
占比（%）	0.00	0.00	0.00	0.00	100.00	0.00

褐土—淋溶褐土—硅质淋溶褐土耕地土壤主要理化性状

项目名称	样本数（个）	平均值	标准差	变异系数（%）	范围
有效土层厚度（cm）	96	44.5	17.37	39.00	25.0~100.0
耕层厚度（cm）	91	22.0	8.93	40.51	18.0~80.0
耕层容重（g/cm³）	89	1.28	0.12	9.71	1.08~1.59
有机质（g/kg）	96	20.9	7.61	36.36	7.5~40.0
全氮（g/kg）	97	1.234	0.44	35.33	0.379~2.500
有效磷（mg/kg）	85	25.0	14.68	58.78	3.4~61.1
速效钾（mg/kg）	91	148	58.91	39.73	56~310
缓效钾（mg/kg）	93	832	230.79	27.73	425~1 358
有效铜（mg/kg）	90	1.43	0.70	48.76	0.25~2.90
有效锌（mg/kg）	92	2.04	1.17	57.23	0.17~4.76
有效铁（mg/kg）	97	27.20	19.79	72.77	4.60~99.30
有效锰（mg/kg）	96	14.77	9.20	62.31	3.90~54.40
有效硼（mg/kg）	96	0.92	0.48	52.30	0.20~1.87
有效钼（mg/kg）	95	0.106	0.10	94.61	0.010~0.530
有效硫（mg/kg）	93	30.16	36.40	120.70	3.35~155.67
有效硅（mg/kg）	91	221.26	82.67	37.36	21.04~440.76

耕层质地

	砂土	砂壤土	轻壤土	中壤土	重壤土	黏土
样本数	0	23	48	17	8	1
占比（%）	0.00	23.71	49.48	17.53	8.25	1.03

土壤 pH

	≤4.5	(4.5~5.5]	(5.5~6.5]	(6.5~7.5]	(7.5~8.5]	>8.5
样本数	0	10	34	30	23	0
占比（%）	0.00	10.31	35.05	30.93	23.71	0.00

褐土—淋溶褐土—灰泥质淋溶褐土耕地土壤主要理化性状

项目名称	样本数（个）	平均值	标准差	变异系数（%）	范 围
有效土层厚度（cm）	20	49.7	18.78	37.83	25.0~80.0
耕层厚度（cm）	17	19.2	1.01	5.29	18.0~20.0
耕层容重（g/cm³）	20	1.39	0.18	13.18	1.11~1.72
有机质（g/kg）	20	21.9	7.44	34.03	10.9~40.0
全氮（g/kg）	19	1.214	0.30	25.00	0.764~1.905
有效磷（mg/kg）	19	27.3	18.62	68.25	6.8~55.8
速效钾（mg/kg）	19	112	29.29	26.20	64~182
缓效钾（mg/kg）	20	871	260.07	29.85	535~1 353
有效铜（mg/kg）	20	1.29	0.83	64.89	0.36~2.90
有效锌（mg/kg）	20	1.97	1.08	54.90	0.35~4.56
有效铁（mg/kg）	20	19.15	15.81	82.57	7.08~49.89
有效锰（mg/kg）	20	11.38	3.54	31.06	4.57~19.03
有效硼（mg/kg）	20	0.82	0.54	65.28	0.21~1.69
有效钼（mg/kg）	20	0.062	0.03	55.80	0.010~0.120
有效硫（mg/kg）	20	33.12	49.02	147.99	5.00~156.34
有效硅（mg/kg）	19	197.37	39.19	19.86	135.75~256.78

耕层质地

	砂土	砂壤土	轻壤土	中壤土	重壤土	黏土
样本数	0	2	9	9	0	0
占比（%）	0.00	10.00	45.00	45.00	0.00	0.00

土壤pH

	≤4.5	(4.5~5.5]	(5.5~6.5]	(6.5~7.5]	(7.5~8.5]	>8.5
样本数	0	3	4	3	10	0
占比（%）	0.00	15.00	20.00	15.00	50.00	0.00

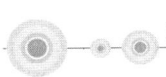

褐土—淋溶褐土—砂泥质淋溶褐土耕地土壤主要理化性状

项目名称	样本数（个）	平均值	标准差	变异系数（%）	范围
有效土层厚度（cm）	18	45.6	19.99	43.88	30.0~100.0
耕层厚度（cm）	18	22.8	11.79	51.74	20.0~70.0
耕层容重（g/cm³）	18	1.26	0.11	9.08	1.15~1.50
有机质（g/kg）	18	17.9	9.61	53.61	7.8~50.2
全氮（g/kg）	18	1.020	0.26	25.83	0.460~1.380
有效磷（mg/kg）	16	14.9	12.85	86.46	4.5~50.0
速效钾（mg/kg）	17	151	47.07	31.19	71~247
缓效钾（mg/kg）	17	838	280.48	33.45	392~1 327
有效铜（mg/kg）	17	1.41	0.77	54.99	0.22~2.90
有效锌（mg/kg）	17	2.29	1.23	53.94	0.72~4.87
有效铁（mg/kg）	18	21.14	15.02	71.06	5.10~49.89
有效锰（mg/kg）	18	14.35	8.41	58.61	6.10~43.90
有效硼（mg/kg）	18	0.86	0.43	50.16	0.38~1.85
有效钼（mg/kg）	18	0.134	0.14	101.12	0.010~0.537
有效硫（mg/kg）	17	21.62	29.09	134.56	3.94~112.89
有效硅（mg/kg）	17	205.68	80.75	39.26	21.02~327.47

耕层质地

	砂土	砂壤土	轻壤土	中壤土	重壤土	黏土
样本数	0	1	17	0	0	0
占比（%）	0.00	5.56	94.44	0.00	0.00	0.00

土壤 pH

	≤4.5	(4.5~5.5]	(5.5~6.5]	(6.5~7.5]	(7.5~8.5]	>8.5
样本数	0	3	3	7	5	0
占比（%）	0.00	16.67	16.67	38.89	27.78	0.00

三、土 属

褐土—潮褐土—黄土质潮褐土耕地土壤主要理化性状

项目名称	样本数（个）	平均值	标准差	变异系数（%）	范 围
有效土层厚度（cm）	154	85.3	29.18	34.20	25.0～140.0
耕层厚度（cm）	140	62.0	24.52	39.57	20.0～90.0
耕层容重（g/cm³）	154	1.40	0.10	7.32	1.14～1.73
有机质（g/kg）	152	14.2	7.14	50.38	5.3～46.5
全氮（g/kg）	155	0.887	0.42	47.39	0.312～2.810
有效磷（mg/kg）	151	12.6	9.39	74.69	2.7～50.3
速效钾（mg/kg）	152	129	41.48	32.10	54～294
缓效钾（mg/kg）	155	645	168.33	26.10	288～1 050
有效铜（mg/kg）	151	0.96	0.48	50.41	0.25～3.00
有效锌（mg/kg）	153	1.07	0.78	72.47	0.13～5.09
有效铁（mg/kg）	153	14.71	14.11	95.94	2.50～113.90
有效锰（mg/kg）	155	13.03	7.96	61.08	3.02～42.20
有效硼（mg/kg）	145	0.84	0.57	68.23	0.08～2.57
有效钼（mg/kg）	149	0.165	0.12	71.90	0.020～0.550
有效硫（mg/kg）	139	23.35	26.95	115.41	3.20～171.00
有效硅（mg/kg）	154	244.77	72.21	29.50	97.00～413.60

耕层质地

砂土		砂壤土		轻壤土		中壤土		重壤土		黏土	
样本数	占比（%）	样本数	占比（%）	样本数	占比（%）	样本数	占比（%）	样本数	占比（%）	样本数	占比（%）
4	2.58	23	14.84	85	54.84	41	26.45	2	1.29	0	0.00

土壤 pH

≤4.5		(4.5～5.5]		(5.5～6.5]		(6.5～7.5]		(7.5～8.5]		>8.5	
样本数	占比（%）	样本数	占比（%）	样本数	占比（%）	样本数	占比（%）	样本数	占比（%）	样本数	占比（%）
2	1.29	1	0.65	8	5.16	26	16.77	118	76.13	0	0.00

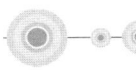

褐土—潮褐土—泥砂质潮褐土耕地土壤主要理化性状

项目名称	样本数（个）	平均值	标准差	变异系数（%）	范围
有效土层厚度（cm）	203	47.7	17.01	35.70	30.0～100.0
耕层厚度（cm）	180	22.9	10.22	44.69	18.0～80.0
耕层容重（g/cm³）	203	1.29	0.13	9.76	1.15～1.60
有机质（g/kg）	201	18.1	5.38	29.68	6.5～31.5
全氮（g/kg）	202	1.153	0.35	30.18	0.330～2.140
有效磷（mg/kg）	184	21.0	14.71	69.87	3.5～63.0
速效钾（mg/kg）	194	150	58.48	39.00	46～350
缓效钾（mg/kg）	188	855	242.90	28.41	268～1 370
有效铜（mg/kg）	190	1.34	0.63	47.31	0.28～3.05
有效锌（mg/kg）	185	2.17	1.18	54.12	0.30～5.35
有效铁（mg/kg）	203	26.02	18.42	70.80	4.40～116.00
有效锰（mg/kg）	202	13.15	6.37	48.40	5.01～52.40
有效硼（mg/kg）	202	0.81	0.44	54.74	0.18～1.87
有效钼（mg/kg）	200	0.101	0.09	93.41	0.010～0.570
有效硫（mg/kg）	188	32.73	37.56	114.77	4.30～173.45
有效硅（mg/kg）	188	193.23	77.08	39.89	20.94～412.25

耕层质地

砂土		砂壤土		轻壤土		中壤土		重壤土		黏土	
样本数	占比（%）	样本数	占比（%）	样本数	占比（%）	样本数	占比（%）	样本数	占比（%）	样本数	占比（%）
1	0.49	35	17.24	129	63.55	30	14.78	8	3.94	0	0.00

土壤 pH

≤4.5		(4.5～5.5]		(5.5～6.5]		(6.5～7.5]		(7.5～8.5]		>8.5	
样本数	占比（%）	样本数	占比（%）	样本数	占比（%）	样本数	占比（%）	样本数	占比（%）	样本数	占比（%）
0	0.00	21	10.34	45	22.17	81	39.90	56	27.59	0	0.00

褐土—褐土性土—黄土质褐土性土耕地土壤主要理化性状

项目名称	样本数（个）	平均值	标准差	变异系数（%）	范 围
有效土层厚度（cm）	320	81.3	45.41	55.89	25.0～150.0
耕层厚度（cm）	288	21.9	7.15	32.61	18.0～80.0
耕层容重（g/cm³）	292	1.31	0.07	5.26	1.12～1.64
有机质（g/kg）	314	14.6	7.12	48.78	5.5～49.2
全氮（g/kg）	317	0.848	0.40	46.84	0.302～2.749
有效磷（mg/kg）	324	16.7	10.90	65.28	2.7～64.1
速效钾（mg/kg）	316	141	65.31	46.39	51～378
缓效钾（mg/kg）	325	768	180.88	23.55	281～1 364
有效铜（mg/kg）	323	0.72	0.40	55.32	0.18～2.01
有效锌（mg/kg）	322	0.78	0.71	90.79	0.17～4.85
有效铁（mg/kg）	287	6.87	5.66	82.28	1.71～51.25
有效锰（mg/kg）	288	6.55	4.92	75.13	1.73～53.20
有效硼（mg/kg）	304	0.40	0.35	86.58	0.04～2.33
有效钼（mg/kg）	301	0.141	0.10	68.84	0.010～0.570
有效硫（mg/kg）	324	32.30	23.66	73.24	3.28～128.00
有效硅（mg/kg）	312	206.97	103.93	50.21	18.68～434.83

耕层质地

	砂土		砂壤土		轻壤土		中壤土		重壤土		黏土	
	占比（%）	样本数	占比（%）	样本数	占比（%）	样本数	占比（%）	样本数	占比（%）	样本数	占比（%）	样本数
	1.52	5	23.33	77	62.42	206	11.21	37	0.61	2	0.91	3

土壤 pH

	≤4.5		(4.5～5.5]		(5.5～6.5]		(6.5～7.5]		(7.5～8.5]		>8.5	
	占比（%）	样本数	占比（%）	样本数	占比（%）	样本数	占比（%）	样本数	占比（%）	样本数	占比（%）	样本数
	0.00	0	0.30	1	0.00	0	1.21	4	87.88	290	10.61	35

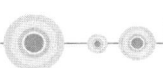

褐土—褐土性土—泥砂质褐土性土耕地土壤主要理化性状

项目名称	样本数（个）	平均值	标准差	变异系数（%）	范围
有效土层厚度（cm）	40	53.9	18.62	34.57	30.0~100.0
耕层厚度（cm）	26	24.3	5.05	20.75	18.0~30.0
耕层容重（g/cm³）	41	1.41	0.16	11.59	1.12~1.69
有机质（g/kg）	41	16.0	7.85	49.15	5.3~40.0
全氮（g/kg）	40	0.977	0.39	40.05	0.391~2.028
有效磷（mg/kg）	39	25.5	14.92	58.58	6.2~63.9
速效钾（mg/kg）	40	155	81.60	52.53	49~368
缓效钾（mg/kg）	33	832	234.52	28.18	415~1 209
有效铜（mg/kg）	37	1.13	0.50	44.20	0.32~2.23
有效锌（mg/kg）	37	1.31	0.95	72.15	0.30~3.78
有效铁（mg/kg）	41	29.78	21.45	72.02	5.85~107.16
有效锰（mg/kg）	41	17.43	7.90	45.30	4.88~49.60
有效硼（mg/kg）	41	0.69	0.37	53.27	0.16~1.33
有效钼（mg/kg）	41	0.070	0.07	97.91	0.010~0.330
有效硫（mg/kg）	40	28.16	22.71	80.66	5.00~138.89
有效硅（mg/kg）	40	200.15	64.88	32.42	107.80~448.60

耕层质地

	砂土	砂壤土	轻壤土	中壤土	重壤土	黏土
样本数	21	15	5	0	0	0
占比（%）	51.22	36.59	12.20	0.00	0.00	0.00

土壤 pH

	≤4.5	(4.5~5.5]	(5.5~6.5]	(6.5~7.5]	(7.5~8.5]	>8.5
样本数	0	4	11	8	17	1
占比（%）	0.00	9.76	26.83	19.51	41.46	2.44

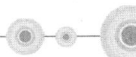

褐土—褐土性土—硅质褐土性土耕地土壤主要理化性状

项目名称	样本数（个）	平均值	标准差	变异系数（%）	范 围
有效土层厚度（cm）	3	58.3	22.55	38.65	35.0~80.0
耕层厚度（cm）	3	18.7	1.15	6.19	18.0~20.0
耕层容重（g/cm³）	3	1.34	0.08	5.62	1.26~1.41
有机质（g/kg）	3	16.0	13.16	82.50	7.3~31.1
全氮（g/kg）	3	0.858	0.71	83.29	0.297~1.662
有效磷（mg/kg）	3	21.7	11.87	54.71	8.1~30.0
速效钾（mg/kg）	3	96	43.86	45.69	48~134
缓效钾（mg/kg）	3	953	350.89	36.82	593~1 294
有效铜（mg/kg）	3	1.46	0.93	63.67	0.69~2.48
有效锌（mg/kg）	3	2.53	0.35	13.96	2.33~2.94
有效铁（mg/kg）	3	24.20	19.33	79.87	11.56~46.45
有效锰（mg/kg）	3	12.13	1.45	11.95	10.46~13.00
有效硼（mg/kg）	3	1.21	0.38	31.81	0.96~1.65
有效钼（mg/kg）	3	0.117	0.03	21.57	0.090~0.140
有效硫（mg/kg）	3	55.45	87.38	157.59	5.00~156.34
有效硅（mg/kg）	3	227.25	12.94	5.70	212.36~235.82

耕层质地

	砂土	砂壤土	轻壤土	中壤土	重壤土	黏土
样本数	0	1	0	2	0	0
占比（%）	0.00	33.33	0.00	66.67	0.00	0.00

土壤pH

	≤4.5	(4.5~5.5]	(5.5~6.5]	(6.5~7.5]	(7.5~8.5]	>8.5
样本数	0	0	0	2	1	0
占比（%）	0.00	0.00	0.00	66.67	33.33	0.00

褐土—褐土性土—灰泥质褐土性耕地土壤主要理化性状

项目名称	样本数（个）	平均值	标准差	变异系数（%）	范围
有效土层厚度（cm）	10	63.5	31.71	49.94	30.0~120.0
耕层厚度（cm）	8	21.3	3.54	16.64	20.0~30.0
耕层容重（g/cm³）	10	1.38	0.19	13.51	1.20~1.71
有机质（g/kg）	10	22.0	7.57	34.37	13.6~35.6
全氮（g/kg）	10	1.458	0.53	36.09	0.852~2.448
有效磷（mg/kg）	10	14.7	12.16	82.71	5.3~47.0
速效钾（mg/kg）	10	144	73.93	51.47	64~321
缓效钾（mg/kg）	10	772	297.90	38.60	449~1 304
有效铜（mg/kg）	9	1.60	0.82	50.85	0.46~2.56
有效锌（mg/kg）	8	2.32	1.29	55.42	0.79~4.56
有效铁（mg/kg）	10	21.54	15.03	69.75	7.85~48.89
有效锰（mg/kg）	10	10.03	2.81	27.96	4.55~13.22
有效硼（mg/kg）	10	0.77	0.52	67.22	0.22~1.68
有效钼（mg/kg）	9	0.086	0.03	40.08	0.020~0.140
有效硫（mg/kg）	10	47.61	53.79	112.98	5.28~145.56
有效硅（mg/kg）	10	214.92	54.40	25.31	156.34~331.75

耕层质地

	砂土	砂壤土	轻壤土	中壤土	重壤土	黏土
样本数	3	5	2	0	0	0
占比（%）	30.00	50.00	20.00	0.00	0.00	0.00

土壤 pH

	≤4.5	(4.5~5.5]	(5.5~6.5]	(6.5~7.5]	(7.5~8.5]	>8.5
样本数	0	0	0	3	7	0
占比（%）	0.00	0.00	0.00	30.00	70.00	0.00

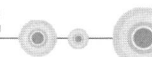

褐土—褐土性土—砂泥质褐土性耕地土壤主要理化性状

项目名称	样本数（个）	平均值	标准差	变异系数（%）	范 围
有效土层厚度 (cm)	15	46.7	18.77	40.23	30.0~100.0
耕层厚度 (cm)	15	20.0	0.00	0.00	20.0~20.0
耕层容重 (g/cm³)	15	1.25	0.08	6.54	1.15~1.46
有机质 (g/kg)	15	15.5	6.26	40.43	6.8~31.2
全氮 (g/kg)	15	1.026	0.43	41.95	0.484~2.140
有效磷 (mg/kg)	14	14.3	7.75	54.36	5.6~30.9
速效钾 (mg/kg)	14	150	45.99	30.67	76~242
缓效钾 (mg/kg)	14	840	191.63	22.83	512~1 173
有效铜 (mg/kg)	15	1.55	0.68	43.47	0.32~2.48
有效锌 (mg/kg)	14	2.12	1.20	56.80	0.60~4.56
有效铁 (mg/kg)	15	24.09	20.74	86.09	5.87~75.80
有效锰 (mg/kg)	15	15.14	11.74	77.56	6.89~47.60
有效硼 (mg/kg)	15	0.84	0.38	44.89	0.43~1.76
有效钼 (mg/kg)	15	0.108	0.06	54.84	0.030~0.230
有效硫 (mg/kg)	15	19.76	17.82	90.21	4.32~56.78
有效硅 (mg/kg)	14	202.66	55.25	27.26	143.23~333.25

耕层质地

	砂土		砂壤土		轻壤土		中壤土		重壤土		黏土	
	样本数	占比（%）	样本数	占比（%）	样本数	占比（%）	样本数	占比（%）	样本数	占比（%）	样本数	占比（%）
	0	0.00	11	73.33	4	26.67	0	0.00	0	0.00	0	0.00

土壤 pH

	≤4.5		(4.5~5.5]		(5.5~6.5]		(6.5~7.5]		(7.5~8.5]		>8.5	
	样本数	占比（%）	样本数	占比（%）	样本数	占比（%）	样本数	占比（%）	样本数	占比（%）	样本数	占比（%）
	0	0.00	2	13.33	1	6.67	8	53.33	4	26.67	0	0.00

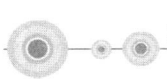

灰褐土—典型灰褐土—黄土质灰褐土耕地土壤主要理化性状

项目名称	样本数（个）	平均值	标准差	变异系数（%）	范　围
有效土层厚度（cm）	42	63.8	26.58	41.63	30.0~100.0
耕层厚度（cm）	44	44.1	24.93	56.52	20.0~80.0
耕层容重（g/cm³）	44	1.41	0.12	8.41	1.20~1.69
有机质（g/kg）	43	17.4	6.77	39.00	6.4~45.8
全氮（g/kg）	42	1.059	0.41	38.29	0.335~2.076
有效磷（mg/kg）	43	16.5	9.45	57.13	4.7~44.1
速效钾（mg/kg）	41	152	68.81	45.40	49~330
缓效钾（mg/kg）	40	946	213.99	22.62	454~1 317
有效铜（mg/kg）	41	0.89	0.65	73.20	0.23~2.10
有效锌（mg/kg）	41	0.71	0.67	94.24	0.16~4.20
有效铁（mg/kg）	44	16.34	10.43	63.85	5.02~41.59
有效锰（mg/kg）	44	9.88	6.22	62.97	2.98~26.80
有效硼（mg/kg）	42	0.91	0.45	49.54	0.08~2.00
有效钼（mg/kg）	44	0.041	0.02	53.39	0.017~0.116
有效硫（mg/kg）	44	22.94	12.30	53.61	3.65~72.69
有效硅（mg/kg）	44	193.05	86.71	44.92	75.02~441.01

耕层质地

	砂土	砂壤土	轻壤土	中壤土	重壤土	黏土
样本数	6	13	16	8	1	0
占比（%）	13.64	29.55	36.36	18.18	2.27	0.00

土壤 pH

	≤4.5	(4.5~5.5]	(5.5~6.5]	(6.5~7.5]	(7.5~8.5]	>8.5
样本数	0	0	0	0	29	15
占比（%）	0.00	0.00	0.00	0.00	65.91	34.09

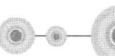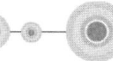

灰褐土—典型灰褐土—泥砂质灰褐土耕地土壤主要理化性状

项目名称	样本数（个）	平均值	标准差	变异系数（%）	范围
有效土层厚度（cm）	211	81.0	27.75	34.25	25.0~125.0
耕层厚度（cm）	217	60.0	25.98	43.32	20.0~90.0
耕层容重（g/cm³）	218	1.42	0.13	8.89	1.10~1.80
有机质（g/kg）	213	23.7	11.39	48.10	5.5~54.7
全氮（g/kg）	204	1.311	0.66	50.43	0.300~2.970
有效磷（mg/kg）	215	18.6	12.21	65.62	3.1~61.2
速效钾（mg/kg）	198	143	79.98	56.06	44~383
缓效钾（mg/kg）	205	887	267.52	30.15	267~1 378
有效铜（mg/kg）	216	1.05	0.74	70.52	0.20~3.00
有效锌（mg/kg）	200	1.49	1.11	74.35	0.14~5.32
有效铁（mg/kg）	216	30.13	21.70	72.01	2.85~119.80
有效锰（mg/kg）	216	18.00	10.33	57.37	2.54~52.60
有效硼（mg/kg）	203	0.94	0.47	49.93	0.10~2.63
有效钼（mg/kg）	212	0.040	0.03	84.26	0.010~0.277
有效硫（mg/kg）	205	44.50	38.52	86.56	4.32~160.20
有效硅（mg/kg）	217	163.15	108.84	66.71	12.38~445.90

耕层质地

	砂土	砂壤土	轻壤土	中壤土	重壤土	黏土
样本数	1	59	98	59	1	2
占比（%）	0.45	26.82	44.55	26.82	0.45	0.91

土壤pH

	≤4.5	(4.5~5.5]	(5.5~6.5]	(6.5~7.5]	(7.5~8.5]	>8.5
样本数	0	0	0	1	104	115
占比（%）	0.00	0.00	0.00	0.45	47.27	52.27

灰褐土—典型灰褐土—泥质灰褐土耕地土壤主要理化性状

项目名称	样本数（个）	平均值	标准差	变异系数（%）	范　围
有效土层厚度（cm）	23	37.9	21.20	55.98	25.0～100.0
耕层厚度（cm）	25	26.0	16.81	64.54	20.0～80.0
耕层容重（g/cm³）	25	1.41	0.12	8.71	1.23～1.58
有机质（g/kg）	25	21.6	10.87	50.30	6.2～47.8
全氮（g/kg）	23	1.254	0.55	43.79	0.464～2.226
有效磷（mg/kg）	25	14.6	8.34	57.08	6.1～34.5
速效钾（mg/kg）	24	173	103.36	59.89	51～367
缓效钾（mg/kg）	21	822	227.65	27.70	451～1 293
有效铜（mg/kg）	25	1.21	0.67	55.18	0.29～2.22
有效锌（mg/kg）	24	0.64	0.31	47.99	0.18～1.38
有效铁（mg/kg）	25	13.71	10.62	77.47	5.22～41.40
有效锰（mg/kg）	25	12.36	6.46	52.28	4.15～28.40
有效硼（mg/kg）	24	0.90	0.40	44.88	0.69～2.10
有效钼（mg/kg）	25	0.028	0.01	19.25	0.014～0.035
有效硫（mg/kg）	25	26.23	8.70	33.18	9.74～45.90
有效硅（mg/kg）	24	247.02	82.33	33.33	39.08～387.88

耕层质地

砂土		砂壤土		轻壤土		中壤土		重壤土		黏土	
样本数	占比（%）	样本数	占比（%）	样本数	占比（%）	样本数	占比（%）	样本数	占比（%）	样本数	占比（%）
0	0.00	20	80.00	3	12.00	1	4.00	1	4.00	0	0.00

土壤pH

≤4.5		(4.5～5.5]		(5.5～6.5]		(6.5～7.5]		(7.5～8.5]		>8.5	
样本数	占比（%）	样本数	占比（%）	样本数	占比（%）	样本数	占比（%）	样本数	占比（%）	样本数	占比（%）
0	0.00	0	0.00	0	0.00	0	0.00	15	60.00	10	40.00

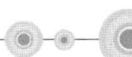

灰褐土—淋溶灰褐土—黄土质淋溶灰褐土耕地土壤主要理化性状

项目名称	样本数（个）	平均值	标准差	变异系数（%）	范 围
有效土层厚度（cm）	10	65.6	25.91	39.50	30.0~105.0
耕层厚度（cm）	10	46.9	24.15	51.50	20.0~85.0
耕层容重（g/cm³）	10	1.41	0.16	11.56	1.25~1.80
有机质（g/kg）	10	21.1	4.61	21.89	14.1~26.8
全氮（g/kg）	10	1.285	0.26	20.61	0.915~1.603
有效磷（mg/kg）	10	18.8	16.22	86.24	6.2~55.8
速效钾（mg/kg）	9	156	71.49	45.94	82~281
缓效钾（mg/kg）	10	715	163.94	22.94	497~1 047
有效铜（mg/kg）	10	0.49	0.16	32.16	0.24~0.78
有效锌（mg/kg）	10	0.56	0.46	81.99	0.14~1.35
有效铁（mg/kg）	10	17.55	4.93	28.12	11.35~24.88
有效锰（mg/kg）	9	9.31	3.84	41.18	5.14~17.09
有效硼（mg/kg）	10	1.09	0.37	34.11	0.44~1.72
有效钼（mg/kg）	10	0.082	0.06	73.87	0.020~0.226
有效硫（mg/kg）	10	14.90	7.99	53.61	4.95~26.10
有效硅（mg/kg）	10	288.89	121.16	41.94	140.78~445.68

耕层质地

砂土		砂壤土		轻壤土		中壤土		重壤土		黏土	
样本数	占比（%）	样本数	占比（%）	样本数	占比（%）	样本数	占比（%）	样本数	占比（%）	样本数	占比（%）
1	10.00	4	40.00	5	50.00	0	0.00	0	0.00	0	0.00

土壤 pH

≤4.5		(4.5~5.5]		(5.5~6.5]		(6.5~7.5]		(7.5~8.5]		>8.5	
样本数	占比（%）	样本数	占比（%）	样本数	占比（%）	样本数	占比（%）	样本数	占比（%）	样本数	占比（%）
0	0.00	0	0.00	0	0.00	0	0.00	10	100.00	0	0.00

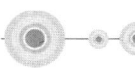
灰褐土—淋溶灰褐土—砂泥质淋溶灰褐土耕地土壤主要理化性状

项目名称	样本数（个）	平均值	标准差	变异系数（%）	范　围
有效土层厚度（cm）	9	63.1	31.50	49.91	25.0～120.0
耕层厚度（cm）	8	39.3	20.82	53.04	20.0～86.0
耕层容重（g/cm³）	9	1.39	0.17	12.03	1.27～1.77
有机质（g/kg）	6	24.2	12.59	51.99	13.0～45.0
全氮（g/kg）	6	1.474	0.77	52.15	0.793～2.745
有效磷（mg/kg）	7	20.4	14.87	72.92	4.7～50.6
速效钾（mg/kg）	8	191	94.67	49.66	82～345
缓效钾（mg/kg）	9	694	232.18	33.46	370～1 028
有效铜（mg/kg）	9	0.63	0.23	36.22	0.39～0.98
有效锌（mg/kg）	9	1.13	0.79	69.83	0.25～2.64
有效铁（mg/kg）	9	19.14	7.13	37.25	9.23～34.31
有效锰（mg/kg）	8	13.16	5.68	43.16	8.03～21.80
有效硼（mg/kg）	9	1.06	0.67	63.09	0.07～2.17
有效钼（mg/kg）	9	0.157	0.15	92.90	0.018～0.423
有效硫（mg/kg）	9	20.59	12.69	61.63	6.68～37.59
有效硅（mg/kg）	8	267.81	140.80	52.57	39.07～405.67

耕层质地

砂土		砂壤土		轻壤土		中壤土		重壤土		黏土	
样本数	占比（%）	样本数	占比（%）	样本数	占比（%）	样本数	占比（%）	样本数	占比（%）	样本数	占比（%）
1	11.11	1	11.11	2	22.22	4	44.44	1	11.11	0	0.00

土壤 pH

≤4.5		(4.5～5.5]		(5.5～6.5]		(6.5～7.5]		(7.5～8.5]		>8.5	
样本数	占比（%）	样本数	占比（%）	样本数	占比（%）	样本数	占比（%）	样本数	占比（%）	样本数	占比（%）
0	0.00	0	0.00	0	0.00	0	0.00	9	100.00	0	0.00

灰褐土—石灰性灰褐土—黄土质石灰性灰褐土耕地土壤主要理化性状

项目名称	样本数（个）	平均值	标准差	变异系数（%）	范围
有效土层厚度（cm）	22	66.6	23.29	34.97	27.0～118.0
耕层厚度（cm）	22	44.7	18.28	40.92	20.0～80.0
耕层容重（g/cm³）	23	1.30	0.13	9.78	1.10～1.61
有机质（g/kg）	23	22.4	8.16	36.44	12.3～43.1
全氮（g/kg）	23	1.167	0.41	35.04	0.564～2.090
有效磷（mg/kg）	23	15.9	16.34	102.57	3.1～60.6
速效钾（mg/kg）	22	151	60.40	40.04	60～295
缓效钾（mg/kg）	20	917	142.33	15.53	697～1 192
有效铜（mg/kg）	23	0.85	0.61	71.14	0.23～2.78
有效锌（mg/kg）	18	1.31	1.14	87.11	0.13～4.63
有效铁（mg/kg）	23	15.81	4.11	25.98	9.63～23.86
有效锰（mg/kg）	23	11.35	3.65	32.19	6.97～18.08
有效硼（mg/kg）	23	0.49	0.44	90.12	0.17～2.15
有效钼（mg/kg）	22	0.078	0.06	76.83	0.022～0.308
有效硫（mg/kg）	22	19.47	27.24	139.92	5.78～117.40
有效硅（mg/kg）	20	116.34	54.95	47.24	12.12～260.65

耕层质地

	砂土		砂壤土		轻壤土		中壤土		重壤土		黏土	
	样本数	占比（%）	样本数	占比（%）	样本数	占比（%）	样本数	占比（%）	样本数	占比（%）	样本数	占比（%）
	1	4.35	10	43.48	10	43.48	2	8.70	0	0.00	0	0.00

土壤pH

	≤4.5		(4.5～5.5]		(5.5～6.5]		(6.5～7.5]		(7.5～8.5]		>8.5	
	样本数	占比（%）	样本数	占比（%）	样本数	占比（%）	样本数	占比（%）	样本数	占比（%）	样本数	占比（%）
	0	0.00	0	0.00	0	0.00	0	0.00	23	100.00	0	0.00

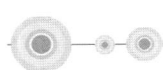

灰褐土—石灰性灰褐土—泥质石灰性灰褐土耕地土壤主要理化性状

项目名称	样本数（个）	平均值	标准差	变异系数（%）	范 围
有效土层厚度（cm）	43	49.4	17.11	34.61	25.0~87.0
耕层厚度（cm）	43	33.4	12.32	36.83	20.0~67.0
耕层容重（g/cm³）	43	1.27	0.11	8.92	1.08~1.63
有机质（g/kg）	43	24.1	9.26	38.51	7.4~48.3
全氮（g/kg）	43	1.263	0.44	34.82	0.470~2.515
有效磷（mg/kg）	42	15.0	12.08	80.32	2.9~53.1
速效钾（mg/kg）	40	153	74.76	48.98	62~357
缓效钾（mg/kg）	35	950	238.46	25.11	387~1 372
有效铜（mg/kg）	41	0.67	0.42	63.39	0.18~2.56
有效锌（mg/kg）	41	1.29	1.03	79.83	0.18~4.11
有效铁（mg/kg）	43	13.13	3.97	30.25	4.28~20.89
有效锰（mg/kg）	42	10.61	3.62	34.17	4.13~22.40
有效硼（mg/kg）	43	0.45	0.43	95.25	0.12~2.46
有效钼（mg/kg）	43	0.079	0.07	92.53	0.020~0.470
有效硫（mg/kg）	43	16.60	19.05	114.75	3.14~122.34
有效硅（mg/kg）	42	170.01	95.33	56.07	55.17~438.25

耕层质地

砂土		砂壤土		轻壤土		中壤土		重壤土		黏土	
样本数	占比（%）	样本数	占比（%）	样本数	占比（%）	样本数	占比（%）	样本数	占比（%）	样本数	占比（%）
2	4.65	20	46.51	4	9.30	16	37.21	0	0.00	1	2.33

土壤 pH

≤4.5		(4.5~5.5]		(5.5~6.5]		(6.5~7.5]		(7.5~8.5]		>8.5	
样本数	占比（%）	样本数	占比（%）	样本数	占比（%）	样本数	占比（%）	样本数	占比（%）	样本数	占比（%）
0	0.00	0	0.00	0	0.00	0	0.00	43	100.00	0	0.00

灰褐土—石灰性灰褐土—灰泥质石灰性灰褐土耕地土壤主要理化性状

项目名称	样本数（个）	平均值	标准差	变异系数（%）	范　围
有效土层厚度（cm）	28	73.5	23.48	31.97	25.0～100.0
耕层厚度（cm）	28	54.4	21.83	40.17	20.0～80.0
耕层容重（g/cm³）	28	1.32	0.13	10.10	1.18～1.68
有机质（g/kg）	27	27.2	13.85	50.98	5.5～56.7
全氮（g/kg）	28	1.352	0.54	40.00	0.470～2.250
有效磷（mg/kg）	24	23.5	18.38	78.27	5.1～62.9
速效钾（mg/kg）	24	141	68.46	48.65	46～278
缓效钾（mg/kg）	22	1 076	166.05	15.43	776～1 367
有效铜（mg/kg）	26	1.14	0.59	51.78	0.42～2.57
有效锌（mg/kg）	25	1.90	1.28	67.38	0.23～4.53
有效铁（mg/kg）	28	16.21	5.67	34.97	3.91～24.50
有效锰（mg/kg）	28	12.45	4.68	37.63	3.05～17.98
有效硼（mg/kg）	28	0.31	0.16	50.53	0.09～0.77
有效钼（mg/kg）	28	0.086	0.03	37.55	0.030～0.160
有效硫（mg/kg）	28	30.65	36.15	117.95	5.99～152.15
有效硅（mg/kg）	28	115.28	39.50	34.27	51.66～200.08

耕层质地

	砂土	砂壤土	轻壤土	中壤土	重壤土	黏土
样本数	2	24	1	0	0	1
占比（%）	7.14	85.71	3.57	0.00	0.00	3.57

土壤pH

	≤4.5	(4.5～5.5]	(5.5～6.5]	(6.5～7.5]	(7.5～8.5]	>8.5
样本数	0	0	0	0	28	0
占比（%）	0.00	0.00	0.00	0.00	100.00	0.00

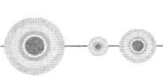

黑土—典型黑土—黄土质黑土耕地土壤主要理化性状

项目名称	样本数（个）	平均值	标准差	变异系数（%）	范　围
有效土层厚度（cm）	3	46.3	17.62	38.02	26.0~57.0
耕层厚度（cm）	4	28.3	9.54	33.75	20.0~37.0
耕层容重（g/cm³）	4	1.37	0.09	6.50	1.27~1.48
有机质（g/kg）	2	12.9	2.17	16.80	11.4~14.5
全氮（g/kg）	3	1.503	0.95	62.95	0.800~2.579
有效磷（mg/kg）	4	17.7	9.79	55.39	10.7~31.5
速效钾（mg/kg）	4	155	31.84	20.52	109~180
缓效钾（mg/kg）	4	844	301.23	35.68	617~1 285
有效铜（mg/kg）	4	1.18	0.49	41.06	0.58~1.77
有效锌（mg/kg）	4	1.32	0.70	52.92	0.31~1.88
有效铁（mg/kg）	3	45.95	52.51	114.26	12.55~106.47
有效锰（mg/kg）	4	18.32	9.74	53.16	8.26~31.20
有效硼（mg/kg）	3	0.72	0.39	54.01	0.30~1.07
有效钼（mg/kg）	4	0.147	0.08	54.36	0.054~0.231
有效硫（mg/kg）	4	44.84	74.53	166.21	5.05~156.60
有效硅（mg/kg）	4	247.45	31.76	12.83	200.00~266.80

耕层质地

	砂土	砂壤土	轻壤土	中壤土	重壤土	黏土
样本数	1	0	1	2	0	0
占比（%）	25.00	0.00	25.00	50.00	0.00	0.00

土壤 pH

	≤4.5	(4.5~5.5]	(5.5~6.5]	(6.5~7.5]	(7.5~8.5]	>8.5
样本数	0	0	2	0	2	0
占比（%）	0.00	0.00	50.00	0.00	50.00	0.00

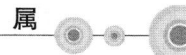

黑土—典型黑土—泥砂质黑土耕地土壤主要理化性状

项目名称	样本数（个）	平均值	标准差	变异系数（%）	范 围
有效土层厚度（cm）	6	63.3	24.83	39.21	35.0～100.0
耕层厚度（cm）	6	45.0	22.58	50.18	20.0～80.0
耕层容重（g/cm³）	6	1.44	0.17	11.92	1.28～1.70
有机质（g/kg）	6	32.5	11.16	34.36	20.9～46.5
全氮（g/kg）	6	1.848	0.53	28.46	1.257～2.347
有效磷（mg/kg）	6	27.2	20.41	75.12	6.7～47.5
速效钾（mg/kg）	6	208	140.57	67.59	81～383
缓效钾（mg/kg）	4	751	334.82	44.57	470～1 227
有效铜（mg/kg）	6	1.15	0.79	69.28	0.24～2.08
有效锌（mg/kg）	6	2.04	1.14	55.95	0.35～3.22
有效铁（mg/kg）	6	32.94	31.15	94.55	7.04～90.24
有效锰（mg/kg）	6	14.88	7.86	52.82	6.09～23.67
有效硼（mg/kg）	6	0.83	0.44	53.02	0.36～1.67
有效钼（mg/kg）	6	0.054	0.03	59.84	0.030～0.100
有效硫（mg/kg）	6	20.08	16.44	81.88	6.10～40.98
有效硅（mg/kg）	6	277.85	73.39	26.41	145.99～331.69

耕层质地

砂土		砂壤土		轻壤土		中壤土		重壤土		黏土	
样本数	占比（%）	样本数	占比（%）	样本数	占比（%）	样本数	占比（%）	样本数	占比（%）	样本数	占比（%）
2	33.33	0	0.00	1	16.67	3	50.00	0	0.00	0	0.00

土壤 pH

≤4.5		(4.5～5.5]		(5.5～6.5]		(6.5～7.5]		(7.5～8.5]		>8.5	
样本数	占比（%）	样本数	占比（%）	样本数	占比（%）	样本数	占比（%）	样本数	占比（%）	样本数	占比（%）
0	0.00	0	0.00	0	0.00	0	0.00	5	83.33	1	16.67

灰色森林土—典型灰色森林土—暗泥质灰色森林土耕地土壤主要理化性状

项目名称	样本数（个）	平均值	标准差	变异系数（%）	范　围
有效土层厚度（cm）	3	51.7	22.37	43.29	26.0～67.0
耕层厚度（cm）	3	36.3	14.36	39.53	20.0～47.0
耕层容重（g/cm³）	3	1.55	0.12	7.49	1.47～1.68
有机质（g/kg）	3	14.7	6.95	47.36	9.6～22.6
全氮（g/kg）	3	0.880	0.33	37.67	0.650～1.260
有效磷（mg/kg）	3	12.1	4.10	34.01	8.4～16.5
速效钾（mg/kg）	3	108	37.91	34.95	66～140
缓效钾（mg/kg）	3	526	98.36	18.70	436～631
有效铜（mg/kg）	3	0.67	0.30	44.25	0.33～0.88
有效锌（mg/kg）	3	0.95	0.34	36.23	0.71～1.34
有效铁（mg/kg）	3	14.58	9.39	64.37	7.40～25.20
有效锰（mg/kg）	3	9.38	0.28	2.95	9.19～9.70
有效硼（mg/kg）	3	0.98	0.55	55.48	0.51～1.58
有效钼（mg/kg）	3	0.247	0.21	84.43	0.050～0.466
有效硫（mg/kg）	3	29.22	31.60	108.14	4.45～64.80
有效硅（mg/kg）	3	268.33	6.43	2.40	261.00～273.00

耕层质地

	砂土		砂壤土		轻壤土		中壤土		重壤土		黏土	
样本数	占比（%）	样本数	占比（%）	样本数	占比（%）	样本数	占比（%）	样本数	占比（%）	样本数	占比（%）	样本数
1	33.33	0	0.00	0	0.00	2	66.67	0	0.00	0	0.00	0

土壤 pH

	≤4.5		(4.5～5.5]		(5.5～6.5]		(6.5～7.5]		(7.5～8.5]		>8.5	
样本数	占比（%）	样本数	占比（%）	样本数	占比（%）	样本数	占比（%）	样本数	占比（%）	样本数	占比（%）	样本数
0	0.00	0	0.00	0	0.00	0	0.00	3	100.00	0	0.00	0

灰色森林土—典型灰色森林土—麻砂质灰色森林土耕地土壤主要理化性状

项目名称	样本数（个）	平均值	标准差	变异系数（%）	范　围
有效土层厚度（cm）	16	66.6	19.85	29.79	49.0～130.0
耕层厚度（cm）	15	42.4	10.77	25.40	29.0～70.0
耕层容重（g/cm³）	16	1.38	0.13	9.21	1.12～1.62
有机质（g/kg）	16	14.0	5.93	42.44	7.1～29.5
全氮（g/kg）	16	0.946	0.28	29.15	0.450～1.450
有效磷（mg/kg）	16	12.8	8.66	67.79	5.6～40.5
速效钾（mg/kg）	16	152	64.66	42.67	96～369
缓效钾（mg/kg）	16	661	167.59	25.35	391～1 034
有效铜（mg/kg）	16	1.07	0.38	35.95	0.39～1.63
有效锌（mg/kg）	15	1.04	0.38	37.04	0.52～1.73
有效铁（mg/kg）	16	14.02	5.09	36.32	5.00～24.40
有效锰（mg/kg）	16	14.31	5.48	38.32	4.47～27.50
有效硼（mg/kg）	15	0.88	0.52	58.97	0.38～2.29
有效钼（mg/kg）	15	0.165	0.11	68.65	0.020～0.484
有效硫（mg/kg）	16	20.63	21.80	105.70	3.57～90.40
有效硅（mg/kg）	16	263.52	17.15	6.51	224.00～296.33

耕层质地

	砂土		砂壤土		轻壤土		中壤土		重壤土		黏土	
	样本数	占比（%）	样本数	占比（%）	样本数	占比（%）	样本数	占比（%）	样本数	占比（%）	样本数	占比（%）
	0	0.00	0	0.00	2	12.50	5	31.25	0	0.00	0	0.00

土壤 pH

≤4.5		(4.5～5.5]		(5.5～6.5]		(6.5～7.5]		(7.5～8.5]		>8.5	
样本数	占比（%）	样本数	占比（%）	样本数	占比（%）	样本数	占比（%）	样本数	占比（%）	样本数	占比（%）
0	0.00	9	56.25	0	0.00	3	18.75	13	81.25	0	0.00

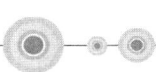

灰色森林土—典型灰色森林土—风砂质灰色森林土耕地土壤主要理化性状

项目名称	样本数（个）	平均值	标准差	变异系数（%）	范围
有效土层厚度（cm）	27	64.6	23.08	35.71	25.0～100.0
耕层厚度（cm）	27	45.9	21.13	46.00	20.0～80.0
耕层容重（g/cm³）	25	1.37	0.16	11.38	1.08～1.69
有机质（g/kg）	25	15.8	7.07	44.74	5.9～30.7
全氮（g/kg）	27	0.938	0.38	40.54	0.320～1.670
有效磷（mg/kg）	25	12.5	8.84	70.89	5.2～46.2
速效钾（mg/kg）	27	128	36.04	28.06	73～191
缓效钾（mg/kg）	27	621	163.14	26.26	341～1 130
有效铜（mg/kg）	27	0.97	0.39	39.73	0.41～1.85
有效锌（mg/kg）	27	0.86	0.49	56.41	0.32～2.45
有效铁（mg/kg）	27	18.14	20.10	110.80	3.00～78.70
有效锰（mg/kg）	27	14.91	9.87	66.22	4.61～38.60
有效硼（mg/kg）	27	0.72	0.37	52.16	0.33～1.69
有效钼（mg/kg）	27	0.149	0.10	69.29	0.030～0.422
有效硫（mg/kg）	26	22.28	16.28	73.08	4.23～61.00
有效硅（mg/kg）	26	261.22	44.45	17.02	105.30～351.00

耕层质地

砂土		砂壤土		轻壤土		中壤土		重壤土		黏土	
样本数	占比（%）	样本数	占比（%）	样本数	占比（%）	样本数	占比（%）	样本数	占比（%）	样本数	占比（%）
4	14.81	13	48.15	0	0.00	10	37.04	0	0.00	0	0.00

土壤pH

≤4.5		(4.5～5.5]		(5.5～6.5]		(6.5～7.5]		(7.5～8.5]		>8.5	
样本数	占比（%）	样本数	占比（%）	样本数	占比（%）	样本数	占比（%）	样本数	占比（%）	样本数	占比（%）
0	0.00	1	3.70	1	3.70	2	7.41	23	85.19	0	0.00

灰色森林土—暗灰色森林土—麻砂质暗灰色森林土耕地土壤主要理化性状

项目名称	样本数（个）	平均值	标准差	变异系数（%）	范　围
有效土层厚度（cm）	2	35.0	11.31	32.32	27.0~43.0
耕层厚度（cm）	2	21.5	2.12	9.87	20.0~23.0
耕层容重（g/cm³）	2	1.24	0.06	5.15	1.20~1.29
有机质（g/kg）	1	55.3	—	—	—
全氮（g/kg）	0	—	—	—	—
有效磷（mg/kg）	2	12.1	1.70	14.03	10.9~13.3
速效钾（mg/kg）	2	261	108.19	41.53	184~337
缓效钾（mg/kg）	2	750	51.11	6.81	714~786
有效铜（mg/kg）	2	1.42	0.55	38.84	1.03~1.81
有效锌（mg/kg）	2	2.30	2.25	97.77	0.71~3.89
有效铁（mg/kg）	1	34.23	—	—	—
有效锰（mg/kg）	2	20.61	4.83	23.43	17.20~24.03
有效硼（mg/kg）	2	1.46	0.20	13.77	1.32~1.60
有效钼（mg/kg）	2	0.141	0.11	78.02	0.063~0.219
有效硫（mg/kg）	2	26.22	20.25	77.24	11.90~40.54
有效硅（mg/kg）	2	133.12	52.16	39.18	96.24~170.00

耕层质地

	砂土		砂壤土		轻壤土		中壤土		重壤土		黏土
占比（%）	0.00	占比（%）	0.00	占比（%）	50.00	占比（%）	0.00	占比（%）	50.00	占比（%）	0.00
样本数	0	样本数	0	样本数	1	样本数	0	样本数	1	样本数	0

土壤 pH

	≤4.5		(4.5~5.5]		(5.5~6.5]		(6.5~7.5)		(7.5~8.5]		>8.5
占比（%）	0.00	占比（%）	0.00	占比（%）	50.00	占比（%）	50.00	占比（%）	0.00	占比（%）	0.00
样本数	0	样本数	0	样本数	1	样本数	1	样本数	0	样本数	0

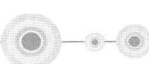

黑钙土—典型黑钙土—黄土质黑钙土耕地土壤主要理化性状

项目名称	样本数（个）	平均值	标准差	变异系数（%）	范围
有效土层厚度（cm）	92	68.2	17.98	26.38	30.0~114.0
耕层厚度（cm）	92	48.6	17.15	35.28	20.0~94.0
耕层容重（g/cm³）	77	1.24	0.13	10.36	1.08~1.52
有机质（g/kg）	63	38.5	13.19	34.26	11.3~56.6
全氮（g/kg）	64	2.105	0.65	30.70	0.576~2.930
有效磷（mg/kg）	84	24.5	13.43	54.87	4.3~64.6
速效钾（mg/kg）	89	191	74.80	39.10	52~379
缓效钾（mg/kg）	90	701	221.63	31.59	276~1 154
有效铜（mg/kg）	90	1.28	0.49	38.03	0.45~3.20
有效锌（mg/kg）	90	1.57	1.12	71.07	0.17~5.06
有效铁（mg/kg）	85	39.91	24.58	61.60	2.05~114.25
有效锰（mg/kg）	89	18.63	9.62	51.65	1.88~45.12
有效硼（mg/kg）	91	1.03	0.41	39.41	0.40~2.15
有效钼（mg/kg）	91	0.107	0.05	49.24	0.020~0.360
有效硫（mg/kg）	92	20.06	13.72	68.37	4.30~78.75
有效硅（mg/kg）	78	260.95	113.74	43.59	20.11~448.33

耕层质地

	砂土	砂壤土	轻壤土	中壤土	重壤土	黏土
样本数	0	27	8	36	21	0
占比（%）	0.00	29.35	8.70	39.13	22.83	0.00

土壤pH

	≤4.5	(4.5~5.5]	(5.5~6.5]	(6.5~7.5]	(7.5~8.5]	>8.5
样本数	0	0	31	48	12	1
占比（%）	0.00	0.00	33.70	52.17	13.04	1.09

黑钙土—典型黑钙土—泥砂质黑钙土耕地土壤主要理化性状

项目名称	样本数（个）	平均值	标准差	变异系数（%）	范围
有效土层厚度（cm）	120	45.7	11.38	24.90	25.0～100.0
耕层厚度（cm）	121	26.8	10.18	37.94	20.0～80.0
耕层容重（g/cm³）	103	1.35	0.16	11.61	1.10～1.80
有机质（g/kg）	88	36.3	14.55	40.13	6.8～56.5
全氮（g/kg）	96	1.880	0.73	38.58	0.334～2.950
有效磷（mg/kg）	120	17.8	11.31	63.37	3.0～63.8
速效钾（mg/kg）	118	184	70.12	38.20	44～374
缓效钾（mg/kg）	117	810	221.36	27.33	284～1 252
有效铜（mg/kg）	121	1.32	0.46	35.10	0.26～2.60
有效锌（mg/kg）	121	1.02	0.58	57.23	0.17～3.98
有效铁（mg/kg）	114	58.55	29.18	49.83	4.63～120.37
有效锰（mg/kg）	120	22.61	8.54	37.75	4.62～50.80
有效硼（mg/kg）	118	1.13	0.50	44.26	0.08～2.57
有效钼（mg/kg）	113	0.099	0.05	53.67	0.014～0.350
有效硫（mg/kg）	119	17.18	10.09	58.72	3.24～41.31
有效硅（mg/kg）	106	174.64	127.71	73.13	9.70～450.00

耕层质地

	砂土		砂壤土		轻壤土		中壤土		重壤土		黏土	
	样本数	占比（%）	样本数	占比（%）	样本数	占比（%）	样本数	占比（%）	样本数	占比（%）	样本数	占比（%）
	0	0.00	11	9.09	66	54.55	37	30.58	6	4.96	1	0.83

土壤pH

	≤4.5		(4.5～5.5]		(5.5～6.5]		(6.5～7.5]		(7.5～8.5]		>8.5	
	样本数	占比（%）	样本数	占比（%）	样本数	占比（%）	样本数	占比（%）	样本数	占比（%）	样本数	占比（%）
	0	0.00	0	0.00	24	19.83	61	50.41	30	24.79	6	4.96

黑钙土—典型黑钙土—泥质黑钙土耕地土壤主要理化性状

项目名称	样本数（个）	平均值	标准差	变异系数（%）	范围
有效土层厚度（cm）	26	62.7	23.20	37.00	25.0～100.0
耕层厚度（cm）	26	43.5	22.16	51.00	20.0～80.0
耕层容重（g/cm³）	24	1.29	0.10	7.71	1.12～1.61
有机质（g/kg）	25	26.2	6.48	24.75	13.3～39.2
全氮（g/kg）	25	1.629	0.49	30.14	0.721～2.322
有效磷（mg/kg）	26	16.4	10.87	66.29	5.4～43.1
速效钾（mg/kg）	26	113	33.07	29.19	55～181
缓效钾（mg/kg）	26	502	97.95	19.52	331～658
有效铜（mg/kg）	26	1.54	0.62	40.20	0.51～2.80
有效锌（mg/kg）	26	2.65	1.41	53.34	0.65～4.85
有效铁（mg/kg）	19	60.25	32.44	53.85	15.08～114.13
有效锰（mg/kg）	18	19.55	9.41	48.13	7.83～45.37
有效硼（mg/kg）	26	0.70	0.38	54.18	0.25～2.17
有效钼（mg/kg）	25	0.165	0.13	79.16	0.030～0.520
有效硫（mg/kg）	26	13.57	7.26	53.50	5.89～29.76
有效硅（mg/kg）	26	295.93	75.80	25.61	38.57～420.00

耕层质地

砂土		砂壤土		轻壤土		中壤土		重壤土		黏土	
样本数	占比（%）	样本数	占比（%）	样本数	占比（%）	样本数	占比（%）	样本数	占比（%）	样本数	占比（%）
0	0.00	0	0.00	0	0.00	24	92.31	2	7.69	0	0.00

土壤pH

≤4.5		(4.5～5.5]		(5.5～6.5]		(6.5～7.5]		(7.5～8.5]		>8.5	
样本数	占比（%）	样本数	占比（%）	样本数	占比（%）	样本数	占比（%）	样本数	占比（%）	样本数	占比（%）
0	0.00	0	0.00	7	26.92	8	30.77	11	42.31	0	0.00

黑钙土—淋溶黑钙土—麻砂质淋溶黑钙土耕地土壤主要理化性状

项目名称	样本数（个）	平均值	标准差	变异系数（%）	范 围
有效土层厚度（cm）	58	59.0	26.73	45.27	25.0～130.0
耕层厚度（cm）	59	38.4	20.26	52.81	20.0～80.0
耕层容重（g/cm³）	60	1.36	0.13	9.75	1.12～1.72
有机质（g/kg）	53	24.9	12.41	49.86	6.5～54.7
全氮（g/kg）	58	1.577	0.72	45.36	0.320～2.950
有效磷（mg/kg）	61	19.2	13.22	69.05	2.9～55.5
速效钾（mg/kg）	59	159	56.49	35.52	58～306
缓效钾（mg/kg）	60	712	167.39	23.52	319～1 024
有效铜（mg/kg）	61	0.99	0.42	42.25	0.28～2.22
有效锌（mg/kg）	61	1.69	1.30	76.65	0.16～4.93
有效铁（mg/kg）	60	39.08	29.18	74.66	3.20～117.52
有效锰（mg/kg）	60	17.37	8.53	49.09	3.22～37.70
有效硼（mg/kg）	59	0.99	0.52	52.45	0.20～2.41
有效钼（mg/kg）	59	0.131	0.09	71.20	0.030～0.535
有效硫（mg/kg）	60	22.71	18.19	80.08	3.28～81.30
有效硅（mg/kg）	58	280.91	109.77	39.08	24.44～451.36

耕层质地

	砂土		砂壤土		轻壤土		中壤土		重壤土		黏土	
样本数	占比（%）	样本数	占比（%）	样本数	占比（%）	样本数	占比（%）	样本数	占比（%）	样本数	占比（%）
5	8.20	4	6.56	10	16.39	42	68.85	0	0.00	0	0.00

土壤 pH

	≤4.5		(4.5～5.5]		(5.5～6.5]		(6.5～7.5]		(7.5～8.5]		>8.5	
样本数	占比（%）	样本数	占比（%）	样本数	占比（%）	样本数	占比（%）	样本数	占比（%）	样本数	占比（%）
0	0.00	1	1.64	16	26.23	17	27.87	27	44.26	0	0.00

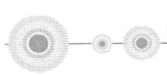
黑钙土—石灰性黑钙土—黄土质石灰性黑钙土耕地土壤主要理化性状

项目名称	样本数（个）	平均值	标准差	变异系数（%）	范围
有效土层厚度（cm）	8	41.9	19.63	46.87	30.0～80.0
耕层厚度（cm）	9	27.2	14.81	54.42	20.0～60.0
耕层容重（g/cm³）	8	1.28	0.15	11.61	1.08～1.49
有机质（g/kg）	8	29.3	15.52	52.97	7.5～46.8
全氮（g/kg）	9	1.624	0.78	48.17	0.630～2.610
有效磷（mg/kg）	9	14.1	7.51	53.32	6.1～30.0
速效钾（mg/kg）	9	125	39.80	31.75	70～177
缓效钾（mg/kg）	8	587	129.50	22.08	321～735
有效铜（mg/kg）	9	0.75	0.31	40.61	0.31～1.27
有效锌（mg/kg）	9	1.10	0.70	63.56	0.68～2.92
有效铁（mg/kg）	9	16.14	10.05	62.26	2.90～36.70
有效锰（mg/kg）	9	11.58	5.18	44.75	3.72～19.20
有效硼（mg/kg）	8	1.01	0.65	65.00	0.30～2.45
有效钼（mg/kg）	9	0.137	0.10	71.25	0.027～0.336
有效硫（mg/kg）	9	17.46	9.83	56.29	6.59～34.70
有效硅（mg/kg）	5	260.90	104.64	40.11	99.31～364.80

耕层质地

	砂土		砂壤土		轻壤土		中壤土		重壤土		黏土	
	样本数	占比（%）	样本数	占比（%）	样本数	占比（%）	样本数	占比（%）	样本数	占比（%）	样本数	占比（%）
	0	0.00	4	44.44	4	44.44	1	11.11	0	0.00	0	0.00

土壤pH

	≤4.5		(4.5～5.5]		(5.5～6.5]		(6.5～7.5]		(7.5～8.5]		>8.5	
	样本数	占比（%）	样本数	占比（%）	样本数	占比（%）	样本数	占比（%）	样本数	占比（%）	样本数	占比（%）
	0	0.00	0	0.00	1	11.11	4	44.44	4	44.44	0	0.00

黑钙土—石灰性黑钙土—麻砂质石灰性黑钙土耕地土壤主要理化性状

项目名称	样本数（个）	平均值	标准差	变异系数（%）	范 围
有效土层厚度（cm）	77	59.6	14.92	25.02	25.0～100.0
耕层厚度（cm）	78	40.3	13.45	33.39	20.0～80.0
耕层容重（g/cm³）	78	1.33	0.06	4.15	1.26～1.65
有机质（g/kg）	62	38.2	11.98	31.39	13.3～56.7
全氮（g/kg）	62	2.016	0.59	29.18	0.590～2.970
有效磷（mg/kg）	78	19.4	10.35	53.27	5.4～43.6
速效钾（mg/kg）	78	163	61.50	37.66	53～296
缓效钾（mg/kg）	78	691	177.16	25.65	336～977
有效铜（mg/kg）	78	1.90	0.44	23.32	0.95～2.91
有效锌（mg/kg）	78	1.93	0.79	40.98	0.50～3.47
有效铁（mg/kg）	61	88.08	26.88	30.52	29.82～120.35
有效锰（mg/kg）	70	26.29	11.84	45.02	8.33～54.24
有效硼（mg/kg）	78	0.73	0.35	47.62	0.10～1.35
有效钼（mg/kg）	77	0.142	0.10	70.44	0.041～0.547
有效硫（mg/kg）	77	12.92	6.48	50.16	3.60～28.09
有效硅（mg/kg）	76	305.96	77.37	25.29	56.93～450.00

耕层质地

砂土		砂壤土		轻壤土		中壤土		重壤土		黏土	
样本数	占比（%）	样本数	占比（%）	样本数	占比（%）	样本数	占比（%）	样本数	占比（%）	样本数	占比（%）
0	0.00	1	1.28	1	1.28	65	83.33	11	14.10	1	1.28

土壤 pH

≤4.5		(4.5～5.5]		(5.5～6.5]		(6.5～7.5]		(7.5～8.5]		>8.5	
样本数	占比（%）	样本数	占比（%）	样本数	占比（%）	样本数	占比（%）	样本数	占比（%）	样本数	占比（%）
0	0.00	1	1.28	37	47.44	31	39.74	9	11.54	0	0.00

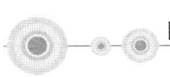

黑钙土—淡黑钙土—黄土质淡黑钙土耕地土壤主要理化性状

项目名称	样本数（个）	平均值	标准差	变异系数（%）	范围
有效土层厚度（cm）	15	71.0	13.78	19.41	40.0~85.0
耕层厚度（cm）	15	51.0	13.78	27.03	20.0~65.0
耕层容重（g/cm³）	13	1.10	0.02	2.23	1.08~1.16
有机质（g/kg）	11	39.2	10.78	27.48	17.4~55.0
全氮（g/kg）	10	1.927	0.91	47.32	0.360~2.970
有效磷（mg/kg）	13	32.0	16.68	52.13	5.3~63.2
速效钾（mg/kg）	12	177	43.06	24.33	107~227
缓效钾（mg/kg）	15	529	88.79	16.78	363~683
有效铜（mg/kg）	14	1.14	0.58	51.06	0.33~2.62
有效锌（mg/kg）	15	1.18	0.91	76.97	0.29~2.99
有效铁（mg/kg）	15	34.53	21.79	63.11	13.10~79.10
有效锰（mg/kg）	15	13.30	6.82	51.27	5.20~27.10
有效硼（mg/kg）	15	0.72	0.34	47.22	0.19~1.42
有效钼（mg/kg）	15	0.100	0.00	3.75	0.090~0.104
有效硫（mg/kg）	14	21.56	17.41	80.75	4.09~56.90
有效硅（mg/kg）	14	266.34	100.22	37.63	130.20~427.40

耕层质地

	砂土	砂壤土	轻壤土	中壤土	重壤土	黏土
样本数	0	12	0	3	0	0
占比（%）	0.00	80.00	0.00	20.00	0.00	0.00

土壤 pH

	≤4.5	(4.5~5.5]	(5.5~6.5]	(6.5~7.5]	(7.5~8.5]	>8.5
样本数	0	0	4	10	1	0
占比（%）	0.00	0.00	26.67	66.67	6.67	0.00

黑钙土—淡黑钙土—暗泥质淡黑钙土耕地土壤主要理化性状

项目名称	样本数（个）	平均值	标准差	变异系数（%）	范　围
有效土层厚度（cm）	9	63.9	4.86	7.61	60.0~70.0
耕层厚度（cm）	9	43.9	4.86	11.07	40.0~50.0
耕层容重（g/cm³）	8	1.12	0.04	3.84	1.08~1.21
有机质（g/kg）	8	35.6	13.63	38.26	15.4~55.5
全氮（g/kg）	8	2.072	0.71	34.16	0.880~2.880
有效磷（mg/kg）	9	18.5	10.60	57.25	9.3~39.4
速效钾（mg/kg）	9	149	65.53	43.92	67~297
缓效钾（mg/kg）	8	561	83.79	14.95	423~663
有效铜（mg/kg）	8	0.75	0.27	36.02	0.41~1.21
有效锌（mg/kg）	8	0.60	0.42	69.56	0.24~1.53
有效铁（mg/kg）	9	33.32	28.12	84.38	8.30~88.20
有效锰（mg/kg）	9	16.34	7.64	46.77	6.20~30.70
有效硼（mg/kg）	9	0.64	0.31	47.99	0.22~1.13
有效钼（mg/kg）	9	0.102	0.00	3.21	0.097~0.108
有效硫（mg/kg）	9	14.73	17.98	122.05	3.53~61.65
有效硅（mg/kg）	9	247.13	110.92	44.88	90.50~437.20

耕层质地

	砂土	砂壤土	轻壤土	中壤土	重壤土	黏土
样本数	0	9	0	0	0	0
占比（%）	0.00	100.00	0.00	0.00	0.00	0.00

土壤pH

	≤4.5	(4.5~5.5]	(5.5~6.5]	(6.5~7.5]	(7.5~8.5]	>8.5
样本数	0	0	0	8	1	0
占比（%）	0.00	0.00	0.00	88.89	11.11	0.00

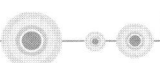

黑钙土—草甸黑钙土—黄土质草甸黑钙土耕地土壤主要理化性状

项目名称	样本数（个）	平均值	标准差	变异系数（%）	范围
有效土层厚度（cm）	12	92.5	23.09	24.96	44.0~110.0
耕层厚度（cm）	12	72.5	23.09	31.85	24.0~90.0
耕层容重（g/cm³）	12	1.29	0.13	10.06	1.08~1.57
有机质（g/kg）	8	36.7	15.84	43.19	12.9~55.8
全氮（g/kg）	7	2.245	0.57	25.47	1.480~2.968
有效磷（mg/kg）	11	17.7	9.02	51.09	7.7~40.5
速效钾（mg/kg）	11	205	101.28	49.50	97~373
缓效钾（mg/kg）	11	856	251.98	29.45	385~1 203
有效铜（mg/kg）	12	1.36	0.44	32.51	0.49~2.15
有效锌（mg/kg）	12	1.23	0.95	77.31	0.55~4.05
有效铁（mg/kg）	12	55.53	29.51	53.14	3.22~102.40
有效锰（mg/kg）	12	21.79	9.27	42.56	6.22~37.28
有效硼（mg/kg）	12	1.36	0.48	35.49	0.45~2.01
有效钼（mg/kg）	12	0.109	0.04	34.69	0.043~0.176
有效硫（mg/kg）	12	25.63	11.36	44.32	11.15~43.82
有效硅（mg/kg）	9	237.55	185.41	78.05	41.00~451.36

耕层质地

	砂土		砂壤土		轻壤土		中壤土		重壤土		黏土	
	样本数	占比（%）	样本数	占比（%）	样本数	占比（%）	样本数	占比（%）	样本数	占比（%）	样本数	占比（%）
	0	0.00	0	0.00	7	58.33	12	100.00	0	0.00	0	0.00

土壤pH

	≤4.5		(4.5~5.5]		(5.5~6.5]		(6.5~7.5]		(7.5~8.5]		>8.5	
	样本数	占比（%）	样本数	占比（%）	样本数	占比（%）	样本数	占比（%）	样本数	占比（%）	样本数	占比（%）
	0	0.00	0	0.00	7	58.33	4	33.33	1	8.33	0	0.00

黑钙土—草甸黑钙土—泥砂质草甸黑钙土耕地土壤主要理化性状

项目名称	样本数（个）	平均值	标准差	变异系数（%）	范 围
有效土层厚度（cm）	29	58.0	27.39	47.26	25.0~140.0
耕层厚度（cm）	26	30.8	13.09	42.49	20.0~60.0
耕层容重（g/cm³）	26	1.28	0.12	9.16	1.09~1.44
有机质（g/kg）	18	36.3	15.66	43.09	8.3~56.6
全氮（g/kg）	23	2.132	0.70	32.80	0.480~2.956
有效磷（mg/kg）	29	19.2	11.69	60.91	3.8~60.0
速效钾（mg/kg）	29	187	70.23	37.66	59~334
缓效钾（mg/kg）	28	844	157.67	18.69	533~1 088
有效铜（mg/kg）	29	1.45	0.59	40.91	0.45~2.80
有效锌（mg/kg）	29	1.20	0.92	76.27	0.14~4.12
有效铁（mg/kg）	26	64.48	31.76	49.25	10.55~115.86
有效锰（mg/kg）	26	22.74	7.67	33.71	6.81~33.25
有效硼（mg/kg）	27	1.25	0.44	35.10	0.44~2.14
有效钼（mg/kg）	29	0.093	0.06	69.22	0.011~0.340
有效硫（mg/kg）	28	22.27	25.19	113.11	5.70~137.80
有效硅（mg/kg）	27	206.92	150.53	72.75	9.86~449.85

耕层质地	砂土		砂壤土		轻壤土		中壤土		重壤土		黏土	
	样本数	占比（%）	样本数	占比（%）	样本数	占比（%）	样本数	占比（%）	样本数	占比（%）	样本数	占比（%）
	0	0.00	1	3.45	17	58.62	11	37.93	0	0.00	0	0.00

土壤pH	≤4.5		(4.5~5.5]		(5.5~6.5]		(6.5~7.5]		(7.5~8.5]		>8.5	
	样本数	占比（%）	样本数	占比（%）	样本数	占比（%）	样本数	占比（%）	样本数	占比（%）	样本数	占比（%）
	0	0.00	1	3.45	10	34.48	12	41.38	5	17.24	1	3.45

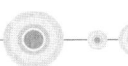

栗钙土—典型栗钙土—黄土质栗钙土耕地土壤主要理化性状

项目名称	样本数（个）	平均值	标准差	变异系数（%）	范 围
有效土层厚度（cm）	364	93.3	20.21	21.66	25.0～140.0
耕层厚度（cm）	331	65.6	22.54	34.37	20.0～90.0
耕层容重（g/cm³）	363	1.37	0.09	6.85	1.11～1.78
有机质（g/kg）	353	15.2	6.71	44.28	5.4～48.0
全氮（g/kg）	356	0.948	0.43	45.46	0.310～2.900
有效磷（mg/kg）	350	14.1	10.16	72.22	2.8～63.6
速效钾（mg/kg）	361	132	52.25	39.46	42～380
缓效钾（mg/kg）	323	670	218.93	32.67	277～1 374
有效铜（mg/kg）	350	0.87	0.49	56.11	0.18～3.21
有效锌（mg/kg）	337	1.02	0.69	68.18	0.12～4.10
有效铁（mg/kg）	363	17.81	14.35	80.56	1.90～88.90
有效锰（mg/kg）	355	12.01	6.28	52.28	2.38～42.50
有效硼（mg/kg）	343	0.79	0.49	62.65	0.05～2.63
有效钼（mg/kg）	354	0.136	0.12	88.82	0.010～0.554
有效硫（mg/kg）	332	21.07	20.44	97.03	3.72～167.80
有效硅（mg/kg）	323	146.26	101.69	69.53	9.72～451.00

耕层质地

	砂土		砂壤土		轻壤土		中壤土		重壤土		黏土	
样本数	占比（%）	样本数	占比（%）	样本数	占比（%）	样本数	占比（%）	样本数	占比（%）	样本数	占比（%）
78	21.37	57	15.62	166	45.48	63	17.26	1	0.27	0	0.00

土壤 pH

	≤4.5		(4.5～5.5]		(5.5～6.5]		(6.5～7.5]		(7.5～8.5]		>8.5	
样本数	占比（%）	样本数	占比（%）	样本数	占比（%）	样本数	占比（%）	样本数	占比（%）	样本数	占比（%）
0	0.00	0	0.00	1	0.27	4	1.10	335	91.78	25	6.85

栗钙土—典型栗钙土—泥砂质栗钙土耕地土壤主要理化性状

项目名称	样本数（个）	平均值	标准差	变异系数（%）	范　围
有效土层厚度（cm）	605	67.1	28.22	42.07	25.0～150.0
耕层厚度（cm）	605	32.0	16.45	51.40	20.0～90.0
耕层容重（g/cm³）	591	1.43	0.15	10.15	1.09～1.80
有机质（g/kg）	597	18.0	7.10	39.38	5.3～48.1
全氮（g/kg）	601	1.101	0.45	40.83	0.294～2.910
有效磷（mg/kg）	568	16.7	13.10	78.31	2.7～64.4
速效钾（mg/kg）	572	139	66.03	47.59	43～381
缓效钾（mg/kg）	586	720	242.47	33.66	271～1 376
有效铜（mg/kg）	594	1.00	0.70	70.10	0.18～3.19
有效锌（mg/kg）	593	1.18	1.09	91.67	0.13～5.18
有效铁（mg/kg）	609	15.95	11.46	71.82	1.99～61.10
有效锰（mg/kg）	602	12.39	7.44	60.01	1.86～54.40
有效硼（mg/kg）	603	0.77	0.46	59.70	0.06～2.53
有效钼（mg/kg）	592	0.069	0.08	111.91	0.010～0.559
有效硫（mg/kg）	597	25.56	27.04	105.81	3.34～159.58
有效硅（mg/kg）	599	159.89	86.07	53.83	14.25～451.36

耕层质地

	砂土		砂壤土		轻壤土		中壤土		重壤土		黏土	
样本数	30		329		173		73		3		1	
占比（%）	4.93		54.02		28.41		11.99		0.49		0.16	

土壤 pH

	≤4.5		(4.5～5.5]		(5.5～6.5]		(6.5～7.5]		(7.5～8.5]		>8.5	
样本数	0		0		1		21		481		106	
占比（%）	0.00		0.00		0.16		3.45		78.98		17.41	

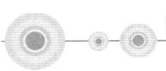

栗钙土—典型栗钙土—麻砂质栗钙土耕地土壤主要理化性状

项目名称	样本数（个）	平均值	标准差	变异系数（%）	范围
有效土层厚度（cm）	125	56.0	16.96	30.30	27.0~105.0
耕层厚度（cm）	127	36.8	15.61	42.43	20.0~85.0
耕层容重（g/cm³）	120	1.47	0.17	11.52	1.12~1.80
有机质（g/kg）	127	18.2	6.57	36.11	5.6~46.7
全氮（g/kg）	127	1.024	0.33	32.54	0.340~2.137
有效磷（mg/kg）	123	12.4	10.10	81.23	2.8~53.0
速效钾（mg/kg）	125	142	66.38	46.87	48~353
缓效钾（mg/kg）	114	774	250.93	32.42	295~1 377
有效铜（mg/kg）	121	0.63	0.37	58.93	0.18~2.15
有效锌（mg/kg）	125	0.63	0.42	66.05	0.13~2.39
有效铁（mg/kg）	127	12.96	5.32	41.07	4.60~38.13
有效锰（mg/kg）	127	12.38	4.99	40.34	3.20~23.79
有效硼（mg/kg）	122	0.75	0.64	85.05	0.12~2.58
有效钼（mg/kg）	121	0.078	0.09	119.56	0.010~0.534
有效硫（mg/kg）	123	15.42	17.85	115.78	3.28~122.50
有效硅（mg/kg）	127	176.67	75.52	42.75	64.84~429.63

耕层质地

	砂土	砂壤土	轻壤土	中壤土	重壤土	黏土
样本数	0	83	35	7	1	1
占比（%）	0.00	65.35	27.56	5.51	0.79	0.79

土壤pH

	≤4.5	(4.5~5.5]	(5.5~6.5]	(6.5~7.5]	(7.5~8.5]	>8.5
样本数	0	0	0	1	107	19
占比（%）	0.00	0.00	0.00	0.79	84.25	14.96

栗钙土—典型栗钙土—硅质栗钙土耕地土壤主要理化性状

项目名称	样本数（个）	平均值	标准差	变异系数（%）	范围
有效土层厚度（cm）	177	51.0	17.90	35.09	25.0~120.0
耕层厚度（cm）	177	31.9	15.76	49.41	20.0~90.0
耕层容重（g/cm³）	171	1.46	0.13	9.22	1.20~1.80
有机质（g/kg）	176	17.7	6.66	37.63	6.0~50.8
全氮（g/kg）	174	1.052	0.44	42.26	0.316~2.877
有效磷（mg/kg）	169	16.6	11.07	66.88	2.9~65.0
速效钾（mg/kg）	164	133	64.15	48.19	47~382
缓效钾（mg/kg）	175	615	208.99	34.00	254~1 292
有效铜（mg/kg）	172	1.08	0.54	50.14	0.20~2.28
有效锌（mg/kg）	177	0.55	0.26	47.25	0.12~1.94
有效铁（mg/kg）	178	12.29	8.79	71.49	2.45~52.28
有效锰（mg/kg）	172	16.34	9.19	56.26	2.20~52.40
有效硼（mg/kg）	175	0.87	0.38	44.21	0.13~2.36
有效钼（mg/kg）	170	0.049	0.06	111.68	0.011~0.380
有效硫（mg/kg）	176	29.39	21.66	73.68	3.23~147.96
有效硅（mg/kg）	177	188.31	64.94	34.49	26.34~400.43

耕层质地

砂土		砂壤土		轻壤土		中壤土		重壤土		黏土	
样本数	占比（%）	样本数	占比（%）	样本数	占比（%）	样本数	占比（%）	样本数	占比（%）	样本数	占比（%）
13	7.30	76	42.70	85	47.75	4	2.25	0	0.00	0	0.00

土壤pH

≤4.5		(4.5~5.5]		(5.5~6.5]		(6.5~7.5]		(7.5~8.5]		>8.5	
样本数	占比（%）	样本数	占比（%）	样本数	占比（%）	样本数	占比（%）	样本数	占比（%）	样本数	占比（%）
0	0.00	0	0.00	0	0.00	7	3.93	115	64.61	56	31.46

栗钙土—典型栗钙土—泥质栗栗钙土耕地土壤主要理化性状

项目名称	样本数（个）	平均值	标准差	变异系数（%）	范围
有效土层厚度（cm）	170	59.9	16.74	27.94	25.0～100.0
耕层厚度（cm）	174	37.8	14.32	37.85	20.0～80.0
耕层容重（g/cm³）	171	1.39	0.16	11.58	1.10～1.79
有机质（g/kg）	171	18.1	5.65	31.24	5.7～40.6
全氮（g/kg）	174	1.055	0.32	30.40	0.450～2.120
有效磷（mg/kg）	169	16.0	13.43	84.18	2.8～65.0
速效钾（mg/kg）	165	152	67.50	44.55	45～382
缓效钾（mg/kg）	168	821	223.51	27.22	319～1 324
有效铜（mg/kg）	157	0.74	0.49	66.72	0.19～3.09
有效锌（mg/kg）	158	1.05	1.12	106.86	0.12～5.35
有效铁（mg/kg）	173	14.41	8.69	60.30	2.98～50.56
有效锰（mg/kg）	174	10.91	5.43	49.80	1.98～31.14
有效硼（mg/kg）	172	0.50	0.35	69.66	0.11～1.95
有效钼（mg/kg）	166	0.066	0.06	88.47	0.010～0.485
有效硫（mg/kg）	161	24.30	27.22	112.01	3.54～173.45
有效硅（mg/kg）	172	151.89	69.12	45.51	16.94～388.10

耕层质地

	砂土		砂壤土		轻壤土		中壤土		重壤土		黏土	
	样本数	占比（%）	样本数	占比（%）	样本数	占比（%）	样本数	占比（%）	样本数	占比（%）	样本数	占比（%）
	4	2.30	127	72.99	31	17.82	9	5.17	2	1.15	1	0.57

土壤pH

	≤4.5		(4.5～5.5]		(5.5～6.5]		(6.5～7.5]		(7.5～8.5]		>8.5	
	样本数	占比（%）	样本数	占比（%）	样本数	占比（%）	样本数	占比（%）	样本数	占比（%）	样本数	占比（%）
	0	0.00	0	0.00	0	0.00	2	1.15	162	93.10	10	5.75

栗钙土—典型栗钙土—白干栗钙土耕地土壤主要理化性状

项目名称	样本数（个）	平均值	标准差	变异系数（%）	范围
有效土层厚度（cm）	7	53.6	21.55	40.22	35.0~85.0
耕层厚度（cm）	7	35.0	20.21	57.74	20.0~65.0
耕层容重（g/cm³）	7	1.51	0.17	11.26	1.31~1.70
有机质（g/kg）	7	19.4	10.75	55.36	6.5~38.5
全氮（g/kg）	7	0.973	0.37	38.04	0.394~1.343
有效磷（mg/kg）	7	13.1	13.02	99.57	3.0~39.0
速效钾（mg/kg）	5	175	85.11	48.70	90~273
缓效钾（mg/kg）	7	807	184.75	22.90	611~1 078
有效铜（mg/kg）	7	1.06	0.85	80.48	0.23~2.65
有效锌（mg/kg）	7	1.23	1.21	98.81	0.14~3.30
有效铁（mg/kg）	7	15.91	5.82	36.55	4.78~23.21
有效锰（mg/kg）	7	17.85	8.11	45.41	4.76~31.30
有效硼（mg/kg）	7	0.48	0.30	61.68	0.20~1.07
有效钼（mg/kg）	5	0.044	0.02	52.32	0.020~0.080
有效硫（mg/kg）	7	14.86	12.42	83.54	3.70~40.00
有效硅（mg/kg）	7	151.57	28.23	18.63	129.65~210.06

耕层质地

	砂土		砂壤土		轻壤土		中壤土		重壤土		黏土	
	样本数	占比（%）	样本数	占比（%）	样本数	占比（%）	样本数	占比（%）	样本数	占比（%）	样本数	占比（%）
	0	0.00	5	71.43	2	28.57	0	0.00	0	0.00	0	0.00

土壤 pH

	≤4.5		(4.5~5.5]		(5.5~6.5]		(6.5~7.5]		(7.5~8.5]		>8.5	
	样本数	占比（%）	样本数	占比（%）	样本数	占比（%）	样本数	占比（%）	样本数	占比（%）	样本数	占比（%）
	0	0.00	0	0.00	0	0.00	0	0.00	7	100.00	0	0.00

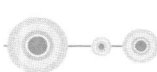

栗钙土—典型栗钙土—暗泥质栗钙土耕地土壤主要理化性状

项目名称	样本数（个）	平均值	标准差	变异系数（%）	范围
有效土层厚度（cm）	45	42.7	21.78	51.02	25.0～127.0
耕层厚度（cm）	45	26.6	13.29	49.92	20.0～80.0
耕层容重（g/cm³）	46	1.46	0.12	7.94	1.29～1.69
有机质（g/kg）	42	15.7	8.73	55.75	6.0～43.3
全氮（g/kg）	46	1.125	0.37	33.29	0.660～2.187
有效磷（mg/kg）	46	10.7	6.47	60.17	3.9～36.0
速效钾（mg/kg）	40	121	64.63	53.53	51～299
缓效钾（mg/kg）	44	860	290.12	33.74	438～1 343
有效铜（mg/kg）	46	1.56	0.37	23.42	0.86～2.28
有效锌（mg/kg）	46	0.66	0.27	40.65	0.34～1.80
有效铁（mg/kg）	46	8.59	9.73	113.25	3.50～47.40
有效锰（mg/kg）	46	15.22	6.95	45.67	5.06～28.86
有效硼（mg/kg）	46	0.79	0.22	27.72	0.73～1.75
有效钼（mg/kg）	45	0.032	0.01	35.51	0.010～0.100
有效硫（mg/kg）	46	24.74	6.54	26.43	10.28～47.21
有效硅（mg/kg）	46	198.19	57.75	29.14	65.94～331.74

耕层质地

砂土		砂壤土		轻壤土		中壤土		重壤土		黏土	
样本数	占比（%）	样本数	占比（%）	样本数	占比（%）	样本数	占比（%）	样本数	占比（%）	样本数	占比（%）
0	0.00	21	45.65	23	50.00	2	4.35	0	0.00	0	0.00

土壤pH

≤4.5		(4.5～5.5]		(5.5～6.5]		(6.5～7.5]		(7.5～8.5]		>8.5	
样本数	占比（%）	样本数	占比（%）	样本数	占比（%）	样本数	占比（%）	样本数	占比（%）	样本数	占比（%）
0	0.00	0	0.00	0	0.00	0	0.00	12	26.09	34	73.91

栗钙土—典型栗钙土—灰泥质栗钙土耕地土壤主要理化性状

项目名称	样本数（个）	平均值	标准差	变异系数（%）	范 围
有效土层厚度（cm）	20	84.8	25.42	29.99	25.0~100.0
耕层厚度（cm）	20	66.0	22.57	34.20	20.0~80.0
耕层容重（g/cm³）	20	1.43	0.12	8.62	1.21~1.65
有机质（g/kg）	20	12.8	5.29	41.27	5.3~25.4
全氮（g/kg）	20	0.864	0.31	35.41	0.392~1.508
有效磷（mg/kg）	20	11.0	4.03	36.62	4.2~16.9
速效钾（mg/kg）	20	115	27.18	23.73	75~199
缓效钾（mg/kg）	14	585	136.04	23.24	417~886
有效铜（mg/kg）	20	0.70	0.37	52.27	0.26~1.74
有效锌（mg/kg）	19	0.66	0.37	56.15	0.13~1.23
有效铁（mg/kg）	20	11.74	5.73	48.82	5.35~21.54
有效锰（mg/kg）	20	9.61	3.89	40.45	4.19~19.40
有效硼（mg/kg）	20	0.82	0.52	63.63	0.16~2.30
有效钼（mg/kg）	20	0.119	0.12	104.50	0.020~0.539
有效硫（mg/kg）	19	18.69	11.40	61.00	4.22~51.12
有效硅（mg/kg）	18	93.14	57.67	61.92	9.72~198.19

耕层质地

	砂土	砂壤土	轻壤土	中壤土	重壤土	黏土
样本数	0	4	12	3	1	0
占比（%）	0.00	20.00	60.00	15.00	5.00	0.00

土壤pH

	≤4.5	(4.5~5.5]	(5.5~6.5]	(6.5~7.5]	(7.5~8.5]	>8.5
样本数	0	0	0	0	19	1
占比（%）	0.00	0.00	0.00	0.00	95.00	5.00

栗钙土—暗栗钙土—黄土质暗栗钙土耕地土壤主要理化性状

项目名称	样本数（个）	平均值	标准差	变异系数（%）	范围
有效土层厚度（cm）	436	62.3	27.25	43.75	25.0~140.0
耕层厚度（cm）	408	39.2	20.01	51.06	20.0~90.0
耕层容重（g/cm³）	412	1.37	0.15	10.99	1.08~1.78
有机质（g/kg）	427	18.4	9.02	49.02	5.4~54.1
全氮（g/kg）	433	1.127	0.53	47.11	0.300~2.901
有效磷（mg/kg）	425	14.2	11.49	81.21	2.7~64.7
速效钾（mg/kg）	396	131	44.24	33.64	46~336
缓效钾（mg/kg）	406	672	246.07	36.63	273~1 368
有效铜（mg/kg）	427	0.91	0.52	56.73	0.18~3.32
有效锌（mg/kg）	418	0.88	0.67	76.06	0.12~5.14
有效铁（mg/kg）	430	15.78	16.11	102.07	2.21~116.04
有效锰（mg/kg）	427	12.58	7.03	55.83	2.03~50.73
有效硼（mg/kg）	416	0.66	0.39	58.16	0.04~2.55
有效钼（mg/kg）	424	0.121	0.10	81.01	0.010~0.567
有效硫（mg/kg）	418	22.81	24.20	106.08	3.24~150.00
有效硅（mg/kg）	409	228.09	86.83	38.07	9.65~449.00

耕层质地

	砂土	砂壤土	轻壤土	中壤土	重壤土	黏土
样本数	21	107	166	141	3	0
占比（%）	4.79	24.43	37.90	32.19	0.68	0.00

土壤pH

	≤4.5	(4.5~5.5]	(5.5~6.5]	(6.5~7.5]	(7.5~8.5]	>8.5
样本数	0	1	10	60	360	7
占比（%）	0.00	0.23	2.28	13.70	82.19	1.60

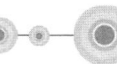

栗钙土—暗栗钙土—泥砂质暗栗钙土耕地土壤主要理化性状

项目名称	样本数（个）	平均值	标准差	变异系数（%）	范　围
有效土层厚度（cm）	552	64.5	24.98	38.74	25.0～150.0
耕层厚度（cm）	567	38.3	17.01	44.42	20.0～94.0
耕层容重（g/cm³）	514	1.39	0.19	13.82	1.08～1.79
有机质（g/kg）	578	21.7	8.48	39.11	6.5～56.1
全氮（g/kg）	576	1.357	0.52	38.42	0.350～2.960
有效磷（mg/kg）	558	18.2	13.50	74.03	2.8～65.2
速效钾（mg/kg）	536	147	60.82	41.38	43～381
缓效钾（mg/kg）	563	633	222.98	35.23	260～1 307
有效铜（mg/kg）	542	0.72	0.50	69.38	0.18～3.02
有效锌（mg/kg）	534	0.80	0.73	91.00	0.12～5.35
有效铁（mg/kg）	575	15.89	9.93	62.51	1.83～88.60
有效锰（mg/kg）	575	11.70	7.07	60.40	1.77～38.14
有效硼（mg/kg）	539	0.78	0.50	64.44	0.05～2.61
有效钼（mg/kg）	532	0.113	0.11	95.62	0.010～0.566
有效硫（mg/kg）	557	22.42	19.88	88.66	3.19～173.45
有效硅（mg/kg）	566	194.20	103.58	53.34	9.70～448.92

耕层质地

砂土		砂壤土		轻壤土		中壤土		重壤土		黏土	
样本数	占比（%）	样本数	占比（%）	样本数	占比（%）	样本数	占比（%）	样本数	占比（%）	样本数	占比（%）
9	1.55	332	57.34	182	31.43	41	7.08	14	2.42	1	0.17

土壤 pH

≤4.5		(4.5～5.5]		(5.5～6.5]		(6.5～7.5]		(7.5～8.5]		>8.5	
样本数	占比（%）	样本数	占比（%）	样本数	占比（%）	样本数	占比（%）	样本数	占比（%）	样本数	占比（%）
0	0.00	0	0.00	15	2.59	107	18.48	435	75.13	22	3.80

167

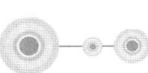

栗钙土—暗栗钙土—麻砂质暗栗钙土耕地土壤主要理化性状

项目名称	样本数（个）	平均值	标准差	变异系数（%）	范　围
有效土层厚度（cm）	213	56.2	23.08	41.04	25.0～125.0
耕层厚度（cm）	214	38.1	20.22	53.12	20.0～88.0
耕层容重（g/cm³）	207	1.38	0.14	10.13	1.08～1.77
有机质（g/kg）	210	26.5	12.59	47.49	5.3～56.4
全氮（g/kg）	204	1.468	0.63	42.60	0.356～2.960
有效磷（mg/kg）	212	13.9	10.67	76.61	3.0～62.4
速效钾（mg/kg）	203	138	57.15	41.31	47～364
缓效钾（mg/kg）	209	609	211.31	34.70	262～1 208
有效铜（mg/kg）	211	1.11	0.60	53.92	0.19～3.11
有效锌（mg/kg）	209	1.08	0.94	87.09	0.14～5.21
有效铁（mg/kg）	210	31.17	29.88	95.85	3.10～111.08
有效锰（mg/kg）	210	12.25	6.77	55.29	1.96～44.04
有效硼（mg/kg）	207	0.68	0.36	53.47	0.05～2.18
有效钼（mg/kg）	207	0.113	0.08	67.93	0.010～0.542
有效硫（mg/kg）	206	17.32	15.01	86.67	3.30～99.10
有效硅（mg/kg）	205	240.81	86.15	35.77	26.70～450.00

耕层质地

砂土		砂壤土		轻壤土		中壤土		重壤土		黏土	
占比（%）	样本数	占比（%）	样本数	占比（%）	样本数	占比（%）	样本数	占比（%）	样本数	占比（%）	样本数
0.93	2	27.44	59	28.84	62	36.74	79	6.05	13	0.00	0

土壤 pH

≤4.5		(4.5～5.5]		(5.5～6.5]		(6.5～7.5]		(7.5～8.5]		>8.5	
占比（%）	样本数	占比（%）	样本数	占比（%）	样本数	占比（%）	样本数	占比（%）	样本数	占比（%）	样本数
0.00	0	0.00	0	3.26	7	14.88	32	80.00	172	1.86	4

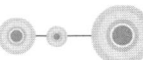

栗钙土—暗栗钙土—泥质暗栗钙土耕地土壤主要理化性状

项目名称	样本数（个）	平均值	标准差	变异系数（%）	范　围
有效土层厚度（cm）	272	61.3	22.96	37.47	25.0~150.0
耕层厚度（cm）	278	41.5	20.31	48.98	20.0~90.0
耕层容重（g/cm³）	265	1.41	0.16	11.08	1.08~1.79
有机质（g/kg）	279	23.6	9.93	42.15	7.7~56.3
全氮（g/kg）	271	1.366	0.54	39.39	0.430~2.940
有效磷（mg/kg）	275	16.0	11.07	69.22	2.8~57.4
速效钾（mg/kg）	270	147	54.34	36.85	49~367
缓效钾（mg/kg）	276	645	205.68	31.90	274~1 305
有效铜（mg/kg）	261	0.98	0.69	70.47	0.18~2.79
有效锌（mg/kg）	256	0.93	0.85	91.41	0.12~4.22
有效铁（mg/kg）	255	27.95	32.15	115.04	2.76~120.49
有效锰（mg/kg）	238	15.82	10.80	68.27	2.57~52.00
有效硼（mg/kg）	245	0.85	0.52	61.08	0.04~2.54
有效钼（mg/kg）	238	0.162	0.13	78.44	0.011~0.561
有效硫（mg/kg）	276	22.45	18.98	84.55	3.36~133.17
有效硅（mg/kg）	272	254.62	84.82	33.31	9.57~450.00

耕层质地

	砂土	砂壤土	轻壤土	中壤土	重壤土	黏土
样本数	3	152	50	57	18	0
占比（%）	1.07	54.29	17.86	20.36	6.43	0.00

土壤pH

	≤4.5	(4.5~5.5]	(5.5~6.5]	(6.5~7.5]	(7.5~8.5]	>8.5
样本数	0	0	19	44	201	16
占比（%）	0.00	0.00	6.79	15.71	71.79	5.71

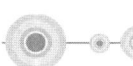

栗钙土—暗栗钙土—暗泥质暗栗钙土耕地土壤主要理化性状

项目名称	样本数（个）	平均值	标准差	变异系数（%）	范围
有效土层厚度（cm）	204	57.3	27.73	48.37	25.0~150.0
耕层厚度（cm）	209	35.9	22.10	61.59	20.0~80.0
耕层容重（g/cm³）	212	1.34	0.11	8.57	1.10~1.79
有机质（g/kg）	215	26.6	8.54	32.09	7.0~51.5
全氮（g/kg）	212	1.742	0.53	30.26	0.429~2.880
有效磷（mg/kg）	213	12.3	9.55	77.43	2.7~49.7
速效钾（mg/kg）	207	140	54.54	38.94	45~381
缓效钾（mg/kg）	210	559	189.27	33.84	254~1 320
有效铜（mg/kg）	208	0.98	0.40	40.51	0.19~2.15
有效锌（mg/kg）	194	2.05	1.41	68.76	0.12~4.98
有效铁（mg/kg）	215	33.78	21.15	62.61	5.25~116.59
有效锰（mg/kg）	215	11.41	6.55	57.39	3.98~53.40
有效硼（mg/kg）	211	0.75	0.44	58.22	0.12~2.48
有效钼（mg/kg）	204	0.120	0.10	81.46	0.011~0.552
有效硫（mg/kg）	212	15.91	12.51	78.61	3.36~106.00
有效硅（mg/kg）	211	251.87	72.98	28.97	20.37~449.13

耕层质地

	砂土		砂壤土		轻壤土		中壤土		重壤土		黏土
样本数	占比（%）	样本数	占比（%）	样本数	占比（%）	样本数	占比（%）	样本数	占比（%）	样本数	占比（%）
1	0.47	34	15.81	52	24.19	128	59.53	0	0.00	0	0.00

土壤 pH

	≤4.5		(4.5~5.5]		(5.5~6.5]		(6.5~7.5]		(7.5~8.5]		>8.5
样本数	占比（%）	样本数	占比（%）	样本数	占比（%）	样本数	占比（%）	样本数	占比（%）	样本数	占比（%）
0	0.00	0	0.00	1	0.47	9	4.19	194	90.23	11	5.12

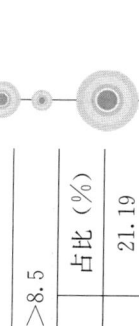

栗钙土—淡栗钙土—黄土质淡栗钙土耕地土壤主要理化性状

项目名称	样本数（个）	平均值	标准差	变异系数（%）	范围
有效土层厚度（cm）	269	85.5	29.23	34.18	40.0~150.0
耕层厚度（cm）	269	22.9	5.79	25.26	18.0~80.0
耕层容重（g/cm³）	261	1.32	0.13	9.80	1.08~1.77
有机质（g/kg）	269	15.8	6.69	42.42	5.9~48.9
全氮（g/kg）	267	0.839	0.29	34.07	0.320~2.055
有效磷（mg/kg）	256	14.2	11.09	78.30	2.9~57.1
速效钾（mg/kg）	264	138	65.72	47.63	50~364
缓效钾（mg/kg）	267	712	184.67	25.92	307~1 338
有效铜（mg/kg）	265	0.75	0.44	58.95	0.18~2.94
有效锌（mg/kg）	261	0.99	0.92	92.50	0.19~5.04
有效铁（mg/kg）	243	7.86	5.49	69.90	1.71~45.09
有效锰（mg/kg）	246	5.96	2.43	40.87	1.73~14.16
有效硼（mg/kg）	251	0.45	0.31	67.83	0.04~1.93
有效钼（mg/kg）	255	0.132	0.08	62.05	0.013~0.570
有效硫（mg/kg）	266	32.17	20.61	64.08	4.98~94.90
有效硅（mg/kg）	259	185.81	86.88	46.76	38.97~434.83

耕层质地

	砂土		砂壤土		轻壤土		中壤土		重壤土		黏土	
	样本数	占比（%）	样本数	占比（%）	样本数	占比（%）	样本数	占比（%）	样本数	占比（%）	样本数	占比（%）
	2	0.74	80	29.74	62	23.05	110	40.89	11	4.09	4	1.49

土壤 pH

	≤4.5		(4.5~5.5]		(5.5~6.5]		(6.5~7.5]		(7.5~8.5]		>8.5	
	样本数	占比（%）	样本数	占比（%）	样本数	占比（%）	样本数	占比（%）	样本数	占比（%）	样本数	占比（%）
	0	0.00	0	0.00	0	0.00	0	0.00	212	78.81	57	21.19

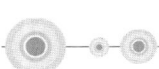

栗钙土—淡栗钙土—泥砂质淡栗钙土耕地土壤主要理化性状

项目名称	样本数（个）	平均值	标准差	变异系数（%）	范围
有效土层厚度（cm）	23	62.8	27.58	43.92	35.0~100.0
耕层厚度（cm）	24	39.6	26.50	66.94	20.0~80.0
耕层容重（g/cm³）	23	1.55	0.20	13.11	1.15~1.80
有机质（g/kg）	24	18.9	6.03	31.84	8.5~30.6
全氮（g/kg）	24	1.157	0.40	34.17	0.490~2.026
有效磷（mg/kg）	22	17.5	14.83	84.70	3.1~57.0
速效钾（mg/kg）	20	184	81.88	44.39	63~357
缓效钾（mg/kg）	23	719	266.05	36.99	293~1 268
有效铜（mg/kg）	23	1.27	0.76	59.75	0.43~2.84
有效锌（mg/kg）	23	1.36	1.15	84.62	0.18~4.07
有效铁（mg/kg）	24	19.24	10.63	55.25	4.19~47.58
有效锰（mg/kg）	24	17.57	7.34	41.78	8.42~38.54
有效硼（mg/kg）	23	0.67	0.53	79.43	0.12~2.28
有效钼（mg/kg）	23	0.083	0.06	75.37	0.020~0.320
有效硫（mg/kg）	23	24.91	27.91	112.03	3.35~140.50
有效硅（mg/kg）	24	146.23	77.40	52.93	16.83~292.48

耕层质地

	砂土		砂壤土		轻壤土		中壤土		重壤土		黏土	
	样本数	占比（%）	样本数	占比（%）	样本数	占比（%）	样本数	占比（%）	样本数	占比（%）	样本数	占比（%）
	2	8.33	15	62.50	5	20.83	1	4.17	0	0.00	1	4.17

土壤 pH

	≤4.5		(4.5~5.5]		(5.5~6.5]		(6.5~7.5]		(7.5~8.5]		>8.5	
	样本数	占比（%）	样本数	占比（%）	样本数	占比（%）	样本数	占比（%）	样本数	占比（%）	样本数	占比（%）
	0	0.00	0	0.00	0	0.00	1	4.17	17	70.83	6	25.00

栗钙土—淡栗钙土—麻砂质淡栗钙土耕地土壤主要理化性状

项目名称	样本数（个）	平均值	标准差	变异系数（%）	范　　围
有效土层厚度（cm）	12	55.3	17.44	31.56	37.0~85.0
耕层厚度（cm）	12	35.5	17.17	48.37	20.0~65.0
耕层容重（g/cm³）	10	1.64	0.18	10.77	1.32~1.80
有机质（g/kg）	12	15.5	6.85	44.31	6.9~31.6
全氮（g/kg）	12	0.963	0.40	41.96	0.421~1.897
有效磷（mg/kg）	10	12.0	8.17	67.82	2.9~29.5
速效钾（mg/kg）	11	158	83.35	52.60	55~320
缓效钾（mg/kg）	12	833	260.30	31.25	441~1 261
有效铜（mg/kg）	10	0.73	0.52	70.64	0.40~1.98
有效锌（mg/kg）	12	0.73	1.04	142.80	0.12~3.93
有效铁（mg/kg）	12	14.75	9.86	66.85	2.70~34.27
有效锰（mg/kg）	12	14.16	6.23	43.99	3.68~22.20
有效硼（mg/kg）	12	0.90	0.57	63.02	0.12~1.97
有效钼（mg/kg）	10	0.043	0.02	50.33	0.022~0.078
有效硫（mg/kg）	11	19.13	29.64	154.91	3.64~106.23
有效硅（mg/kg）	12	151.08	66.95	44.31	74.64~288.45

耕层质地

	砂土		砂壤土		轻壤土		中壤土		重壤土		黏土	
	样本数	占比（%）	样本数	占比（%）	样本数	占比（%）	样本数	占比（%）	样本数	占比（%）	样本数	占比（%）
	1	8.33	6	50.00	4	33.33	1	8.33	0	0.00	0	0.00

土壤pH

	≤4.5		(4.5~5.5]		(5.5~6.5]		(6.5~7.5]		(7.5~8.5]		>8.5	
	样本数	占比（%）	样本数	占比（%）	样本数	占比（%）	样本数	占比（%）	样本数	占比（%）	样本数	占比（%）
	0	0.00	0	0.00	0	0.00	0	0.00	9	75.00	3	25.00

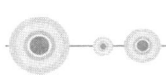

栗钙土—淡栗钙土—硅质淡栗钙土耕地土壤主要理化性状

项目名称	样本数（个）	平均值	标准差	变异系数（%）	范　围
有效土层厚度（cm）	15	60.7	13.35	22.00	30.0～100.0
耕层厚度（cm）	15	41.3	11.87	28.72	20.0～80.0
耕层容重（g/cm³）	15	1.26	0.09	7.26	1.18～1.53
有机质（g/kg）	15	23.0	5.05	21.91	15.6～34.2
全氮（g/kg）	15	1.148	0.36	30.96	0.524～2.084
有效磷（mg/kg）	14	14.4	13.83	96.13	4.7～57.7
速效钾（mg/kg）	15	124	34.76	27.94	74～195
缓效钾（mg/kg）	13	1 035	182.22	17.61	626～1 365
有效铜（mg/kg）	15	0.58	0.23	40.28	0.32～1.25
有效锌（mg/kg）	15	0.74	0.29	39.14	0.30～1.32
有效铁（mg/kg）	15	10.45	1.82	17.43	8.17～13.89
有效锰（mg/kg）	15	9.85	1.74	17.65	6.96～12.79
有效硼（mg/kg）	15	0.30	0.10	31.96	0.14～0.52
有效钼（mg/kg）	15	0.051	0.02	46.46	0.010～0.090
有效硫（mg/kg）	15	12.44	5.40	43.40	6.60～24.12
有效硅（mg/kg）	15	152.39	41.08	26.96	106.72～231.30

耕层质地

砂土		砂壤土		轻壤土		中壤土		重壤土		黏土	
样本数	占比（%）	样本数	占比（%）	样本数	占比（%）	样本数	占比（%）	样本数	占比（%）	样本数	占比（%）
0	0.00	12	80.00	0	0.00	2	13.33	0	0.00	1	6.67

土壤 pH

≤4.5		(4.5～5.5]		(5.5～6.5]		(6.5～7.5]		(7.5～8.5]		>8.5	
样本数	占比（%）	样本数	占比（%）	样本数	占比（%）	样本数	占比（%）	样本数	占比（%）	样本数	占比（%）
0	0.00	0	0.00	0	0.00	0	0.00	15	100.00	0	0.00

栗钙土—淡栗钙土—泥质淡栗钙土耕地土壤主要理化性状

项目名称	样本数（个）	平均值	标准差	变异系数（%）	范围
有效土层厚度（cm）	20	58.4	16.75	28.68	28.0~100.0
耕层厚度（cm）	20	39.7	14.83	37.39	20.0~80.0
耕层容重（g/cm³）	18	1.44	0.19	13.19	1.10~1.80
有机质（g/kg）	20	18.7	6.46	34.46	10.1~32.0
全氮（g/kg）	20	1.042	0.31	29.95	0.604~1.765
有效磷（mg/kg）	19	11.9	8.66	72.96	3.8~37.9
速效钾（mg/kg）	19	153	72.72	47.37	83~318
缓效钾（mg/kg）	18	831	288.00	34.65	339~1 348
有效铜（mg/kg）	19	0.58	0.22	38.11	0.23~0.98
有效锌（mg/kg）	20	0.61	0.38	61.81	0.13~1.60
有效铁（mg/kg）	20	10.43	3.01	28.89	7.50~21.23
有效锰（mg/kg）	20	11.49	4.21	36.64	6.39~21.39
有效硼（mg/kg）	20	0.77	0.65	84.52	0.17~1.90
有效钼（mg/kg）	20	0.061	0.03	44.28	0.020~0.106
有效硫（mg/kg）	20	16.31	12.36	75.77	4.36~58.30
有效硅（mg/kg）	20	143.93	54.33	37.75	75.44~262.85

耕层质地

	砂土		砂壤土		轻壤土		中壤土		重壤土		黏土	
	样本数	占比（%）	样本数	占比（%）	样本数	占比（%）	样本数	占比（%）	样本数	占比（%）	样本数	占比（%）
	0	0.00	9	45.00	4	20.00	7	35.00	0	0.00	0	0.00

土壤pH

	≤4.5		(4.5~5.5]		(5.5~6.5]		(6.5~7.5]		(7.5~8.5]		>8.5	
	样本数	占比（%）	样本数	占比（%）	样本数	占比（%）	样本数	占比（%）	样本数	占比（%）	样本数	占比（%）
	0	0.00	0	0.00	0	0.00	1	5.00	16	80.00	3	15.00

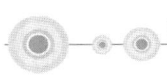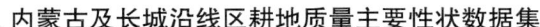

栗钙土—淡栗钙土—白干淡栗钙土耕地土壤主要理化性状

项目名称	样本数（个）	平均值	标准差	变异系数（%）	范 围
有效土层厚度（cm）	25	80.0	48.56	60.70	30.0~150.0
耕层厚度（cm）	25	22.0	2.89	13.12	20.0~30.0
耕层容重（g/cm³）	25	1.29	0.11	8.28	1.17~1.48
有机质（g/kg）	24	17.6	5.99	34.10	10.2~29.4
全氮（g/kg）	24	0.915	0.34	36.74	0.410~1.602
有效磷（mg/kg）	20	15.7	13.10	83.37	2.7~40.9
速效钾（mg/kg）	25	143	76.06	53.05	73~371
缓效钾（mg/kg）	25	620	142.19	22.92	393~987
有效铜（mg/kg）	24	0.63	0.40	63.07	0.24~1.73
有效锌（mg/kg）	25	0.73	0.81	110.96	0.17~3.76
有效铁（mg/kg）	22	4.79	1.76	36.83	1.71~8.58
有效锰（mg/kg）	22	4.76	2.15	45.24	1.74~9.14
有效硼（mg/kg）	25	0.31	0.17	54.48	0.05~0.63
有效钼（mg/kg）	20	0.141	0.13	93.53	0.012~0.550
有效硫（mg/kg）	25	26.13	23.05	88.21	4.98~92.44
有效硅（mg/kg）	20	207.43	73.01	35.20	54.92~316.34

耕层质地

	砂土	砂壤土	轻壤土	中壤土	重壤土	黏土
样本数	0	13	11	0	0	1
占比（%）	0.00	52.00	44.00	0.00	0.00	4.00

土壤 pH

	≤4.5	(4.5~5.5]	(5.5~6.5]	(6.5~7.5]	(7.5~8.5]	>8.5
样本数	0	0	0	0	9	16
占比（%）	0.00	0.00	0.00	0.00	36.00	64.00

栗钙土—草甸栗钙土—泥砂质草甸栗钙土耕地土壤主要理化性状

项目名称	样本数（个）	平均值	标准差	变异系数（%）	范围
有效土层厚度（cm）	482	75.4	29.25	38.78	25.0～150.0
耕层厚度（cm）	447	50.9	24.77	48.71	20.0～94.0
耕层容重（g/cm³）	468	1.41	0.14	9.64	1.08～1.80
有机质（g/kg）	469	18.5	9.17	49.57	5.3～56.5
全氮（g/kg）	476	1.131	0.55	48.37	0.308～2.952
有效磷（mg/kg）	471	14.9	11.35	76.10	2.7～62.7
速效钾（mg/kg）	467	147	58.46	39.90	47～378
缓效钾（mg/kg）	456	689	237.59	34.51	261～1 360
有效铜（mg/kg）	477	0.93	0.48	51.25	0.19～2.98
有效锌（mg/kg）	467	0.98	0.78	79.33	0.12～5.30
有效铁（mg/kg）	481	16.33	11.67	71.51	2.50～109.10
有效锰（mg/kg）	482	12.48	6.51	52.16	1.96～53.40
有效硼（mg/kg）	452	0.81	0.49	61.15	0.05～2.63
有效钼（mg/kg）	463	0.124	0.11	87.89	0.010～0.564
有效硫（mg/kg）	461	22.92	21.01	91.68	3.28～163.30
有效硅（mg/kg）	457	199.88	102.03	51.04	9.97～450.30

耕层质地

	砂土		砂壤土		轻壤土		中壤土		重壤土		黏土	
	样本数	占比（%）	样本数	占比（%）	样本数	占比（%）	样本数	占比（%）	样本数	占比（%）	样本数	占比（%）
	47	9.69	125	25.77	214	44.12	90	18.56	3	0.62	6	1.24

土壤 pH

	≤4.5		(4.5～5.5]		(5.5～6.5]		(6.5～7.5]		(7.5～8.5]		>8.5	
	样本数	占比（%）	样本数	占比（%）	样本数	占比（%）	样本数	占比（%）	样本数	占比（%）	样本数	占比（%）
	0	0.00	0	0.00	5	1.03	23	4.74	421	86.80	36	7.42

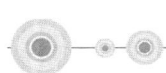

栗钙土—盐化栗钙土—硫酸盐栗钙土耕地土壤主要理化性状

项目名称	样本数（个）	平均值	标准差	变异系数（%）	范围
有效土层厚度（cm）	30	67.8	20.60	30.38	25.0~96.0
耕层厚度（cm）	31	47.7	19.29	40.43	20.0~76.0
耕层容重（g/cm³）	31	1.50	0.13	8.38	1.29~1.73
有机质（g/kg）	31	18.0	6.36	35.31	9.2~33.9
全氮（g/kg）	31	1.168	0.43	36.83	0.657~2.167
有效磷（mg/kg）	31	12.3	7.19	58.25	4.7~30.5
速效钾（mg/kg）	30	151	46.37	30.75	81~286
缓效钾（mg/kg）	31	817	252.70	30.93	400~1 217
有效铜（mg/kg）	30	0.62	0.33	52.94	0.18~1.42
有效锌（mg/kg）	27	0.69	0.84	122.38	0.16~4.40
有效铁（mg/kg）	31	17.08	9.42	55.15	2.50~44.16
有效锰（mg/kg）	31	18.46	8.86	48.02	3.96~29.55
有效硼（mg/kg）	24	0.47	0.33	71.30	0.06~1.36
有效钼（mg/kg）	24	0.214	0.17	77.77	0.010~0.556
有效硫（mg/kg）	31	26.67	25.75	96.52	4.88~137.49
有效硅（mg/kg）	31	260.74	110.46	42.36	26.21~451.08

耕层质地

	砂土	砂壤土	轻壤土	中壤土	重壤土	黏土
样本数	0	26	2	2	0	1
占比（%）	0.00	83.87	6.45	6.45	0.00	3.23

土壤pH

	≤4.5	(4.5~5.5]	(5.5~6.5]	(6.5~7.5]	(7.5~8.5]	>8.5
样本数	0	0	0	0	27	4
占比（%）	0.00	0.00	0.00	0.00	87.10	12.90

栗钙土—盐化栗钙土—苏打栗钙土耕地土壤主要理化性状

项目名称	样本数（个）	平均值	标准差	变异系数（%）	范围
有效土层厚度（cm）	40	68.7	37.29	54.26	25.0~140.0
耕层厚度（cm）	37	34.2	23.14	67.62	20.0~95.0
耕层容重（g/cm³）	40	1.49	0.12	8.38	1.27~1.76
有机质（g/kg）	42	17.6	8.56	48.58	5.6~48.6
全氮（g/kg）	41	0.992	0.43	43.19	0.334~2.330
有效磷（mg/kg）	39	14.0	10.26	73.08	2.8~47.1
速效钾（mg/kg）	42	139	52.29	37.52	61~283
缓效钾（mg/kg）	40	752	285.62	37.97	315~1 378
有效铜（mg/kg）	38	0.78	0.42	53.63	0.19~1.99
有效锌（mg/kg）	40	0.61	0.39	64.41	0.13~1.51
有效铁（mg/kg）	42	17.03	10.93	64.14	6.35~54.41
有效锰（mg/kg）	42	11.68	5.82	49.82	4.90~22.43
有效硼（mg/kg）	39	0.92	0.50	53.81	0.25~2.50
有效钼（mg/kg）	39	0.082	0.08	91.98	0.010~0.347
有效硫（mg/kg）	42	22.49	16.78	74.64	3.98~85.18
有效硅（mg/kg）	42	207.09	91.83	44.34	20.95~412.86

耕层质地

	砂土	砂壤土	轻壤土	中壤土	重壤土	黏土
样本数	5	23	7	4	3	0
占比（%）	11.90	54.76	16.67	9.52	7.14	0.00

土壤pH

	≤4.5	(4.5~5.5]	(5.5~6.5]	(6.5~7.5]	(7.5~8.5]	>8.5
样本数	0	0	0	0	39	3
占比（%）	0.00	0.00	0.00	0.00	92.86	7.14

栗钙土—碱化栗钙土—碱化栗钙土耕地土壤主要理化性状

项目名称	样本数（个）	平均值	标准差	变异系数（%）	范　围
有效土层厚度（cm）	19	57.9	5.35	9.25	40.0~60.0
耕层厚度（cm）	19	37.9	5.35	14.13	20.0~40.0
耕层容重（g/cm³）	19	1.51	0.11	7.12	1.26~1.66
有机质（g/kg）	18	14.1	3.54	25.07	7.8~22.0
全氮（g/kg）	18	0.877	0.20	23.22	0.482~1.205
有效磷（mg/kg）	19	9.4	6.13	65.57	4.5~30.1
速效钾（mg/kg）	19	129	23.58	18.32	89~175
缓效钾（mg/kg）	16	887	313.31	35.33	401~1 293
有效铜（mg/kg）	19	1.09	0.32	29.01	0.21~1.61
有效锌（mg/kg）	19	0.83	0.29	35.18	0.56~1.88
有效铁（mg/kg）	19	16.93	23.25	137.33	4.10~111.00
有效锰（mg/kg）	19	12.98	3.32	25.60	9.50~22.10
有效硼（mg/kg）	19	0.69	0.23	34.11	0.35~1.27
有效钼（mg/kg）	18	0.054	0.03	62.03	0.012~0.140
有效硫（mg/kg）	19	22.20	12.97	58.45	4.32~70.60
有效硅（mg/kg）	19	240.76	57.16	23.74	129.20~344.39

耕层质地

砂土		砂壤土		轻壤土		中壤土		重壤土		黏土	
样本数	占比（%）	样本数	占比（%）	样本数	占比（%）	样本数	占比（%）	样本数	占比（%）	样本数	占比（%）
1	5.26	0	0.00	17	89.47	1	5.26	0	0.00	0	0.00

土壤 pH

≤4.5		(4.5~5.5]		(5.5~6.5]		(6.5~7.5]		(7.5~8.5]		>8.5	
样本数	占比（%）	样本数	占比（%）	样本数	占比（%）	样本数	占比（%）	样本数	占比（%）	样本数	占比（%）
0	0.00	0	0.00	0	0.00	0	0.00	19	100.00	0	0.00

栗钙土—栗钙土性土—麻砂质栗钙土性耕地土壤主要理化性状

项目名称	样本数（个）	平均值	标准差	变异系数（%）	范　围
有效土层厚度 (cm)	7	84.1	21.68	25.77	50.0~100.0
耕层厚度 (cm)	7	57.0	29.38	51.54	20.0~80.0
耕层容重 (g/cm³)	7	1.50	0.10	6.57	1.37~1.62
有机质 (g/kg)	5	20.1	12.23	60.98	5.4~38.2
全氮 (g/kg)	7	1.255	0.60	47.41	0.500~2.180
有效磷 (mg/kg)	6	29.9	18.11	60.61	12.3~54.8
速效钾 (mg/kg)	7	135	54.06	39.96	80~220
缓效钾 (mg/kg)	7	606	188.70	31.14	340~814
有效铜 (mg/kg)	5	1.36	1.00	73.36	0.27~2.68
有效锌 (mg/kg)	4	3.60	1.83	50.80	1.71~5.42
有效铁 (mg/kg)	7	5.72	3.72	65.01	2.11~11.42
有效锰 (mg/kg)	7	7.30	3.39	46.47	2.98~12.05
有效硼 (mg/kg)	7	0.61	0.18	30.17	0.38~0.89
有效钼 (mg/kg)	7	0.207	0.15	72.13	0.060~0.510
有效硫 (mg/kg)	6	22.73	11.37	50.00	5.72~38.17
有效硅 (mg/kg)	7	127.31	32.09	25.21	79.00~166.75

耕层质地

	砂土	砂壤土	轻壤土	中壤土	重壤土	黏土
样本数	1	5	0	1	0	0
占比（%）	14.29	71.43	0.00	14.29	0.00	0.00

土壤 pH

	≤4.5	(4.5~5.5]	(5.5~6.5]	(6.5~7.5]	(7.5~8.5]	>8.5
样本数	0	0	4	2	1	0
占比（%）	0.00	0.00	57.14	28.57	14.29	0.00

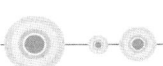

栗钙土—栗钙土性土—泥质栗钙土性土耕地土壤主要理化性状

项目名称	样本数（个）	平均值	标准差	变异系数（%）	范 围
有效土层厚度（cm）	5	84.0	35.95	42.80	40.0~125.0
耕层厚度（cm）	4	53.8	31.98	59.50	20.0~95.0
耕层容重（g/cm³）	5	1.48	0.20	13.30	1.19~1.67
有机质（g/kg）	5	18.1	4.11	22.68	15.1~25.2
全氮（g/kg）	5	0.967	0.19	19.56	0.705~1.181
有效磷（mg/kg）	4	22.0	14.22	64.69	6.9~41.0
速效钾（mg/kg）	5	134	23.68	17.73	110~163
缓效钾（mg/kg）	5	756	179.80	23.77	495~949
有效铜（mg/kg）	5	1.62	0.96	59.19	0.79~3.16
有效锌（mg/kg）	5	1.24	0.43	34.73	0.94~1.97
有效铁（mg/kg）	5	21.13	3.88	18.34	15.95~24.97
有效锰（mg/kg）	5	16.22	2.12	13.07	13.58~19.49
有效硼（mg/kg）	5	0.44	0.15	33.77	0.23~0.61
有效钼（mg/kg）	4	0.116	0.07	64.77	0.073~0.228
有效硫（mg/kg）	5	54.30	40.08	73.82	5.20~89.53
有效硅（mg/kg）	5	239.68	63.38	26.44	137.97~312.86

耕层质地

砂土		砂壤土		轻壤土		中壤土		重壤土		黏土	
样本数	占比（%）	样本数	占比（%）	样本数	占比（%）	样本数	占比（%）	样本数	占比（%）	样本数	占比（%）
1	20.00	0	0.00	1	20.00	2	40.00	0	0.00	1	20.00

土壤 pH

≤4.5		(4.5~5.5]		(5.5~6.5]		(6.5~7.5]		(7.5~8.5]		>8.5	
样本数	占比（%）	样本数	占比（%）	样本数	占比（%）	样本数	占比（%）	样本数	占比（%）	样本数	占比（%）
0	0.00	0	0.00	0	0.00	0	0.00	5	100.00	0	0.00

栗钙土—栗钙土性土—灰泥质栗钙土性土耕地土壤主要理化性状

项目名称	样本数（个）	平均值	标准差	变异系数（%）	范围
有效土层厚度 (cm)	1	100.0	—	—	—
耕层厚度 (cm)	1	80.0	—	—	—
耕层容重 (g/cm³)	1	1.49	—	—	—
有机质 (g/kg)	1	21.8	—	—	—
全氮 (g/kg)	1	0.870	—	—	—
有效磷 (mg/kg)	1	26.7	—	—	—
速效钾 (mg/kg)	1	150	—	—	—
缓效钾 (mg/kg)	1	700	—	—	—
有效铜 (mg/kg)	0	—	—	—	—
有效锌 (mg/kg)	1	2.52	—	—	—
有效铁 (mg/kg)	1	3.52	—	—	—
有效锰 (mg/kg)	1	5.46	—	—	—
有效硼 (mg/kg)	1	0.65	—	—	—
有效钼 (mg/kg)	1	0.170	—	—	—
有效硫 (mg/kg)	1	22.13	—	—	—
有效硅 (mg/kg)	1	151.00	—	—	—

耕层质地

	砂土	砂壤土	轻壤土	中壤土	重壤土	黏土
样本数	0	1	0	0	0	0
占比（%）	0.00	100.00	0.00	0.00	0.00	0.00

土壤 pH

	≤4.5	(4.5~5.5]	(5.5~6.5]	(6.5~7.5]	(7.5~8.5]	>8.5
样本数	0	0	0	1	0	0
占比（%）	0.00	0.00	0.00	100.00	0.00	0.00

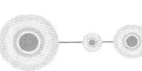

栗褐土—典型栗褐土—黄土质栗褐土耕地土壤主要理化性状

项目名称	样本数（个）	平均值	标准差	变异系数（%）	范围
有效土层厚度（cm）	443	87.6	35.39	40.40	25.0～150.0
耕层厚度（cm）	433	29.8	14.81	49.72	18.0～65.0
耕层容重（g/cm³）	445	1.33	0.14	10.29	1.10～1.80
有机质（g/kg）	456	13.3	5.74	43.20	5.3～53.9
全氮（g/kg）	466	0.789	0.29	36.49	0.302～2.140
有效磷（mg/kg）	447	13.0	9.15	70.38	2.7～51.8
速效钾（mg/kg）	463	139	56.90	40.89	45～368
缓效钾（mg/kg）	464	719	198.32	27.57	276～1 347
有效铜（mg/kg）	466	0.82	0.50	60.64	0.18～2.83
有效锌（mg/kg）	450	0.97	0.92	95.45	0.12～5.33
有效铁（mg/kg）	428	7.31	5.86	80.23	1.71～41.80
有效锰（mg/kg）	436	8.55	5.62	65.71	1.73～36.34
有效硼（mg/kg）	447	0.48	0.38	78.53	0.04～2.31
有效钼（mg/kg）	446	0.130	0.07	57.23	0.010～0.570
有效硫（mg/kg）	462	28.11	21.33	75.90	3.90～109.50
有效硅（mg/kg）	456	197.01	81.33	41.28	10.14～434.83

耕层质地

砂土		砂壤土		轻壤土		中壤土		重壤土		黏土	
样本数	占比（%）	样本数	占比（%）	样本数	占比（%）	样本数	占比（%）	样本数	占比（%）	样本数	占比（%）
15	3.19	180	38.30	218	46.38	56	11.91	0	0.00	1	0.21

土壤pH

≤4.5		(4.5～5.5]		(5.5～6.5]		(6.5～7.5]		(7.5～8.5]		>8.5	
样本数	占比（%）	样本数	占比（%）	样本数	占比（%）	样本数	占比（%）	样本数	占比（%）	样本数	占比（%）
0	0.00	0	0.00	0	0.00	5	1.06	378	80.43	87	18.51

栗褐土—典型栗褐土—泥砂质栗褐土耕地土壤主要理化性状

项目名称	样本数（个）	平均值	标准差	变异系数（%）	范围
有效土层厚度（cm）	71	89.2	30.75	34.47	50.0～150.0
耕层厚度（cm）	65	22.1	3.01	13.60	18.0～25.0
耕层容重（g/cm³）	66	1.47	0.20	13.53	1.09～1.79
有机质（g/kg）	81	18.2	6.46	35.49	5.8～40.0
全氮（g/kg）	81	1.013	0.34	33.64	0.383～2.300
有效磷（mg/kg）	79	18.6	15.89	85.22	3.0～61.2
速效钾（mg/kg）	78	193	66.29	34.34	79～380
缓效钾（mg/kg）	80	863	155.34	18.00	536～1 197
有效铜（mg/kg）	82	1.24	0.58	46.90	0.47～2.71
有效锌（mg/kg）	70	2.41	1.30	53.96	0.56～5.35
有效铁（mg/kg）	82	13.67	5.13	37.51	5.83～28.78
有效锰（mg/kg）	79	12.62	3.26	25.81	7.90～22.65
有效硼（mg/kg）	82	0.92	0.33	35.79	0.17～1.53
有效钼（mg/kg）	71	0.189	0.14	72.93	0.040～0.462
有效硫（mg/kg）	80	29.29	35.74	122.05	4.95～156.78
有效硅（mg/kg）	78	199.45	74.11	37.16	16.56～407.89

耕层质地

	砂土		砂壤土		轻壤土		中壤土		重壤土		黏土	
样本数	0		42		23		3		0		14	
占比（%）	0.00		51.22		28.05		3.66		0.00		17.07	

土壤 pH

	≤4.5	(4.5～5.5]	(5.5～6.5]	(6.5～7.5]	(7.5～8.5]	>8.5
样本数	0	0	0	0	69	13
占比（%）	0.00	0.00	0.00	0.00	84.15	15.85

栗褐土—淡栗褐土—黄土质淡栗褐土耕地土壤主要理化性状

项目名称	样本数（个）	平均值	标准差	变异系数（%）	范围
有效土层厚度（cm）	825	79.5	37.41	47.05	25.0~150.0
耕层厚度（cm）	916	34.5	22.09	63.96	20.0~94.0
耕层容重（g/cm³）	917	1.29	0.09	7.26	1.10~1.71
有机质（g/kg）	869	12.4	5.72	46.13	5.3~53.1
全氮（g/kg）	794	0.775	0.35	44.99	0.293~2.900
有效磷（mg/kg）	886	12.7	9.61	75.60	2.7~65.0
速效钾（mg/kg）	883	123	55.63	45.28	42~363
缓效钾（mg/kg）	914	736	175.35	23.81	266~1 340
有效铜（mg/kg）	893	0.76	0.46	60.28	0.18~3.27
有效锌（mg/kg）	892	0.76	0.64	84.26	0.12~4.87
有效铁（mg/kg）	849	9.66	11.25	116.42	1.71~107.40
有效锰（mg/kg）	850	7.92	6.18	78.05	1.73~48.93
有效硼（mg/kg）	837	0.57	0.47	81.51	0.04~2.58
有效钼（mg/kg）	867	0.122	0.09	76.63	0.010~0.570
有效硫（mg/kg）	901	27.96	22.42	80.18	3.35~173.40
有效硅（mg/kg）	887	204.64	117.77	57.55	9.87~434.83

耕层质地

	砂土	砂壤土	轻壤土	中壤土	重壤土	黏土
样本数	21	327	491	73	1	5
占比（%）	2.29	35.62	53.49	7.95	0.11	0.54

土壤 pH

	≤4.5	(4.5~5.5]	(5.5~6.5]	(6.5~7.5]	(7.5~8.5]	>8.5
样本数	0	0	0	4	709	205
占比（%）	0.00	0.00	0.00	0.44	77.23	22.33

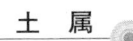

栗褐土—潮栗褐土—泥砂质潮栗褐土耕地土壤主要理化性状

项目名称	样本数（个）	平均值	标准差	变异系数（%）	范围
有效土层厚度（cm）	102	89.6	18.98	21.18	30.0～100.0
耕层厚度（cm）	102	69.8	18.40	26.36	20.0～80.0
耕层容重（g/cm³）	102	1.31	0.10	7.77	1.12～1.65
有机质（g/kg）	99	14.6	6.41	43.98	5.4～36.3
全氮（g/kg）	98	0.930	0.38	41.31	0.306～1.980
有效磷（mg/kg）	99	13.8	10.39	75.16	2.9～51.5
速效钾（mg/kg）	100	136	54.85	40.33	49～304
缓效钾（mg/kg）	100	717	204.61	28.52	359～1 260
有效铜（mg/kg）	101	0.96	0.43	45.06	0.28～3.11
有效锌（mg/kg）	101	1.07	0.62	57.48	0.12～3.42
有效铁（mg/kg）	102	17.91	17.36	96.93	3.20～111.55
有效锰（mg/kg）	95	12.71	7.27	57.23	3.10～44.80
有效硼（mg/kg）	90	0.92	0.53	57.62	0.06～2.41
有效钼（mg/kg）	101	0.125	0.11	87.63	0.030～0.530
有效硫（mg/kg）	100	23.21	24.96	107.53	4.08～169.10
有效硅（mg/kg）	99	249.59	146.53	58.71	20.33～412.00

耕层质地

	砂土		砂壤土		轻壤土		中壤土		重壤土		黏土	
	样本数	占比（%）	样本数	占比（%）	样本数	占比（%）	样本数	占比（%）	样本数	占比（%）	样本数	占比（%）
	7	6.86	19	18.63	14	13.73	62	60.78	0	0.00	0	0.00

土壤 pH

	≤4.5		(4.5～5.5]		(5.5～6.5]		(6.5～7.5]		(7.5～8.5]		>8.5	
	样本数	占比（%）	样本数	占比（%）	样本数	占比（%）	样本数	占比（%）	样本数	占比（%）	样本数	占比（%）
	0	0.00	0	0.00	0	0.00	0	0.00	78	76.47	24	23.53

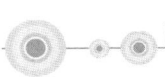

黑垆土—典型黑垆土—黑垆土耕地土壤主要理化性状

项目名称	样本数（个）	平均值	标准差	变异系数（%）	范围
有效土层厚度（cm）	41	86.9	22.52	25.90	30.0~100.0
耕层厚度（cm）	41	67.4	21.33	31.63	20.0~80.0
耕层容重（g/cm³）	42	1.37	0.10	6.94	1.25~1.78
有机质（g/kg）	42	22.4	10.47	46.78	8.8~52.6
全氮（g/kg）	42	1.093	0.45	41.52	0.522~2.436
有效磷（mg/kg）	39	13.9	12.88	92.71	3.0~61.7
速效钾（mg/kg）	42	107	52.04	48.67	52~301
缓效钾（mg/kg）	37	956	256.06	26.78	551~1 364
有效铜（mg/kg）	27	0.61	0.34	55.83	0.20~1.65
有效锌（mg/kg）	40	0.83	0.54	65.43	0.16~2.84
有效铁（mg/kg）	39	32.57	20.57	63.16	9.47~87.80
有效锰（mg/kg）	38	14.71	9.99	67.93	4.29~51.40
有效硼（mg/kg）	41	0.80	0.28	35.69	0.46~2.10
有效钼（mg/kg）	42	0.066	0.11	165.12	0.030~0.523
有效硫（mg/kg）	42	24.57	11.57	47.08	8.87~56.06
有效硅（mg/kg）	40	150.81	86.75	57.52	55.81~394.13

耕层质地

	砂土		砂壤土		轻壤土		中壤土		重壤土		黏土	
	样本数	占比（%）	样本数	占比（%）	样本数	占比（%）	样本数	占比（%）	样本数	占比（%）	样本数	占比（%）
	2	4.76	10	23.81	15	35.71	14	33.33	0	0.00	1	2.38

土壤 pH

	≤4.5		(4.5~5.5]		(5.5~6.5]		(6.5~7.5]		(7.5~8.5]		>8.5	
	样本数	占比（%）	样本数	占比（%）	样本数	占比（%）	样本数	占比（%）	样本数	占比（%）	样本数	占比（%）
	0	0.00	0	0.00	0	0.00	0	0.00	33	78.57	9	21.43

黑坫土—潮黑坫土—潮黑坫土耕地土壤主要理化性状

项目名称	样本数（个）	平均值	标准差	变异系数（%）	范围
有效土层厚度（cm）	1	100.0	—	—	—
耕层厚度（cm）	1	80.0	—	—	—
耕层容重（g/cm³）	1	1.21	—	—	—
有机质（g/kg）	1	18.1	—	—	—
全氮（g/kg）	1	1.260	—	—	—
有效磷（mg/kg）	1	7.9	—	—	—
速效钾（mg/kg）	1	189	—	—	—
缓效钾（mg/kg）	1	753	—	—	—
有效铜（mg/kg）	1	0.89	—	—	—
有效锌（mg/kg）	1	0.77	—	—	—
有效铁（mg/kg）	1	18.10	—	—	—
有效锰（mg/kg）	1	15.00	—	—	—
有效硼（mg/kg）	1	0.55	—	—	—
有效钼（mg/kg）	1	0.120	—	—	—
有效硫（mg/kg）	1	54.50	—	—	—
有效硅（mg/kg）	1	347.00	—	—	—

耕层质地

	砂土		砂壤土		轻壤土		中壤土		重壤土		黏土	
	占比（%）		占比（%）		占比（%）		占比（%）		占比（%）		占比（%）	
	0.00		0.00		0.00		100.00		0.00		0.00	
样本数	0		样本数 0		样本数 0		样本数 1		样本数 0		样本数 0	

土壤pH

	≤4.5	(4.5~5.5]	(5.5~6.5]	(6.5~7.5]	(7.5~8.5]	>8.5
占比（%）	0.00	0.00	0.00	0.00	100.00	0.00
样本数	0	0	0	0	1	0

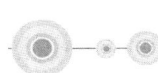

棕钙土—典型棕钙土—暗泥质棕钙土耕地土壤主要理化性状

项目名称	样本数（个）	平均值	标准差	变异系数（%）	范围
有效土层厚度（cm）	4	43.3	19.09	44.13	25.0~70.0
耕层厚度（cm）	4	27.8	14.84	53.48	20.0~50.0
耕层容重（g/cm³）	4	1.61	0.13	8.23	1.42~1.70
有机质（g/kg）	4	17.2	3.57	20.73	13.0~20.9
全氮（g/kg）	4	0.949	0.31	32.85	0.597~1.257
有效磷（mg/kg）	4	12.7	9.95	78.35	5.4~26.7
速效钾（mg/kg）	4	177	49.05	27.75	123~238
缓效钾（mg/kg）	4	760	232.96	30.67	419~924
有效铜（mg/kg）	4	0.90	0.72	80.87	0.47~1.98
有效锌（mg/kg）	4	0.67	0.40	59.43	0.26~1.14
有效铁（mg/kg）	4	9.96	3.36	33.73	5.32~13.36
有效锰（mg/kg）	4	13.01	4.08	31.38	9.00~18.71
有效硼（mg/kg）	4	1.18	0.50	42.35	0.73~1.77
有效钼（mg/kg）	4	0.033	0.02	47.96	0.013~0.051
有效硫（mg/kg）	4	26.64	9.18	34.46	13.07~33.10
有效硅（mg/kg）	4	197.95	49.96	25.24	144.33~260.86

耕层质地

	砂土	砂壤土	轻壤土	中壤土	重壤土	黏土
样本数	0	3	0	1	0	0
占比（%）	0.00	75.00	0.00	25.00	0.00	0.00

土壤pH

	≤4.5	(4.5~5.5]	(5.5~6.5]	(6.5~7.5]	(7.5~8.5]	>8.5
样本数	0	0	0	0	3	1
占比（%）	0.00	0.00	0.00	0.00	75.00	25.00

棕钙土—典型棕钙土—硅质棕钙土耕地土壤主要理化性状

项目名称	样本数（个）	平均值	标准差	变异系数（%）	范　围
有效土层厚度（cm）	9	36.6	10.31	28.20	28.0～60.0
耕层厚度（cm）	9	22.8	6.67	29.27	20.0～40.0
耕层容重（g/cm³）	6	1.42	0.36	25.30	1.08～1.77
有机质（g/kg）	9	16.8	5.93	35.25	9.6～28.0
全氮（g/kg）	9	1.032	0.31	30.27	0.656～1.484
有效磷（mg/kg）	9	15.7	12.57	80.23	4.8～47.2
速效钾（mg/kg）	9	174	71.57	41.10	57～273
缓效钾（mg/kg）	9	619	379.85	61.34	263～1 181
有效铜（mg/kg）	9	1.15	1.02	88.40	0.23～2.70
有效锌（mg/kg）	9	1.46	1.28	87.69	0.29～3.64
有效铁（mg/kg）	8	10.53	6.59	62.60	3.60～20.04
有效锰（mg/kg）	9	11.48	6.30	54.90	3.30～19.27
有效硼（mg/kg）	9	0.76	0.46	61.03	0.21～1.39
有效钼（mg/kg）	9	0.098	0.04	36.91	0.014～0.140
有效硫（mg/kg）	9	35.03	23.65	67.51	9.25～70.30
有效硅（mg/kg）	9	160.74	71.61	44.55	50.40～256.40

耕层质地

砂土		砂壤土		轻壤土		中壤土		重壤土		黏土	
样本数	占比（%）	样本数	占比（%）	样本数	占比（%）	样本数	占比（%）	样本数	占比（%）	样本数	占比（%）
0	0.00	7	77.78	1	11.11	0	0.00	1	11.11	0	0.00

土壤 pH

≤4.5		(4.5～5.5]		(5.5～6.5]		(6.5～7.5]		(7.5～8.5]		>8.5	
样本数	占比（%）	样本数	占比（%）	样本数	占比（%）	样本数	占比（%）	样本数	占比（%）	样本数	占比（%）
0	0.00	0	0.00	0	0.00	1	11.11	4	44.44	4	44.44

棕钙土—淡棕钙土—泥砂质淡棕钙土耕地土壤主要理化性状

项目名称	样本数（个）	平均值	标准差	变异系数（%）	范围
有效土层厚度（cm）	1	70.0	—	—	—
耕层厚度（cm）	1	50.0	—	—	—
耕层容重（g/cm³）	0	—	—	—	—
有机质（g/kg）	1	11.6	—	—	—
全氮（g/kg）	1	2.067	—	—	—
有效磷（mg/kg）	1	25.9	—	—	—
速效钾（mg/kg）	0	—	—	—	—
缓效钾（mg/kg）	1	1 088	—	—	—
有效铜（mg/kg）	1	0.47	—	—	—
有效锌（mg/kg）	1	0.34	—	—	—
有效铁（mg/kg）	1	11.41	—	—	—
有效锰（mg/kg）	1	6.87	—	—	—
有效硼（mg/kg）	1	0.68	—	—	—
有效钼（mg/kg）	1	0.398	—	—	—
有效硫（mg/kg）	1	21.17	—	—	—
有效硅（mg/kg）	1	229.24	—	—	—

耕层质地

砂土		砂壤土		轻壤土		中壤土		重壤土		黏土	
样本数	占比（%）	样本数	占比（%）	样本数	占比（%）	样本数	占比（%）	样本数	占比（%）	样本数	占比（%）
0	0.00	0	0.00	0	0.00	1	100.00	0	0.00	0	0.00

土壤 pH

≤4.5		(4.5~5.5]		(5.5~6.5]		(6.5~7.5]		(7.5~8.5]		>8.5	
样本数	占比（%）	样本数	占比（%）	样本数	占比（%）	样本数	占比（%）	样本数	占比（%）	样本数	占比（%）
0	0.00	0	0.00	0	0.00	0	0.00	1	100.00	0	0.00

棕钙土—草甸棕钙土—泥砂质草甸棕钙土耕地土壤主要理化性状

项目名称	样本数（个）	平均值	标准差	变异系数（%）	范 围
有效土层厚度（cm）	4	39.8	6.65	16.73	30.0~45.0
耕层厚度（cm）	4	22.3	2.06	9.27	20.0~25.0
耕层容重（g/cm³）	3	1.44	0.15	10.49	1.30~1.60
有机质（g/kg）	4	18.4	6.46	35.06	11.9~27.4
全氮（g/kg）	4	1.137	0.35	30.78	0.850~1.647
有效磷（mg/kg）	4	11.7	8.42	71.96	3.3~23.3
速效钾（mg/kg）	4	154	74.77	48.55	51~216
缓效钾（mg/kg）	3	827	323.76	39.17	474~1 111
有效铜（mg/kg）	4	0.97	0.65	66.71	0.48~1.86
有效锌（mg/kg）	4	0.58	0.21	36.04	0.34~0.84
有效铁（mg/kg）	4	13.35	14.64	109.62	4.10~35.10
有效锰（mg/kg）	4	9.05	3.01	33.31	5.20~12.33
有效硼（mg/kg）	4	1.30	0.77	59.44	0.73~2.44
有效钼（mg/kg）	4	0.106	0.06	60.58	0.030~0.185
有效硫（mg/kg）	4	48.21	31.05	64.40	21.37~84.95
有效硅（mg/kg）	4	173.87	38.93	22.39	116.48~201.50

耕层质地

	砂土		砂壤土		轻壤土		中壤土		重壤土		黏土	
	样本数	占比（%）	样本数	占比（%）	样本数	占比（%）	样本数	占比（%）	样本数	占比（%）	样本数	占比（%）
	0	0.00	2	50.00	0	0.00	0	0.00	2	50.00	0	0.00

土壤pH

	≤4.5		(4.5~5.5]		(5.5~6.5]		(6.5~7.5]		(7.5~8.5]		>8.5	
	样本数	占比（%）	样本数	占比（%）	样本数	占比（%）	样本数	占比（%）	样本数	占比（%）	样本数	占比（%）
	0	0.00	0	0.00	0	0.00	0	0.00	1	25.00	3	75.00

棕钙土—盐化棕钙土—硫酸盐棕钙土耕地土壤主要理化性状

项目名称	样本数（个）	平均值	标准差	变异系数（%）	范围
有效土层厚度（cm）	2	41.0	1.41	3.45	40.0~42.0
耕层厚度（cm）	2	21.0	1.41	6.73	20.0~22.0
耕层容重（g/cm³）	2	1.78	0.04	1.99	1.75~1.80
有机质（g/kg）	2	20.6	12.30	59.84	11.9~29.2
全氮（g/kg）	2	1.191	0.68	56.94	0.711~1.670
有效磷（mg/kg）	2	14.2	15.76	111.39	3.0~25.3
速效钾（mg/kg）	1	248	—	—	—
缓效钾（mg/kg）	2	946	245.35	25.93	773~1 120
有效铜（mg/kg）	2	1.82	1.27	69.87	0.92~2.72
有效锌（mg/kg）	2	1.81	1.71	94.42	0.60~3.02
有效铁（mg/kg）	2	26.01	10.45	40.18	18.62~33.40
有效锰（mg/kg）	2	23.26	21.36	91.80	8.16~38.36
有效硼（mg/kg）	2	1.04	0.94	90.88	0.37~1.70
有效钼（mg/kg）	2	0.088	0.02	20.08	0.075~0.100
有效硫（mg/kg）	2	39.59	20.73	52.36	24.93~54.24
有效硅（mg/kg）	2	233.97	98.32	42.02	164.45~303.49

耕层质地

	砂土	砂壤土	轻壤土	中壤土	重壤土	黏土
样本数	0	2	0	0	0	0
占比（%）	0.00	100.00	0.00	0.00	0.00	0.00

土壤 pH

	≤4.5	(4.5~5.5]	(5.5~6.5]	(6.5~7.5]	(7.5~8.5]	>8.5
样本数	0	0	0	0	1	1
占比（%）	0.00	0.00	0.00	0.00	50.00	50.00

黄绵土—黄绵土—绵土耕地土壤主要理化性状

项目名称	样本数（个）	平均值	标准差	变异系数（%）	范 围
有效土层厚度（cm）	18	104.9	26.16	24.92	45.0~130.0
耕层厚度（cm）	18	29.9	9.79	32.71	25.0~69.0
耕层容重（g/cm³）	19	1.29	0.15	11.95	1.18~1.75
有机质（g/kg）	17	10.4	4.90	46.94	5.7~20.7
全氮（g/kg）	4	1.114	0.15	13.24	0.926~1.267
有效磷（mg/kg）	13	12.5	11.97	95.87	2.7~36.2
速效钾（mg/kg）	14	103	72.80	70.34	43~290
缓效钾（mg/kg）	19	827	160.83	19.45	591~1 277
有效铜（mg/kg）	19	0.69	0.52	76.23	0.18~2.29
有效锌（mg/kg）	17	1.01	0.85	84.48	0.17~2.22
有效铁（mg/kg）	19	9.09	8.55	94.07	1.85~34.51
有效锰（mg/kg）	18	6.24	2.91	46.62	1.94~12.40
有效硼（mg/kg）	19	0.55	0.40	71.51	0.06~1.08
有效钼（mg/kg）	19	0.128	0.07	57.64	0.049~0.298
有效硫（mg/kg）	18	32.95	27.19	82.52	5.86~92.00
有效硅（mg/kg）	18	252.98	103.33	40.85	61.70~437.33

耕层质地

	砂土	砂壤土	轻壤土	中壤土	重壤土	黏土
样本数	0	14	4	1	0	0
占比（%）	0.00	73.68	21.05	5.26	0.00	0.00

土壤pH

	≤4.5	(4.5~5.5]	(5.5~6.5]	(6.5~7.5]	(7.5~8.5]	>8.5
样本数	0	1	0	0	10	8
占比（%）	0.00	5.26	0.00	0.00	52.63	42.11

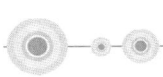

新积土—典型新积土—石灰性山洪土耕地土壤主要理化性状

项目名称	样本数（个）	平均值	标准差	变异系数（%）	范围
有效土层厚度（cm）	4	68.0	20.67	30.40	57.0~99.0
耕层厚度（cm）	4	48.0	20.67	43.07	37.0~79.0
耕层容重（g/cm³）	4	1.33	0.17	12.52	1.12~1.48
有机质（g/kg）	4	18.9	7.80	41.21	7.5~23.9
全氮（g/kg）	4	1.218	0.28	23.27	0.840~1.520
有效磷（mg/kg）	4	14.3	7.09	49.57	7.5~24.1
速效钾（mg/kg）	4	155	58.73	38.01	116~242
缓效钾（mg/kg）	4	767	245.14	31.97	459~1 040
有效铜（mg/kg）	4	1.27	0.62	48.44	0.47~1.92
有效锌（mg/kg）	4	1.66	0.81	48.67	0.94~2.54
有效铁（mg/kg）	4	14.79	7.04	47.55	7.50~23.26
有效锰（mg/kg）	4	14.66	7.23	49.33	6.82~22.60
有效硼（mg/kg）	4	0.81	0.17	20.75	0.59~0.98
有效钼（mg/kg）	4	0.142	0.05	35.45	0.080~0.200
有效硫（mg/kg）	4	37.25	58.56	157.22	6.10~125.00
有效硅（mg/kg）	4	267.11	2.08	0.78	264.00~268.45

耕层质地

	砂土	砂壤土	轻壤土	中壤土	重壤土	黏土
样本数	1	0	0	3	0	0
占比（%）	25.00	0.00	0.00	75.00	0.00	0.00

土壤pH

	≤4.5	(4.5~5.5]	(5.5~6.5]	(6.5~7.5]	(7.5~8.5]	>8.5
样本数	0	0	2	1	1	0
占比（%）	0.00	0.00	50.00	25.00	25.00	0.00

新积土—典型新积土—堆垫土耕地土壤主要理化性状

项目名称	样本数（个）	平均值	标准差	变异系数（%）	范围
有效土层厚度（cm）	31	51.3	12.58	24.53	30.0~80.0
耕层厚度（cm）	24	22.2	8.63	38.85	18.0~60.0
耕层容重（g/cm³）	31	1.35	0.14	10.69	1.15~1.66
有机质（g/kg）	31	17.5	6.56	37.50	8.4~34.2
全氮（g/kg）	31	1.013	0.37	36.03	0.300~2.359
有效磷（mg/kg）	29	18.9	12.98	68.66	4.5~56.0
速效钾（mg/kg）	31	137	65.08	47.42	46~350
缓效钾（mg/kg）	28	917	241.66	26.36	391~1 328
有效铜（mg/kg）	28	1.31	0.51	38.85	0.30~2.19
有效锌（mg/kg）	30	2.07	1.17	56.81	0.43~5.32
有效铁（mg/kg）	30	24.79	23.75	95.82	5.10~116.70
有效锰（mg/kg）	31	15.95	7.17	44.94	6.28~39.30
有效硼（mg/kg）	31	0.56	0.22	39.66	0.14~1.18
有效钼（mg/kg）	31	0.085	0.06	68.19	0.010~0.190
有效硫（mg/kg）	25	26.06	23.43	89.91	5.00~84.53
有效硅（mg/kg）	27	190.94	84.83	44.43	29.75~367.89

耕层质地

	砂土	砂壤土	轻壤土	中壤土	重壤土	黏土
样本数	0	2	16	13	0	0
占比（%）	0.00	6.45	51.61	41.94	0.00	0.00

土壤pH

	≤4.5	(4.5~5.5]	(5.5~6.5]	(6.5~7.5]	(7.5~8.5]	>8.5
样本数	0	7	5	7	12	0
占比（%）	0.00	22.58	16.13	22.58	38.71	0.00

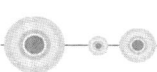

新积土—冲积土—冲积壤土耕地土壤主要理化性状

项目名称	样本数（个）	平均值	标准差	变异系数（%）	范围
有效土层厚度（cm）	1	100.0	—	—	—
耕层厚度（cm）	1	80.0	—	—	—
耕层容重（g/cm³）	1	1.56	—	—	—
有机质（g/kg）	1	21.2	—	—	—
全氮（g/kg）	1	0.860	—	—	—
有效磷（mg/kg）	1	8.5	—	—	—
速效钾（mg/kg）	1	102	—	—	—
缓效钾（mg/kg）	1	1 177	—	—	—
有效铜（mg/kg）	1	1.76	—	—	—
有效锌（mg/kg）	1	2.63	—	—	—
有效铁（mg/kg）	1	21.60	—	—	—
有效锰（mg/kg）	1	18.00	—	—	—
有效硼（mg/kg）	1	0.25	—	—	—
有效钼（mg/kg）	1	0.050	—	—	—
有效硫（mg/kg）	1	65.75	—	—	—
有效硅（mg/kg）	1	125.26	—	—	—

耕层质地

	砂土		砂壤土		轻壤土		中壤土		重壤土		黏土	
	样本数	占比（%）	样本数	占比（%）	样本数	占比（%）	样本数	占比（%）	样本数	占比（%）	样本数	占比（%）
	0	0.00	1	100.00	0	0.00	0	0.00	0	0.00	0	0.00

土壤 pH

	≤4.5		(4.5~5.5]		(5.5~6.5]		(6.5~7.5]		(7.5~8.5]		>8.5	
	样本数	占比（%）	样本数	占比（%）	样本数	占比（%）	样本数	占比（%）	样本数	占比（%）	样本数	占比（%）
	0	0.00	0	0.00	0	0.00	0	0.00	1	100.00	0	0.00

风沙土—草原风沙土—草原固定风沙土耕地土壤主要理化性状

项目名称	样本数（个）	平均值	标准差	变异系数（%）	范　围
有效土层厚度（cm）	433	70.2	28.38	40.41	25.0~150.0
耕层厚度（cm）	427	48.8	24.97	51.16	20.0~90.0
耕层容重（g/cm³）	438	1.43	0.11	7.39	1.16~1.72
有机质（g/kg）	413	13.8	6.17	44.65	5.3~45.4
全氮（g/kg）	430	0.809	0.35	42.93	0.299~2.890
有效磷（mg/kg）	428	12.6	9.83	77.82	2.7~60.7
速效钾（mg/kg）	422	124	47.07	37.88	44~361
缓效钾（mg/kg）	409	676	291.12	43.06	260~1356
有效铜（mg/kg）	429	0.97	0.45	46.26	0.18~3.04
有效锌（mg/kg）	430	0.88	0.56	63.65	0.13~3.71
有效铁（mg/kg）	435	17.91	14.61	81.59	1.71~101.45
有效锰（mg/kg）	432	12.69	6.69	52.69	1.82~53.82
有效硼（mg/kg）	424	0.65	0.40	61.50	0.05~2.61
有效钼（mg/kg）	428	0.098	0.09	90.83	0.010~0.561
有效硫（mg/kg）	418	23.85	23.63	99.05	3.20~162.18
有效硅（mg/kg）	414	191.38	114.13	59.64	10.99~450.00

耕层质地

	砂土		砂壤土		轻壤土		中壤土		重壤土		黏土	
	样本数	占比（%）	样本数	占比（%）	样本数	占比（%）	样本数	占比（%）	样本数	占比（%）	样本数	占比（%）
	240	54.79	114	26.03	46	10.50	36	8.22	2	0.46	0	0.00

土壤pH

	≤4.5		(4.5~5.5]		(5.5~6.5]		(6.5~7.5]		(7.5~8.5]		>8.5	
	样本数	占比（%）	样本数	占比（%）	样本数	占比（%）	样本数	占比（%）	样本数	占比（%）	样本数	占比（%）
	0	0.00	0	0.00	5	1.14	20	4.57	316	72.15	97	22.15

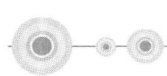

风沙土—草原风沙土—草原半固定风沙土耕地土壤主要理化性状

项目名称	样本数（个）	平均值	标准差	变异系数（%）	范围
有效土层厚度（cm）	122	79.9	25.45	31.88	25.0~110.0
耕层厚度（cm）	123	60.0	24.49	40.85	20.0~90.0
耕层容重（g/cm³）	120	1.41	0.12	8.52	1.15~1.69
有机质（g/kg）	111	14.7	7.61	51.90	5.3~53.0
全氮（g/kg）	116	0.862	0.44	51.53	0.300~2.800
有效磷（mg/kg）	112	13.4	10.50	78.44	2.7~52.9
速效钾（mg/kg）	118	131	58.91	44.84	43~352
缓效钾（mg/kg）	110	609	228.43	37.50	283~1 298
有效铜（mg/kg）	114	0.91	0.44	48.45	0.19~3.23
有效锌（mg/kg）	114	1.09	0.86	78.55	0.13~3.85
有效铁（mg/kg）	123	20.58	16.61	80.70	4.16~112.00
有效锰（mg/kg）	122	12.90	6.20	48.05	3.28~46.80
有效硼（mg/kg）	116	0.72	0.48	65.88	0.07~2.22
有效钼（mg/kg）	122	0.098	0.09	95.38	0.010~0.554
有效硫（mg/kg）	117	32.90	35.61	108.24	3.86~156.72
有效硅（mg/kg）	118	162.33	121.71	74.98	11.26~447.00

耕层质地

	砂土	砂壤土	轻壤土	中壤土	重壤土	黏土
样本数	61	33	11	17	1	0
占比（%）	49.59	26.83	8.94	13.82	0.81	0.00

土壤pH

	≤4.5	(4.5~5.5]	(5.5~6.5]	(6.5~7.5]	(7.5~8.5]	>8.5
样本数	0	0	5	13	87	18
占比（%）	0.00	0.00	4.07	10.57	70.73	14.63

风沙土—草原风沙土—草原流动风沙土耕地土壤主要理化性状

项目名称	样本数（个）	平均值	标准差	变异系数（%）	范围
有效土层厚度（cm）	31	71.1	31.75	44.64	28.0～110.0
耕层厚度（cm）	31	54.2	27.76	51.26	20.0～90.0
耕层容重（g/cm³）	31	1.38	0.12	8.92	1.09～1.62
有机质（g/kg）	27	16.1	9.93	61.77	5.3～39.5
全氮（g/kg）	30	0.866	0.50	58.28	0.310～2.010
有效磷（mg/kg）	29	19.1	13.40	70.09	4.6～64.6
速效钾（mg/kg）	29	143	69.91	48.81	57～371
缓效钾（mg/kg）	29	632	221.20	34.99	290～1 182
有效铜（mg/kg）	26	1.10	0.63	56.97	0.18～3.32
有效锌（mg/kg）	27	1.49	1.09	73.65	0.14～4.31
有效铁（mg/kg）	31	19.23	13.23	68.79	7.85～65.76
有效锰（mg/kg）	31	13.82	8.40	60.76	3.60～45.49
有效硼（mg/kg）	30	0.72	0.40	55.35	0.14～1.74
有效钼（mg/kg）	30	0.111	0.12	103.65	0.016～0.544
有效硫（mg/kg）	31	33.11	28.04	84.70	4.01～108.58
有效硅（mg/kg）	30	138.99	105.85	76.16	19.34～448.00

耕层质地

	砂土	砂壤土	轻壤土	中壤土	重壤土	黏土
样本数	14	6	4	6	1	0
占比（%）	45.16	19.35	12.90	19.35	3.23	0.00

土壤 pH

	≤4.5	(4.5～5.5]	(5.5～6.5]	(6.5～7.5]	(7.5～8.5]	>8.5
样本数	0	0	0	4	18	9
占比（%）	0.00	0.00	0.00	12.90	58.06	29.03

风沙土—草甸风沙土—草甸固定风沙土耕地土壤主要理化性状

项目名称	样本数（个）	平均值	标准差	变异系数（%）	范围
有效土层厚度（cm）	122	57.4	26.97	47.02	25.0~100.0
耕层厚度（cm）	122	40.8	23.67	57.98	20.0~80.0
耕层容重（g/cm³）	122	1.50	0.11	7.63	1.30~1.70
有机质（g/kg）	115	13.8	7.33	53.14	5.5~43.1
全氮（g/kg）	118	0.765	0.39	50.43	0.294~2.373
有效磷（mg/kg）	122	11.6	8.10	69.76	3.1~41.8
速效钾（mg/kg）	122	115	50.93	44.10	45~315
缓效钾（mg/kg）	118	529	190.95	36.13	268~1 104
有效铜（mg/kg）	121	1.12	0.45	40.23	0.32~3.27
有效锌（mg/kg）	122	1.03	0.69	67.48	0.23~4.41
有效铁（mg/kg）	120	22.55	23.17	102.74	2.30~109.94
有效锰（mg/kg）	122	13.04	9.03	69.27	2.31~49.60
有效硼（mg/kg）	121	0.65	0.38	58.20	0.05~2.59
有效钼（mg/kg）	121	0.105	0.08	76.77	0.010~0.550
有效硫（mg/kg）	112	24.13	19.56	81.03	3.19~105.50
有效硅（mg/kg）	119	234.20	76.15	32.52	18.95~450.00

耕层质地

	砂土		砂壤土		轻壤土		中壤土		重壤土		黏土	
	样本数	占比（%）	样本数	占比（%）	样本数	占比（%）	样本数	占比（%）	样本数	占比（%）	样本数	占比（%）
	66	54.10	32	26.23	6	4.92	16	13.11	2	1.64	0	0.00

土壤 pH

	≤4.5		(4.5~5.5]		(5.5~6.5]		(6.5~7.5]		(7.5~8.5]		>8.5	
	样本数	占比（%）	样本数	占比（%）	样本数	占比（%）	样本数	占比（%）	样本数	占比（%）	样本数	占比（%）
	0	0.00	0	0.00	0	0.00	5	4.10	78	63.93	39	31.97

风沙土—草甸风沙土—草甸半固定风沙土耕地土壤主要理化性状

项目名称	样本数（个）	平均值	标准差	变异系数（%）	范围
有效土层厚度（cm）	67	59.7	25.21	42.19	30.0~100.0
耕层厚度（cm）	67	40.5	24.50	60.51	20.0~80.0
耕层容重（g/cm³）	67	1.45	0.15	10.59	1.20~1.76
有机质（g/kg）	60	12.3	5.38	43.89	5.4~34.0
全氮（g/kg）	60	0.748	0.39	51.91	0.306~2.542
有效磷（mg/kg）	67	11.3	6.58	58.37	4.3~45.0
速效钾（mg/kg）	67	122	55.17	45.18	56~343
缓效钾（mg/kg）	66	563	224.84	39.91	269~1 284
有效铜（mg/kg）	66	0.91	0.46	50.86	0.22~2.69
有效锌（mg/kg）	67	0.78	0.45	58.12	0.25~3.16
有效铁（mg/kg）	67	11.52	10.06	87.33	3.00~57.90
有效锰（mg/kg）	65	12.99	6.35	48.87	5.80~50.10
有效硼（mg/kg）	66	0.66	0.41	62.04	0.22~2.58
有效钼（mg/kg）	65	0.104	0.07	68.24	0.010~0.410
有效硫（mg/kg）	66	26.48	22.63	85.44	3.50~97.30
有效硅（mg/kg）	65	230.45	51.89	22.52	109.60~372.63

耕层质地

	砂土	砂壤土	轻壤土	中壤土	重壤土	黏土
样本数	31	17	2	7	7	3
占比（%）	46.27	25.37	2.99	10.45	10.45	4.48

土壤pH

	≤4.5	(4.5~5.5]	(5.5~6.5]	(6.5~7.5]	(7.5~8.5]	>8.5
样本数	0	0	0	0	62	5
占比（%）	0.00	0.00	0.00	0.00	92.54	7.46

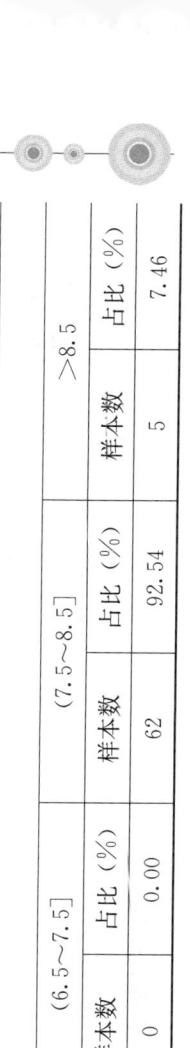

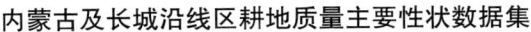

风沙土—草甸风沙土—草甸流动风沙土耕地土壤主要理化性状

项目名称	样本数（个）	平均值	标准差	变异系数（%）	范围
有效土层厚度（cm）	7	37.1	10.75	28.93	25.0~60.0
耕层厚度（cm）	11	21.8	6.03	27.64	20.0~40.0
耕层容重（g/cm³）	11	1.53	0.13	8.67	1.34~1.68
有机质（g/kg）	11	9.7	3.84	39.52	6.0~15.8
全氮（g/kg）	9	0.609	0.26	42.03	0.356~1.074
有效磷（mg/kg）	11	14.9	7.90	52.94	7.5~31.1
速效钾（mg/kg）	11	107	50.72	47.31	62~215
缓效钾（mg/kg）	11	447	151.68	33.96	278~804
有效铜（mg/kg）	10	1.05	0.43	40.68	0.52~1.72
有效锌（mg/kg）	11	0.77	0.30	38.55	0.27~1.22
有效铁（mg/kg）	11	10.64	5.51	51.80	5.50~23.13
有效锰（mg/kg）	11	10.72	2.43	22.62	5.20~13.11
有效硼（mg/kg）	11	0.76	0.57	75.15	0.35~2.27
有效钼（mg/kg）	11	0.103	0.05	47.22	0.024~0.160
有效硫（mg/kg）	11	22.27	15.03	67.49	3.58~50.00
有效硅（mg/kg）	11	195.72	85.30	43.58	60.40~364.80

耕层质地

	砂土	砂壤土	轻壤土	中壤土	重壤土	黏土
样本数	8	1	1	0	1	0
占比（%）	72.73	9.09	9.09	0.00	9.09	0.00

土壤 pH

	≤4.5	(4.5~5.5]	(5.5~6.5]	(6.5~7.5]	(7.5~8.5]	>8.5
样本数	0	0	0	0	6	5
占比（%）	0.00	0.00	0.00	0.00	54.55	45.45

粗骨土—中性粗骨土—麻砂质中性粗骨土耕地土壤主要理化性状

项目名称	样本数（个）	平均值	标准差	变异系数（%）	范围
有效土层厚度（cm）	14	45.0	29.81	66.24	30.0~100.0
耕层厚度（cm）	14	32.9	25.55	77.76	20.0~80.0
耕层容重（g/cm³）	14	1.38	0.10	7.41	1.25~1.61
有机质（g/kg）	14	16.5	4.92	29.74	6.0~22.1
全氮（g/kg）	14	0.943	0.34	35.77	0.357~1.690
有效磷（mg/kg）	14	13.5	9.98	73.86	3.4~30.3
速效钾（mg/kg）	14	118	28.72	24.28	56~158
缓效钾（mg/kg）	14	799	206.84	25.89	442~1262
有效铜（mg/kg）	13	1.14	0.55	48.58	0.18~2.34
有效锌（mg/kg）	14	1.11	0.49	44.07	0.60~2.48
有效铁（mg/kg）	13	17.01	11.20	65.84	6.89~51.90
有效锰（mg/kg）	14	17.65	10.64	60.28	4.83~35.50
有效硼（mg/kg）	13	0.94	0.45	48.18	0.34~1.88
有效钼（mg/kg）	14	0.149	0.10	69.22	0.030~0.342
有效硫（mg/kg）	14	31.19	30.46	97.68	10.36~99.10
有效硅（mg/kg）	13	277.06	88.08	31.79	76.67~333.00

耕层质地

	砂土	砂壤土	轻壤土	中壤土	重壤土	黏土
样本数	0	3	4	5	1	1
占比（%）	0.00	21.43	28.57	35.71	7.14	7.14

土壤pH

	≤4.5	(4.5~5.5]	(5.5~6.5]	(6.5~7.5]	(7.5~8.5]	>8.5
样本数	0	0	2	2	7	3
占比（%）	0.00	0.00	14.29	14.29	50.00	21.43

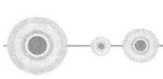
粗骨土—钙质粗骨土—硅质钙质粗骨土耕地土壤主要理化性状

项目名称	样本数（个）	平均值	标准差	变异系数（%）	范围
有效土层厚度（cm）	0	—	—	—	—
耕层厚度（cm）	1	20.0	—	—	—
耕层容重（g/cm³）	1	1.41	—	—	—
有机质（g/kg）	1	9.8	—	—	—
全氮（g/kg）	1	0.920	—	—	—
有效磷（mg/kg）	1	4.3	—	—	—
速效钾（mg/kg）	0	—	—	—	—
缓效钾（mg/kg）	1	381	—	—	—
有效铜（mg/kg）	0	—	—	—	—
有效锌（mg/kg）	1	0.32	—	—	—
有效铁（mg/kg）	1	19.79	—	—	—
有效锰（mg/kg）	1	13.61	—	—	—
有效硼（mg/kg）	1	0.44	—	—	—
有效钼（mg/kg）	1	0.070	—	—	—
有效硫（mg/kg）	1	32.53	—	—	—
有效硅（mg/kg）	1	29.92	—	—	—

耕层质地

	砂土		砂壤土		轻壤土		中壤土		重壤土		黏土	
	样本数	占比（%）	样本数	占比（%）	样本数	占比（%）	样本数	占比（%）	样本数	占比（%）	样本数	占比（%）
	0	0.00	1	100.00	0	0.00	0	0.00	0	0.00	0	0.00

土壤pH

	≤4.5		(4.5~5.5]		(5.5~6.5]		(6.5~7.5]		(7.5~8.5]		>8.5	
	样本数	占比（%）	样本数	占比（%）	样本数	占比（%）	样本数	占比（%）	样本数	占比（%）	样本数	占比（%）
	0	0.00	0	0.00	0	0.00	0	0.00	0	0.00	1	100.00

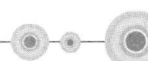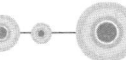

粗骨土—钙质粗骨土—砂泥钙质粗骨土耕地土壤主要理化性状

项目名称	样本数（个）	平均值	标准差	变异系数（%）	范围
有效土层厚度（cm）	3	50.0	43.30	86.60	25.0～100.0
耕层厚度（cm）	4	35.0	30.00	85.71	20.0～80.0
耕层容重（g/cm³）	4	1.42	0.02	1.45	1.40～1.45
有机质（g/kg）	4	12.5	3.21	25.77	7.8～14.8
全氮（g/kg）	4	0.833	0.37	44.12	0.420～1.290
有效磷（mg/kg）	3	10.2	2.62	25.81	7.3～12.4
速效钾（mg/kg）	4	95	53.44	56.18	52～172
缓效钾（mg/kg）	3	385	82.70	21.48	293～452
有效铜（mg/kg）	4	1.23	0.56	45.63	0.64～1.96
有效锌（mg/kg）	4	0.56	0.33	58.54	0.12～0.90
有效铁（mg/kg）	4	29.39	19.26	65.54	10.33～56.16
有效锰（mg/kg）	4	14.03	1.04	7.43	12.48～14.76
有效硼（mg/kg）	4	0.42	0.17	40.98	0.17～0.56
有效钼（mg/kg）	4	0.080	0.03	43.30	0.050～0.130
有效硫（mg/kg）	4	45.76	59.21	129.40	14.76～134.55
有效硅（mg/kg）	4	43.02	20.56	47.80	27.36～70.96

耕层质地

	砂土	砂壤土	轻壤土	中壤土	重壤土	黏土
样本数	2	2	0	0	0	0
占比（%）	50.00	50.00	0.00	0.00	0.00	0.00

土壤 pH

	≤4.5	(4.5～5.5]	(5.5～6.5]	(6.5～7.5]	(7.5～8.5]	>8.5
样本数	0	0	0	0	3	1
占比（%）	0.00	0.00	0.00	0.00	75.00	25.00

石质土—中性石质土—麻砂质中性石质土耕地土壤主要理化性状

项目名称	样本数（个）	平均值	标准差	变异系数（%）	范围
有效土层厚度（cm）	16	58.6	26.22	44.72	25.0~110.0
耕层厚度（cm）	16	41.8	22.72	54.41	20.0~90.0
耕层容重（g/cm³）	16	1.35	0.17	12.58	1.10~1.71
有机质（g/kg）	15	20.0	10.14	50.76	7.3~48.1
全氮（g/kg）	16	1.151	0.48	41.88	0.550~2.360
有效磷（mg/kg）	16	13.2	7.09	53.88	3.5~30.8
速效钾（mg/kg）	16	133	71.62	53.83	66~347
缓效钾（mg/kg）	16	770	279.71	36.31	336~1 379
有效铜（mg/kg）	15	1.02	0.49	48.63	0.32~1.78
有效锌（mg/kg）	15	1.17	0.61	52.58	0.41~2.18
有效铁（mg/kg）	16	15.92	14.95	93.88	3.36~67.90
有效锰（mg/kg）	16	12.26	5.16	42.12	5.09~24.80
有效硼（mg/kg）	16	0.52	0.30	58.16	0.14~1.09
有效钼（mg/kg）	16	0.125	0.12	95.45	0.030~0.450
有效硫（mg/kg）	15	22.88	21.76	95.11	5.78~85.40
有效硅（mg/kg）	16	186.49	80.80	43.32	77.28~269.00

耕层质地

	砂土	砂壤土	轻壤土	中壤土	重壤土	黏土
样本数	6	7	0	2	0	1
占比（%）	37.50	43.75	0.00	12.50	0.00	6.25

土壤 pH

	≤4.5	(4.5~5.5]	(5.5~6.5]	(6.5~7.5]	(7.5~8.5]	>8.5
样本数	0	0	2	0	14	0
占比（%）	0.00	0.00	12.50	0.00	87.50	0.00

石质土—中性石质土—硅质中性石质土耕地土壤主要理化性状

项目名称	样本数（个）	平均值	标准差	变异系数（%）	范 围
有效土层厚度（cm）	4	31.0	0.00	0.00	31.0~31.0
耕层厚度（cm）	4	20.0	0.00	0.00	20.0~20.0
耕层容重（g/cm³）	4	1.13	0.04	3.79	1.08~1.18
有机质（g/kg）	4	25.0	3.67	14.72	19.6~27.6
全氮（g/kg）	4	1.617	0.13	8.05	1.500~1.740
有效磷（mg/kg）	4	11.8	6.36	54.03	5.7~18.4
速效钾（mg/kg）	0	—	—	—	—
缓效钾（mg/kg）	4	558	78.53	14.07	443~613
有效铜（mg/kg）	4	0.35	0.08	24.00	0.29~0.47
有效锌（mg/kg）	4	0.46	0.04	8.35	0.41~0.50
有效铁（mg/kg）	4	9.38	1.31	14.03	7.90~10.80
有效锰（mg/kg）	4	10.15	0.64	6.31	9.50~10.70
有效硼（mg/kg）	4	0.51	0.05	10.10	0.44~0.56
有效钼（mg/kg）	4	0.106	0.01	11.03	0.092~0.120
有效硫（mg/kg）	4	13.06	7.88	60.35	7.19~24.61
有效硅（mg/kg）	4	222.35	104.58	47.03	147.10~374.50

耕层质地

砂土		砂壤土		轻壤土		中壤土		重壤土		黏土	
样本数	占比（%）	样本数	占比（%）	样本数	占比（%）	样本数	占比（%）	样本数	占比（%）	样本数	占比（%）
0	0.00	4	100.00	0	0.00	0	0.00	0	0.00	0	0.00

土壤pH

≤4.5		(4.5~5.5]		(5.5~6.5]		(6.5~7.5]		(7.5~8.5]		>8.5	
样本数	占比（%）	样本数	占比（%）	样本数	占比（%）	样本数	占比（%）	样本数	占比（%）	样本数	占比（%）
0	0.00	0	0.00	0	0.00	1	25.00	3	75.00	0	0.00

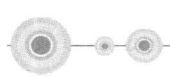
草甸土—典型草甸土—草甸砂土耕地土壤主要理化性状

项目名称	样本数（个）	平均值	标准差	变异系数（%）	范　围
有效土层厚度（cm）	18	79.7	33.49	42.01	30.0～120.0
耕层厚度（cm）	16	53.3	29.39	55.12	20.0～90.0
耕层容重（g/cm³）	17	1.35	0.13	9.31	1.12～1.60
有机质（g/kg）	17	18.5	11.61	62.70	6.2～50.9
全氮（g/kg）	17	1.038	0.46	44.07	0.400～2.010
有效磷（mg/kg）	18	15.1	13.42	89.11	2.9～50.0
速效钾（mg/kg）	16	150	69.65	46.39	80～274
缓效钾（mg/kg）	16	610	152.16	24.94	392～1 009
有效铜（mg/kg）	18	1.27	0.73	57.58	0.32～3.26
有效锌（mg/kg）	18	1.22	0.98	80.95	0.18～3.45
有效铁（mg/kg）	18	23.64	20.75	87.79	2.06～79.00
有效锰（mg/kg）	18	13.78	8.46	61.42	4.94～39.54
有效硼（mg/kg）	17	0.54	0.40	74.60	0.11～1.65
有效钼（mg/kg）	18	0.109	0.08	72.16	0.030～0.310
有效硫（mg/kg）	17	25.43	32.49	127.77	3.64～143.23
有效硅（mg/kg）	17	210.79	83.21	39.47	15.35～369.70

耕层质地

	砂土		砂壤土		轻壤土		中壤土		重壤土		黏土	
	样本数	占比（%）	样本数	占比（%）	样本数	占比（%）	样本数	占比（%）	样本数	占比（%）	样本数	占比（%）
	8	44.44	6	33.33	3	16.67	1	5.56	0	0.00	0	0.00

土壤 pH

	≤4.5		(4.5～5.5]		(5.5～6.5]		(6.5～7.5]		(7.5～8.5]		>8.5	
	样本数	占比（%）	样本数	占比（%）	样本数	占比（%）	样本数	占比（%）	样本数	占比（%）	样本数	占比（%）
	0	0.00	0	0.00	3	16.67	2	11.11	13	72.22	0	0.00

草甸土—典型草甸土—草甸壤土耕地土壤主要理化性状

项目名称	样本数（个）	平均值	标准差	变异系数（%）	范　围
有效土层厚度（cm）	211	81.1	27.60	34.04	25.0~140.0
耕层厚度（cm）	201	57.2	25.55	44.68	20.0~95.0
耕层容重（g/cm³）	208	1.33	0.10	7.29	1.08~1.58
有机质（g/kg）	197	23.7	10.55	44.42	5.5~55.5
全氮（g/kg）	201	1.513	0.66	43.40	0.390~2.974
有效磷（mg/kg）	211	17.4	12.05	69.24	2.9~65.0
速效钾（mg/kg）	207	150	57.13	38.07	55~382
缓效钾（mg/kg）	209	627	193.41	30.83	294~1 373
有效铜（mg/kg）	210	1.35	0.59	43.32	0.22~3.30
有效锌（mg/kg）	212	2.23	1.31	58.61	0.22~5.20
有效铁（mg/kg）	197	50.30	37.23	74.01	1.96~120.50
有效锰（mg/kg）	188	15.92	9.37	58.83	2.39~53.50
有效硼（mg/kg）	212	0.75	0.37	49.76	0.08~2.24
有效钼（mg/kg）	206	0.174	0.10	57.80	0.025~0.520
有效硫（mg/kg）	198	16.14	16.96	105.08	3.36~155.67
有效硅（mg/kg）	208	245.05	85.56	34.91	11.16~451.36

耕层质地

	砂土	砂壤土	轻壤土	中壤土	重壤土	黏土
样本数	11	9	50	135	8	0
占比（%）	5.16	4.23	23.47	63.38	3.76	0.00

土壤 pH

	≤4.5	(4.5~5.5]	(5.5~6.5]	(6.5~7.5]	(7.5~8.5]	>8.5
样本数	0	2	29	51	124	7
占比（%）	0.00	0.94	13.62	23.94	58.22	3.29

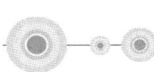

草甸土—典型草甸土—草甸黏土耕地土壤主要理化性状

项目名称	样本数（个）	平均值	标准差	变异系数（%）	范围
有效土层厚度（cm）	29	73.2	15.15	20.70	43.0~100.0
耕层厚度（cm）	29	49.1	15.47	31.53	23.0~80.0
耕层容重（g/cm³）	26	1.47	0.13	8.61	1.18~1.68
有机质（g/kg）	21	22.2	8.30	37.44	10.4~52.0
全氮（g/kg）	22	1.447	0.58	40.20	0.740~2.902
有效磷（mg/kg）	29	25.3	14.47	57.27	4.5~61.2
速效钾（mg/kg）	29	202	68.39	33.91	76~323
缓效钾（mg/kg）	29	885	179.90	20.33	423~1 289
有效铜（mg/kg）	29	1.41	0.32	23.00	0.68~1.94
有效锌（mg/kg）	24	1.90	1.31	69.15	0.65~4.79
有效铁（mg/kg）	28	43.43	23.03	53.02	21.83~98.73
有效锰（mg/kg）	29	16.40	8.36	50.97	9.36~40.90
有效硼（mg/kg）	29	0.80	0.51	63.32	0.32~2.09
有效钼（mg/kg）	29	0.064	0.03	45.21	0.020~0.141
有效硫（mg/kg）	22	50.16	49.38	98.45	12.79~173.45
有效硅（mg/kg）	27	158.44	65.03	41.04	17.01~300.00

耕层质地

	砂土		砂壤土		轻壤土		中壤土		重壤土		黏土	
	样本数	占比（%）	样本数	占比（%）	样本数	占比（%）	样本数	占比（%）	样本数	占比（%）	样本数	占比（%）
	0	0.00	0	0.00	1	3.45	1	3.45	8	27.59	19	65.52

土壤pH

	≤4.5		(4.5~5.5]		(5.5~6.5]		(6.5~7.5]		(7.5~8.5]		>8.5	
	样本数	占比（%）	样本数	占比（%）	样本数	占比（%）	样本数	占比（%）	样本数	占比（%）	样本数	占比（%）
	0	0.00	0	0.00	3	10.34	5	17.24	20	68.97	1	3.45

草甸土—石灰性草甸土—石灰性草甸砂土耕地土壤主要理化性状

项目名称	样本数（个）	平均值	标准差	变异系数（%）	范　围
有效土层厚度（cm）	287	65.9	25.51	38.73	25.0～120.0
耕层厚度（cm）	286	47.0	22.94	48.82	20.0～80.0
耕层容重（g/cm³）	286	1.44	0.14	9.70	1.08～1.76
有机质（g/kg）	284	16.2	7.34	45.42	5.8～48.3
全氮（g/kg）	286	0.831	0.35	42.66	0.310～2.412
有效磷（mg/kg）	287	14.9	9.00	60.49	3.2～58.9
速效钾（mg/kg）	283	121	47.60	39.23	43～301
缓效钾（mg/kg）	279	547	186.38	34.06	260～1 309
有效铜（mg/kg）	280	1.06	0.48	45.37	0.22～3.31
有效锌（mg/kg）	283	1.03	0.71	68.39	0.12～5.20
有效铁（mg/kg）	285	19.05	17.01	89.30	1.90～108.53
有效锰（mg/kg）	287	13.14	5.63	42.82	3.00～43.18
有效硼（mg/kg）	286	0.82	0.38	46.34	0.10～2.44
有效钼（mg/kg）	285	0.092	0.09	95.10	0.011～0.547
有效硫（mg/kg）	277	28.38	20.39	71.82	3.58～124.60
有效硅（mg/kg）	283	201.69	80.85	40.09	19.00～450.00

耕层质地

	砂壤土	砂土	轻壤土	中壤土	重壤土	黏土
样本数	169	57	27	32	1	2
占比（%）	58.68	19.79	9.38	11.11	0.35	0.69

土壤pH

	≤4.5	(4.5～5.5]	(5.5～6.5]	(6.5～7.5]	(7.5～8.5]	>8.5
样本数	0	0	1	20	215	52
占比（%）	0.00	0.00	0.35	6.94	74.65	18.06

草甸土—石灰性草甸土—石灰性草甸壤土耕地土壤主要理化性状

项目名称	样本数（个）	平均值	标准差	变异系数（%）	范　围
有效土层厚度（cm）	875	72.6	24.71	34.06	25.0～120.0
耕层厚度（cm）	875	53.1	22.99	43.29	20.0～90.0
耕层容重（g/cm³）	873	1.39	0.12	8.52	1.09～1.80
有机质（g/kg）	825	19.7	10.92	55.41	5.3～56.6
全氮（g/kg）	829	1.139	0.57	50.47	0.325～2.970
有效磷（mg/kg）	864	14.9	9.73	65.28	3.1～63.5
速效钾（mg/kg）	878	148	54.77	37.05	44～379
缓效钾（mg/kg）	843	715	231.73	32.43	256～1 365
有效铜（mg/kg）	866	1.34	0.57	42.70	0.19～3.30
有效锌（mg/kg）	861	1.29	0.95	73.76	0.14～5.33
有效铁（mg/kg）	807	28.01	30.28	108.12	2.30～120.28
有效锰（mg/kg）	826	17.02	9.32	54.76	2.27～54.40
有效硼（mg/kg）	880	0.76	0.31	41.49	0.05～2.54
有效钼（mg/kg）	861	0.121	0.10	79.92	0.010～0.570
有效硫（mg/kg）	865	22.32	17.29	77.44	3.24～135.40
有效硅（mg/kg）	851	260.10	93.61	35.99	10.36～451.20

耕层质地

	砂土	砂壤土	轻壤土	中壤土	重壤土	黏土
样本数	117	135	273	244	65	46
占比（%）	13.30	15.34	31.02	27.73	7.39	5.23

土壤pH

	≤4.5	(4.5～5.5]	(5.5～6.5]	(6.5～7.5]	(7.5～8.5]	>8.5
样本数	0	4	121	77	619	59
占比（%）	0.00	0.45	13.75	8.75	70.34	6.70

草甸土—石灰性草甸土—石灰性草甸黏土耕地土壤主要理化性状

项目名称	样本数（个）	平均值	标准差	变异系数（%）	范围
有效土层厚度（cm）	124	80.0	24.67	30.85	25.0~100.0
耕层厚度（cm）	124	60.7	23.31	38.41	20.0~80.0
耕层容重（g/cm³）	124	1.39	0.11	8.26	1.14~1.70
有机质（g/kg）	122	19.7	9.90	50.21	5.5~55.9
全氮（g/kg）	120	1.090	0.45	40.94	0.451~2.911
有效磷（mg/kg）	123	14.6	10.73	73.61	3.5~62.7
速效钾（mg/kg）	124	185	64.29	34.76	53~348
缓效钾（mg/kg）	120	854	239.30	28.03	278~1 364
有效铜（mg/kg）	120	1.28	0.45	35.34	0.32~3.03
有效锌（mg/kg）	123	0.94	0.61	65.36	0.15~3.19
有效铁（mg/kg）	123	21.14	22.89	108.30	4.39~120.57
有效锰（mg/kg）	122	15.68	6.25	39.88	3.15~51.70
有效硼（mg/kg）	124	0.79	0.28	34.82	0.15~1.59
有效钼（mg/kg）	123	0.094	0.06	68.63	0.020~0.547
有效硫（mg/kg）	122	23.78	16.56	69.65	3.19~104.37
有效硅（mg/kg）	122	244.54	93.94	38.41	52.60~447.97

耕层质地

	砂土	砂壤土	轻壤土	中壤土	重壤土	黏土
样本数	23	16	16	33	12	24
占比（%）	18.55	12.90	12.90	26.61	9.68	19.35

土壤pH

	≤4.5	(4.5~5.5]	(5.5~6.5]	(6.5~7.5]	(7.5~8.5]	>8.5
样本数	0	0	5	3	108	8
占比（%）	0.00	0.00	4.03	2.42	87.10	6.45

草甸土—盐化草甸土—氯化物草甸土耕地土壤主要理化性状

项目名称	样本数（个）	平均值	标准差	变异系数（%）	范围
有效土层厚度（cm）	74	66.9	26.16	39.12	35.0~150.0
耕层厚度（cm）	72	45.0	22.99	51.13	20.0~90.0
耕层容重（g/cm³）	65	1.50	0.21	13.97	1.08~1.80
有机质（g/kg）	74	23.0	10.06	43.84	6.4~43.6
全氮（g/kg）	73	1.411	0.63	44.52	0.386~2.970
有效磷（mg/kg）	69	19.8	13.71	69.37	2.9~52.2
速效钾（mg/kg）	60	196	59.56	30.34	80~374
缓效钾（mg/kg）	72	710	203.54	28.66	341~1 319
有效铜（mg/kg）	69	0.80	0.67	83.15	0.20~3.26
有效锌（mg/kg）	67	0.78	1.04	133.52	0.12~4.91
有效铁（mg/kg）	71	12.98	8.52	65.59	2.37~43.99
有效锰（mg/kg）	70	10.67	5.94	55.65	1.75~26.66
有效硼（mg/kg）	69	1.01	0.57	56.30	0.12~2.57
有效钼（mg/kg）	70	0.116	0.09	77.01	0.011~0.502
有效硫（mg/kg）	74	26.38	26.43	100.21	3.52~143.45
有效硅（mg/kg）	74	200.05	70.64	35.31	46.64~388.00

耕层质地

	砂土	砂壤土	轻壤土	中壤土	重壤土	黏土
样本数	0	30	28	14	2	0
占比（%）	0.00	40.54	37.84	18.92	2.70	0.00

土壤pH

	≤4.5	(4.5~5.5]	(5.5~6.5]	(6.5~7.5]	(7.5~8.5]	>8.5
样本数	0	0	0	14	50	10
占比（%）	0.00	0.00	0.00	18.92	67.57	13.51

草甸土—盐化草甸土—硫酸盐草甸土耕地土壤主要理化性状

项目名称	样本数（个）	平均值	标准差	变异系数（%）	范　围
有效土层厚度（cm）	62	55.9	21.50	38.48	25.0～100.0
耕层厚度（cm）	63	36.8	18.42	50.05	20.0～80.0
耕层容重（g/cm³）	63	1.48	0.10	6.67	1.29～1.71
有机质（g/kg）	63	11.8	4.49	38.16	5.9～32.1
全氮（g/kg）	62	0.767	0.30	39.38	0.374～1.828
有效磷（mg/kg）	63	15.8	10.17	64.23	4.3～55.0
速效钾（mg/kg）	63	135	43.21	31.91	44～279
缓效钾（mg/kg）	62	675	166.27	24.63	328～1 328
有效铜（mg/kg）	59	1.31	0.74	56.89	0.25～3.31
有效锌（mg/kg）	62	1.01	0.66	64.78	0.15～4.03
有效铁（mg/kg）	63	18.99	13.31	70.08	3.70～56.40
有效锰（mg/kg）	57	18.14	9.90	54.55	6.37～51.50
有效硼（mg/kg）	63	0.79	0.31	39.65	0.11～1.88
有效钼（mg/kg）	63	0.128	0.06	50.09	0.014～0.340
有效硫（mg/kg）	63	45.37	34.28	75.56	5.45～154.75
有效硅（mg/kg）	63	222.55	87.61	39.37	20.15～449.80

耕层质地

	砂土		砂壤土		轻壤土		中壤土		重壤土		黏土	
	样本数	占比（%）	样本数	占比（%）	样本数	占比（%）	样本数	占比（%）	样本数	占比（%）	样本数	占比（%）
	7	11.11	26	41.27	12	19.05	14	22.22	4	6.35	0	0.00

土壤 pH

	≤4.5		(4.5～5.5]		(5.5～6.5]		(6.5～7.5]		(7.5～8.5]		>8.5	
	样本数	占比（%）	样本数	占比（%）	样本数	占比（%）	样本数	占比（%）	样本数	占比（%）	样本数	占比（%）
	0	0.00	0	0.00	0	0.00	0	0.00	53	84.13	10	15.87

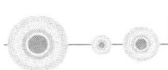

草甸土—盐化草甸土—苏打草甸土耕地土壤主要理化性状

项目名称	样本数（个）	平均值	标准差	变异系数（%）	范围
有效土层厚度（cm）	265	85.9	22.97	26.73	25.0～140.0
耕层厚度（cm）	247	63.2	19.55	30.92	20.0～90.0
耕层容重（g/cm³）	263	1.42	0.13	9.17	1.08～1.76
有机质（g/kg）	264	17.0	7.88	46.23	5.3～53.5
全氮（g/kg）	262	1.008	0.44	43.93	0.300～2.890
有效磷（mg/kg）	263	14.4	10.58	73.25	3.1～64.8
速效钾（mg/kg）	263	137	51.56	37.52	47～333
缓效钾（mg/kg）	257	679	217.27	31.99	261～1 366
有效铜（mg/kg）	262	1.00	0.50	50.01	0.25～3.09
有效锌（mg/kg）	261	1.00	0.70	70.09	0.20～5.30
有效铁（mg/kg）	264	15.64	12.90	82.48	2.20～89.30
有效锰（mg/kg）	263	13.51	6.79	50.29	3.20～49.74
有效硼（mg/kg）	249	0.84	0.48	57.32	0.06～2.54
有效钼（mg/kg）	260	0.132	0.11	84.29	0.010～0.563
有效硫（mg/kg）	255	27.66	28.82	104.20	3.20～172.00
有效硅（mg/kg）	244	244.20	114.88	47.04	10.79～450.00

耕层质地

砂土		砂壤土		轻壤土		中壤土		重壤土		黏土	
样本数	占比（%）	样本数	占比（%）	样本数	占比（%）	样本数	占比（%）	样本数	占比（%）	样本数	占比（%）
67	25.09	78	29.21	61	22.85	40	14.98	14	5.24	7	2.62

土壤pH

≤4.5		(4.5～5.5]		(5.5～6.5]		(6.5～7.5]		(7.5～8.5]		>8.5	
样本数	占比（%）	样本数	占比（%）	样本数	占比（%）	样本数	占比（%）	样本数	占比（%）	样本数	占比（%）
0	0.00	0	0.00	1	0.37	11	4.12	210	78.65	45	16.85

草甸土—碱化草甸土—碱化草甸土耕地土壤主要理化性状

项目名称	样本数（个）	平均值	标准差	变异系数（%）	范围
有效土层厚度（cm）	77	79.4	9.51	11.98	50.0～100.0
耕层厚度（cm）	77	59.4	9.51	16.02	30.0～80.0
耕层容重（g/cm³）	77	1.45	0.08	5.84	1.15～1.60
有机质（g/kg）	76	16.6	4.23	25.52	6.8～27.6
全氮（g/kg）	76	0.972	0.26	26.81	0.351～1.736
有效磷（mg/kg）	77	11.2	8.33	74.64	4.6～49.6
速效钾（mg/kg）	77	167	48.92	29.21	74～338
缓效钾（mg/kg）	68	1 034	263.70	25.50	340～1 377
有效铜（mg/kg）	77	1.07	0.39	36.67	0.22～2.53
有效锌（mg/kg）	77	0.66	0.22	32.76	0.17～1.25
有效铁（mg/kg）	77	13.36	6.07	45.45	2.20～28.51
有效锰（mg/kg）	74	14.10	5.63	39.97	6.80～47.77
有效硼（mg/kg）	77	0.81	0.22	27.50	0.25～1.43
有效钼（mg/kg）	77	0.066	0.03	39.23	0.020～0.150
有效硫（mg/kg）	75	19.48	7.41	38.03	3.28～35.00
有效硅（mg/kg）	73	243.35	84.88	34.88	32.77～427.30

耕层质地

	砂土		砂壤土		轻壤土		中壤土		重壤土		黏土	
	样本数	占比（%）	样本数	占比（%）	样本数	占比（%）	样本数	占比（%）	样本数	占比（%）	样本数	占比（%）
	7	9.09	21	27.27	8	10.39	3	3.90	29	37.66	9	11.69

土壤pH

	≤4.5		(4.5～5.5]		(5.5～6.5]		(6.5～7.5]		(7.5～8.5]		>8.5	
	样本数	占比（%）	样本数	占比（%）	样本数	占比（%）	样本数	占比（%）	样本数	占比（%）	样本数	占比（%）
	0	0.00	0	0.00	0	0.00	0	0.00	72	93.51	5	6.49

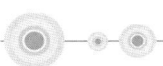

潮土—典型潮土—潮砂土耕地土壤主要理化性状

项目名称	样本数（个）	平均值	标准差	变异系数（%）	范围
有效土层厚度（cm）	43	75.8	28.39	37.44	30.0~100.0
耕层厚度（cm）	44	53.6	28.04	52.29	20.0~80.0
耕层容重（g/cm³）	43	1.35	0.09	6.41	1.20~1.65
有机质（g/kg）	44	17.1	8.58	50.16	6.2~45.0
全氮（g/kg）	43	1.119	0.48	42.45	0.362~2.670
有效磷（mg/kg）	41	21.0	12.22	58.31	3.3~54.7
速效钾（mg/kg）	41	127	44.27	34.84	49~221
缓效钾（mg/kg）	43	813	247.77	30.48	317~1 373
有效铜（mg/kg）	44	1.14	0.60	53.16	0.25~2.40
有效锌（mg/kg）	42	1.53	1.06	69.64	0.20~4.79
有效铁（mg/kg）	44	21.69	12.51	57.68	3.42~56.84
有效锰（mg/kg）	44	13.57	6.73	49.55	4.64~33.78
有效硼（mg/kg）	40	0.70	0.39	55.82	0.13~2.07
有效钼（mg/kg）	44	0.067	0.04	54.67	0.020~0.170
有效硫（mg/kg）	40	40.70	38.94	95.67	4.32~145.71
有效硅（mg/kg）	41	162.49	140.20	86.28	19.17~451.20

耕层质地

	砂土		砂壤土		轻壤土		中壤土		重壤土		黏土	
	样本数	占比（%）	样本数	占比（%）	样本数	占比（%）	样本数	占比（%）	样本数	占比（%）	样本数	占比（%）
	12	27.27	27	61.36	4	9.09	1	2.27	0	0.00	0	0.00

土壤pH

	≤4.5		(4.5~5.5]		(5.5~6.5]		(6.5~7.5]		(7.5~8.5]		>8.5	
	样本数	占比（%）	样本数	占比（%）	样本数	占比（%）	样本数	占比（%）	样本数	占比（%）	样本数	占比（%）
	0	0.00	1	2.27	1	2.27	3	6.82	28	63.64	11	25.00

潮土—典型潮土—潮壤土耕地土壤主要理化性状

项目名称	样本数（个）	平均值	标准差	变异系数（%）	范围
有效土层厚度（cm）	242	71.7	27.91	38.93	30.0～100.0
耕层厚度（cm）	242	50.3	28.17	56.02	20.0～80.0
耕层容重（g/cm³）	241	1.31	0.11	8.62	1.08～1.67
有机质（g/kg）	235	16.9	7.80	46.10	5.6～55.2
全氮（g/kg）	239	1.005	0.39	39.03	0.311～2.730
有效磷（mg/kg）	214	21.0	14.00	66.59	2.8～61.7
速效钾（mg/kg）	229	150	68.24	45.49	44～371
缓效钾（mg/kg）	223	878	238.44	27.17	260～1 368
有效铜（mg/kg）	234	1.24	0.68	54.99	0.18～3.25
有效锌（mg/kg）	235	1.98	1.05	52.89	0.17～4.87
有效铁（mg/kg）	239	22.54	17.38	77.11	4.44～111.40
有效锰（mg/kg）	239	14.03	8.13	57.94	3.78～54.20
有效硼（mg/kg）	235	0.73	0.33	45.01	0.06～1.88
有效钼（mg/kg）	242	0.076	0.07	87.45	0.010～0.500
有效硫（mg/kg）	221	42.12	43.64	103.61	3.60～173.45
有效硅（mg/kg）	225	150.84	96.67	64.09	19.53～447.00

耕层质地

	砂土	砂壤土	轻壤土	中壤土	重壤土	黏土
样本数	14	36	108	81	1	2
占比（%）	5.79	14.88	44.63	33.47	0.41	0.83

土壤pH

	≤4.5	(4.5～5.5]	(5.5～6.5]	(6.5～7.5]	(7.5～8.5]	>8.5
样本数	0	4	21	48	120	49
占比（%）	0.00	1.65	8.68	19.83	49.59	20.25

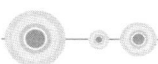
潮土——典型潮土——潮黏土耕地土壤主要理化性状

项目名称	样本数（个）	平均值	标准差	变异系数（%）	范围
有效土层厚度（cm）	14	69.6	29.97	43.03	30.0～100.0
耕层厚度（cm）	14	52.1	26.58	50.98	20.0～80.0
耕层容重（g/cm³）	14	1.31	0.10	7.74	1.20～1.61
有机质（g/kg）	14	15.8	4.94	31.31	5.7～23.9
全氮（g/kg）	14	0.995	0.31	31.30	0.470～1.560
有效磷（mg/kg）	13	17.6	13.31	75.51	3.9～42.4
速效钾（mg/kg）	14	146	60.40	41.28	78～277
缓效钾（mg/kg）	13	861	279.55	32.46	354～1 212
有效铜（mg/kg）	13	2.08	0.52	25.03	1.00～2.90
有效锌（mg/kg）	14	2.10	1.18	56.08	0.53～3.89
有效铁（mg/kg）	14	31.79	25.49	80.17	8.44～108.58
有效锰（mg/kg）	14	12.37	2.19	17.67	8.74～15.40
有效硼（mg/kg）	14	0.86	0.38	43.76	0.38～1.69
有效钼（mg/kg）	14	0.085	0.04	51.06	0.030～0.191
有效硫（mg/kg）	9	61.42	62.70	102.07	5.38～156.34
有效硅（mg/kg）	13	146.97	81.23	55.27	53.82～295.77

耕层质地

砂土		砂壤土		轻壤土		中壤土		重壤土		黏土	
样本数	占比（%）	样本数	占比（%）	样本数	占比（%）	样本数	占比（%）	样本数	占比（%）	样本数	占比（%）
0	0.00	1	7.14	2	14.29	0	0.00	3	21.43	8	57.14

土壤pH

≤4.5		(4.5～5.5]		(5.5～6.5]		(6.5～7.5]		(7.5～8.5]		>8.5	
样本数	占比（%）	样本数	占比（%）	样本数	占比（%）	样本数	占比（%）	样本数	占比（%）	样本数	占比（%）
0	0.00	1	7.14	2	14.29	0	0.00	11	78.57	0	0.00

潮土—典型潮土—石灰性潮砂土耕地土壤主要理化性状

项目名称	样本数（个）	平均值	标准差	变异系数（%）	范　围
有效土层厚度（cm）	3	100.0	0.00	0.00	100.0~100.0
耕层厚度（cm）	3	80.0	0.00	0.00	80.0~80.0
耕层容重（g/cm³）	3	1.36	0.03	2.55	1.34~1.40
有机质（g/kg）	1	5.8	—	—	—
全氮（g/kg）	1	0.362	—	—	—
有效磷（mg/kg）	1	33.8	—	—	—
速效钾（mg/kg）	3	96	18.57	19.39	75~109
缓效钾（mg/kg）	3	558	136.49	24.48	440~707
有效铜（mg/kg）	3	0.60	0.63	105.21	0.23~1.33
有效锌（mg/kg）	3	2.49	0.42	16.98	2.00~2.77
有效铁（mg/kg）	3	12.21	0.98	8.04	11.15~13.08
有效锰（mg/kg）	3	4.72	2.39	50.55	2.68~7.35
有效硼（mg/kg）	3	1.33	0.98	73.84	0.65~2.45
有效钼（mg/kg）	3	0.053	0.02	28.64	0.040~0.070
有效硫（mg/kg）	3	50.20	66.82	133.13	10.59~127.35
有效硅（mg/kg）	3	102.67	45.91	44.71	69.20~155.00

耕层质地

砂土		砂壤土		轻壤土		中壤土		重壤土		黏土	
样本数	占比（%）	样本数	占比（%）	样本数	占比（%）	样本数	占比（%）	样本数	占比（%）	样本数	占比（%）
2	66.67	0	0.00	0	0.00	1	33.33	0	0.00	0	0.00

土壤pH

≤4.5		(4.5~5.5]		(5.5~6.5]		(6.5~7.5]		(7.5~8.5]		>8.5	
样本数	占比（%）	样本数	占比（%）	样本数	占比（%）	样本数	占比（%）	样本数	占比（%）	样本数	占比（%）
0	0.00	0	0.00	0	0.00	0	0.00	3	100.00	0	0.00

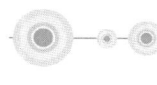

潮土—典型潮土—石灰性潮壤土耕地土壤主要理化性状

项目名称	样本数（个）	平均值	标准差	变异系数（%）	范　　围
有效土层厚度（cm）	87	90.3	35.58	39.39	30.0～150.0
耕层厚度（cm）	84	25.5	4.73	18.58	18.0～30.0
耕层容重（g/cm³）	75	1.29	0.09	7.03	1.14～1.67
有机质（g/kg）	88	13.8	5.12	36.98	5.5～33.4
全氮（g/kg）	88	0.776	0.32	41.22	0.350～2.038
有效磷（mg/kg）	84	14.3	10.11	70.44	3.1～56.1
速效钾（mg/kg）	85	151	67.82	44.84	57～364
缓效钾（mg/kg）	88	783	130.95	16.73	519～1 178
有效铜（mg/kg）	87	0.71	0.41	58.16	0.24～2.01
有效锌（mg/kg）	83	0.71	0.78	109.67	0.12～3.88
有效铁（mg/kg）	79	5.77	3.46	59.96	1.71～20.50
有效锰（mg/kg）	77	5.60	2.53	45.22	1.74～12.40
有效硼（mg/kg）	77	0.33	0.20	60.81	0.04～1.08
有效钼（mg/kg）	81	0.134	0.08	63.14	0.013～0.540
有效硫（mg/kg）	88	30.95	23.30	75.30	4.98～94.90
有效硅（mg/kg）	85	203.02	95.11	46.85	47.56～434.83

耕层质地

砂土		砂壤土		轻壤土		中壤土		重壤土		黏土	
样本数	占比（%）	样本数	占比（%）	样本数	占比（%）	样本数	占比（%）	样本数	占比（%）	样本数	占比（%）
0	0.00	33	37.50	29	32.95	20	22.73	0	0.00	6	6.82

土壤 pH

≤4.5		(4.5～5.5]		(5.5～6.5]		(6.5～7.5]		(7.5～8.5]		>8.5	
样本数	占比（%）	样本数	占比（%）	样本数	占比（%）	样本数	占比（%）	样本数	占比（%）	样本数	占比（%）
0	0.00	0	0.00	0	0.00	0	0.00	67	76.14	21	23.86

潮土—脱潮土—脱潮砂土耕地土壤主要理化性状

项目名称	样本数（个）	平均值	标准差	变异系数（%）	范 围
有效土层厚度（cm）	2	100.0	0.00	0.00	100.0～100.0
耕层厚度（cm）	2	80.0	0.00	0.00	80.0～80.0
耕层容重（g/cm³）	2	1.58	0.08	4.94	1.52～1.63
有机质（g/kg）	2	9.0	1.90	21.23	7.6～10.3
全氮（g/kg）	1	0.403	—	—	—
有效磷（mg/kg）	2	5.2	1.35	25.81	4.3～6.2
速效钾（mg/kg）	0	—	—	—	—
缓效钾（mg/kg）	2	536	27.62	5.15	517～556
有效铜（mg/kg）	1	0.52	—	—	—
有效锌（mg/kg）	2	0.64	0.11	17.68	0.56～0.72
有效铁（mg/kg）	2	12.80	2.26	17.68	11.20～14.40
有效锰（mg/kg）	2	5.10	1.27	24.96	4.20～6.00
有效硼（mg/kg）	2	0.73	0.00	0.00	0.73～0.73
有效钼（mg/kg）	2	0.030	0.00	0.00	0.030～0.030
有效硫（mg/kg）	2	12.90	6.16	47.75	8.54～17.26
有效硅（mg/kg）	2	101.68	21.47	21.12	86.49～116.86

耕层质地										
砂土		砂壤土		轻壤土		中壤土		重壤土		黏土	
样本数	占比（%）	样本数	占比（%）	样本数	占比（%）	样本数	占比（%）	样本数	占比（%）	样本数	占比（%）
0	0.00	2	100.00	0	0.00	0	0.00	0	0.00	0	0.00

土壤 pH									
≤4.5		(4.5～5.5]		(5.5～6.5]		(6.5～7.5]		(7.5～8.5]		>8.5	
样本数	占比（%）	样本数	占比（%）	样本数	占比（%）	样本数	占比（%）	样本数	占比（%）	样本数	占比（%）
0	0.00	0	0.00	0	0.00	0	0.00	2	100.00	0	0.00

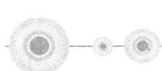

潮土—脱潮土—脱潮壤土耕地土壤主要理化性状

项目名称	样本数（个）	平均值	标准差	变异系数（%）	范　围
有效土层厚度（cm）	40	95.5	20.75	21.73	30.0～150.0
耕层厚度（cm）	41	65.6	24.37	37.13	18.0～80.0
耕层容重（g/cm³）	39	1.45	0.10	6.92	1.23～1.74
有机质（g/kg）	40	12.6	3.68	29.27	6.9～20.6
全氮（g/kg）	40	0.676	0.22	32.20	0.328～1.370
有效磷（mg/kg）	37	12.6	12.67	100.67	2.9～65.1
速效钾（mg/kg）	30	95	59.77	62.90	45～335
缓效钾（mg/kg）	41	737	172.59	23.41	391～1 234
有效铜（mg/kg）	37	0.54	0.27	49.89	0.18～1.30
有效锌（mg/kg）	41	0.94	0.62	66.03	0.20～3.76
有效铁（mg/kg）	40	18.38	12.76	69.39	1.72～60.60
有效锰（mg/kg）	38	6.08	3.57	58.80	1.85～21.00
有效硼（mg/kg）	41	0.62	0.22	34.86	0.04～0.73
有效钼（mg/kg）	40	0.058	0.08	142.98	0.030～0.490
有效硫（mg/kg）	41	24.05	13.22	54.96	8.54～74.24
有效硅（mg/kg）	40	110.35	61.58	55.81	52.87～299.58

耕层质地

砂土		砂壤土		轻壤土		中壤土		重壤土		黏土	
样本数	占比（%）	样本数	占比（%）	样本数	占比（%）	样本数	占比（%）	样本数	占比（%）	样本数	占比（%）
2	4.88	26	63.41	8	19.51	2	4.88	0	0.00	3	7.32

土壤pH

≤4.5		(4.5～5.5]		(5.5～6.5]		(6.5～7.5]		(7.5～8.5]		>8.5	
样本数	占比（%）	样本数	占比（%）	样本数	占比（%）	样本数	占比（%）	样本数	占比（%）	样本数	占比（%）
0	0.00	0	0.00	0	0.00	0	0.00	19	46.34	22	53.66

潮土—盐化潮土—氯化物潮土耕地土壤主要理化性状

项目名称	样本数（个）	平均值	标准差	变异系数（%）	范　围
有效土层厚度（cm）	112	99.3	13.47	13.56	47.0～150.0
耕层厚度（cm）	118	71.5	20.34	28.45	18.0～80.0
耕层容重（g/cm³）	120	1.36	0.08	6.11	1.19～1.72
有机质（g/kg）	109	15.1	7.70	51.10	5.3～53.9
全氮（g/kg）	117	0.939	0.45	48.13	0.310～2.060
有效磷（mg/kg）	106	16.7	12.24	73.36	2.8～57.6
速效钾（mg/kg）	109	164	73.08	44.62	47～365
缓效钾（mg/kg）	117	824	226.66	27.52	331～1 239
有效铜（mg/kg）	99	1.31	0.75	56.91	0.24～3.26
有效锌（mg/kg）	112	1.38	0.96	69.47	0.14～4.76
有效铁（mg/kg）	120	20.02	10.86	54.25	5.66～84.80
有效锰（mg/kg）	119	12.56	4.25	33.85	3.86～29.98
有效硼（mg/kg）	120	0.63	0.28	45.21	0.06～1.28
有效钼（mg/kg）	117	0.060	0.05	80.67	0.010～0.270
有效硫（mg/kg）	100	62.58	50.64	80.91	5.45～171.63
有效硅（mg/kg）	120	78.64	62.16	79.04	14.51～407.89

耕层质地

	砂土		砂壤土		轻壤土		中壤土		重壤土		黏土	
	样本数	占比（%）	样本数	占比（%）	样本数	占比（%）	样本数	占比（%）	样本数	占比（%）	样本数	占比（%）
	18	15.00	43	35.83	25	20.83	11	9.17	3	2.50	20	16.67

土壤 pH

	≤4.5		(4.5～5.5]		(5.5～6.5]		(6.5～7.5]		(7.5～8.5]		>8.5	
	样本数	占比（%）	样本数	占比（%）	样本数	占比（%）	样本数	占比（%）	样本数	占比（%）	样本数	占比（%）
	0	0.00	0	0.00	0	0.00	0	0.00	58	48.33	62	51.67

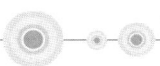

潮土—盐化潮土—硫酸盐盐化潮土耕地土壤主要理化性状

项目名称	样本数（个）	平均值	标准差	变异系数（%）	范　围
有效土层厚度（cm）	136	84.2	28.53	33.89	28.0～150.0
耕层厚度（cm）	132	53.5	25.37	47.45	18.0～87.0
耕层容重（g/cm³）	137	1.37	0.14	10.36	1.10～1.79
有机质（g/kg）	138	16.7	7.22	43.28	5.5～39.6
全氮（g/kg）	138	0.910	0.40	43.54	0.313～2.382
有效磷（mg/kg）	131	12.6	9.73	77.33	2.9～61.7
速效钾（mg/kg）	136	129	57.53	44.67	45～374
缓效钾（mg/kg）	132	837	218.59	26.13	414～1 360
有效铜（mg/kg）	131	0.87	0.62	71.53	0.19～3.33
有效锌（mg/kg）	133	1.02	0.78	76.65	0.13～3.75
有效铁（mg/kg）	135	16.58	14.42	87.01	2.20～88.60
有效锰（mg/kg）	138	9.01	5.33	59.16	1.94～36.60
有效硼（mg/kg）	131	0.62	0.40	64.14	0.04～2.47
有效钼（mg/kg）	128	0.076	0.08	105.53	0.010～0.526
有效硫（mg/kg）	134	38.36	37.72	98.31	3.54～168.35
有效硅（mg/kg）	134	159.34	94.74	59.45	36.68～441.80

耕层质地

	砂土	砂壤土	轻壤土	中壤土	重壤土	黏土
样本数	9	41	31	24	10	23
占比（%）	6.52	29.71	22.46	17.39	7.25	16.67

土壤 pH

	≤4.5	(4.5～5.5]	(5.5～6.5]	(6.5～7.5]	(7.5～8.5]	>8.5
样本数	0	0	0	0	86	52
占比（%）	0.00	0.00	0.00	0.00	62.32	37.68

潮土—盐化潮土—苏打潮土耕地土壤主要理化性状

项目名称	样本数（个）	平均值	标准差	变异系数（%）	范围
有效土层厚度（cm）	182	84.9	30.47	35.87	25.0~150.0
耕层厚度（cm）	180	34.3	21.76	63.47	18.0~80.0
耕层容重（g/cm³）	181	1.34	0.13	9.84	1.08~1.72
有机质（g/kg）	180	13.6	5.35	39.23	5.3~32.8
全氮（g/kg）	178	0.762	0.29	37.93	0.300~1.960
有效磷（mg/kg）	172	13.8	10.59	76.78	2.9~55.8
速效钾（mg/kg）	174	143	66.08	46.22	47~348
缓效钾（mg/kg）	181	751	218.22	29.07	275~1 319
有效铜（mg/kg）	173	0.85	0.64	75.76	0.18~3.23
有效锌（mg/kg）	174	0.80	0.69	85.51	0.12~4.96
有效铁（mg/kg）	168	11.16	15.79	141.40	1.71~112.60
有效锰（mg/kg）	161	8.49	6.97	82.17	1.73~32.40
有效硼（mg/kg）	166	0.45	0.31	69.78	0.04~2.40
有效钼（mg/kg）	169	0.122	0.11	93.00	0.012~0.570
有效硫（mg/kg）	179	32.59	26.86	82.42	3.95~151.64
有效硅（mg/kg）	172	189.15	107.21	56.68	16.95~434.83

耕层质地

	砂土	砂壤土	轻壤土	中壤土	重壤土	黏土
样本数	5	69	51	42	9	7
占比（%）	2.73	37.70	27.87	22.95	4.92	3.83

土壤pH

	≤4.5	(4.5~5.5]	(5.5~6.5]	(6.5~7.5]	(7.5~8.5]	>8.5
样本数	0	0	0	1	117	65
占比（%）	0.00	0.00	0.00	0.55	63.93	35.52

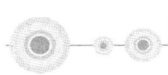

潮土—灌淤潮土—淤潮砂土耕地土壤主要理化性状

项目名称	样本数（个）	平均值	标准差	变异系数（%）	范　　围
有效土层厚度（cm）	27	100.0	0.00	0.00	100.0～100.0
耕层厚度（cm）	27	80.0	0.00	0.00	80.0～80.0
耕层容重（g/cm³）	27	1.41	0.05	3.36	1.32～1.48
有机质（g/kg）	24	11.1	3.77	33.98	5.3～21.7
全氮（g/kg）	27	0.877	0.32	36.84	0.460～1.650
有效磷（mg/kg）	27	14.3	10.59	73.88	2.7～40.0
速效钾（mg/kg）	27	143	70.83	49.41	59～312
缓效钾（mg/kg）	25	488	154.02	31.57	278～904
有效铜（mg/kg）	25	1.22	0.76	62.50	0.20～2.75
有效锌（mg/kg）	27	1.40	1.06	75.24	0.16～4.88
有效铁（mg/kg）	27	19.16	8.59	44.84	6.73～34.38
有效锰（mg/kg）	27	18.94	6.94	36.65	7.78～31.15
有效硼（mg/kg）	27	0.45	0.21	45.65	0.10～0.74
有效钼（mg/kg）	27	0.051	0.02	38.50	0.010～0.090
有效硫（mg/kg）	27	21.11	28.61	135.53	3.60～146.70
有效硅（mg/kg）	26	32.93	19.58	59.46	13.32～85.16

耕层质地

砂土		砂壤土		轻壤土		中壤土		重壤土		黏土	
样本数	占比（%）	样本数	占比（%）	样本数	占比（%）	样本数	占比（%）	样本数	占比（%）	样本数	占比（%）
10	37.04	12	44.44	1	3.70	3	11.11	0	0.00	1	3.70

土壤 pH

≤4.5		(4.5～5.5]		(5.5～6.5]		(6.5～7.5]		(7.5～8.5]		>8.5	
样本数	占比（%）	样本数	占比（%）	样本数	占比（%）	样本数	占比（%）	样本数	占比（%）	样本数	占比（%）
0	0.00	0	0.00	0	0.00	0	0.00	1	3.70	26	96.30

潮土—灌淤潮土—淤潮壤土耕地土壤主要理化性状

项目名称	样本数（个）	平均值	标准差	变异系数（%）	范　围
有效土层厚度（cm）	45	100.0	0.00	0.00	100.0～100.0
耕层厚度（cm）	45	80.0	0.00	0.00	80.0～80.0
耕层容重（g/cm³）	45	1.43	0.05	3.72	1.30～1.61
有机质（g/kg）	44	12.6	5.36	42.64	5.6～30.3
全氮（g/kg）	45	0.938	0.37	39.15	0.370～2.000
有效磷（mg/kg）	41	17.0	12.88	75.67	3.0～48.2
速效钾（mg/kg）	45	165	73.09	44.32	49～332
缓效钾（mg/kg）	44	690	228.32	33.09	317～1 239
有效铜（mg/kg）	38	1.21	0.90	74.89	0.18～3.25
有效锌（mg/kg）	45	1.29	0.75	58.09	0.12～3.11
有效铁（mg/kg）	45	18.62	8.57	46.04	6.08～35.73
有效锰（mg/kg）	45	16.95	7.52	44.35	6.55～31.39
有效硼（mg/kg）	45	0.43	0.28	66.35	0.10～1.20
有效钼（mg/kg）	45	0.065	0.02	33.12	0.030～0.140
有效硫（mg/kg）	44	35.59	38.32	107.67	4.41～167.45
有效硅（mg/kg）	45	42.65	28.94	67.84	13.32～148.47

耕层质地											
砂土		砂壤土		轻壤土		中壤土		重壤土		黏土	
样本数	占比（%）	样本数	占比（%）	样本数	占比（%）	样本数	占比（%）	样本数	占比（%）	样本数	占比（%）
10	22.22	9	20.00	6	13.33	18	40.00	0	0.00	2	4.44

土壤pH											
≤4.5		(4.5～5.5)		(5.5～6.5]		(6.5～7.5]		(7.5～8.5]		>8.5	
样本数	占比（%）	样本数	占比（%）	样本数	占比（%）	样本数	占比（%）	样本数	占比（%）	样本数	占比（%）
0	0.00	0	0.00	0	0.00	0	0.00	6	13.33	39	86.67

231

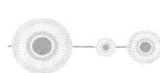

山地草甸土—典型山地草甸土—山地草甸壤土耕地土壤主要理化性状

项目名称	样本数（个）	平均值	标准差	变异系数（%）	范围
有效土层厚度（cm）	18	150.0	0.00	0.00	150.0～150.0
耕层厚度（cm）	18	20.0	0.00	0.00	20.0～20.0
耕层容重（g/cm³）	18	1.27	0.04	3.47	1.20～1.37
有机质（g/kg）	18	9.8	2.47	25.13	6.2～15.4
全氮（g/kg）	18	0.648	0.14	21.95	0.441～1.030
有效磷（mg/kg）	18	9.1	7.72	84.70	2.9～28.9
速效钾（mg/kg）	18	122	27.10	22.25	69～159
缓效钾（mg/kg）	18	723	147.80	20.43	564～1 039
有效铜（mg/kg）	18	0.72	0.37	51.18	0.29～1.52
有效锌（mg/kg）	17	0.76	0.81	106.26	0.16～2.32
有效铁（mg/kg）	15	6.28	5.00	79.54	1.75～20.50
有效锰（mg/kg）	13	5.56	3.52	63.33	1.87～12.40
有效硼（mg/kg）	18	0.47	0.27	58.41	0.08～1.08
有效钼（mg/kg）	17	0.099	0.04	36.62	0.012～0.159
有效硫（mg/kg）	17	39.19	27.96	71.34	7.10～92.00
有效硅（mg/kg）	17	153.21	91.33	59.61	48.56～299.58

耕层质地

砂土		砂壤土		轻壤土		中壤土		重壤土		黏土	
样本数	占比（%）	样本数	占比（%）	样本数	占比（%）	样本数	占比（%）	样本数	占比（%）	样本数	占比（%）
0	0.00	18	100.00	0	0.00	0	0.00	0	0.00	0	0.00

土壤 pH

≤4.5		(4.5～5.5]		(5.5～6.5]		(6.5～7.5]		(7.5～8.5]		>8.5	
样本数	占比（%）	样本数	占比（%）	样本数	占比（%）	样本数	占比（%）	样本数	占比（%）	样本数	占比（%）
0	0.00	0	0.00	0	0.00	0	0.00	16	88.89	2	11.11

沼泽土—腐泥沼泽土—腐泥沼泽土耕地土壤主要理化性状

项目名称	样本数（个）	平均值	标准差	变异系数（%）	范 围
有效土层厚度（cm）	11	50.4	15.93	31.64	30.0~68.0
耕层厚度（cm）	11	33.1	12.39	37.44	20.0~48.0
耕层容重（g/cm³）	11	1.34	0.11	8.17	1.25~1.57
有机质（g/kg）	9	29.1	13.68	47.01	12.7~55.8
全氮（g/kg）	8	1.427	0.58	40.62	0.510~2.141
有效磷（mg/kg）	11	23.7	13.93	58.83	4.1~49.8
速效钾（mg/kg）	11	165	55.36	33.54	97~235
缓效钾（mg/kg）	11	685	172.99	25.26	336~907
有效铜（mg/kg）	11	1.72	0.67	38.94	0.75~2.85
有效锌（mg/kg）	11	2.11	1.52	72.25	0.41~4.26
有效铁（mg/kg）	7	40.83	51.38	125.84	6.47~118.71
有效锰（mg/kg）	9	18.27	10.97	60.05	5.38~40.09
有效硼（mg/kg）	11	0.97	0.40	41.24	0.42~1.96
有效钼（mg/kg）	10	0.181	0.13	74.04	0.035~0.440
有效硫（mg/kg）	11	16.86	19.28	114.38	5.00~72.75
有效硅（mg/kg）	10	295.54	113.11	38.27	113.00~450.00

耕层质地

砂土		砂壤土		轻壤土		中壤土		重壤土		黏土	
样本数	占比（%）	样本数	占比（%）	样本数	占比（%）	样本数	占比（%）	样本数	占比（%）	样本数	占比（%）
0	0.00	3	27.27	2	18.18	5	45.45	1	9.09	0	0.00

土壤pH

≤4.5		(4.5~5.5]		(5.5~6.5]		(6.5~7.5]		(7.5~8.5]		>8.5	
样本数	占比（%）	样本数	占比（%）	样本数	占比（%）	样本数	占比（%）	样本数	占比（%）	样本数	占比（%）
0	0.00	0	0.00	5	45.45	1	9.09	5	45.45	0	0.00

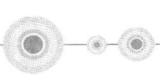

沼泽土—泥炭沼泽土—泥炭沼泽土耕地土壤主要理化性状

项目名称	样本数（个）	平均值	标准差	变异系数（%）	范　围
有效土层厚度（cm）	2	100.0	0.00	0.00	100.0~100.0
耕层厚度（cm）	2	80.0	0.00	0.00	80.0~80.0
耕层容重（g/cm³）	2	1.35	0.04	2.63	1.32~1.37
有机质（g/kg）	1	8.5	—	—	—
全氮（g/kg）	2	0.600	0.33	54.21	0.370~0.830
有效磷（mg/kg）	2	8.8	6.65	75.96	4.0~13.4
速效钾（mg/kg）	2	115	35.64	31.07	90~140
缓效钾（mg/kg）	2	345	105.78	30.64	271~420
有效铜（mg/kg）	1	1.06	—	—	—
有效锌（mg/kg）	2	1.85	0.60	32.48	1.42~2.27
有效铁（mg/kg）	2	16.78	7.90	47.07	11.20~22.37
有效锰（mg/kg）	2	13.54	0.24	1.81	13.36~13.71
有效硼（mg/kg）	2	0.51	0.23	46.21	0.34~0.67
有效钼（mg/kg）	2	0.065	0.01	10.88	0.060~0.070
有效硫（mg/kg）	2	50.08	7.46	14.90	44.80~55.35
有效硅（mg/kg）	2	19.11	0.34	1.78	18.87~19.35

耕层质地

	砂土		砂壤土		轻壤土		中壤土		重壤土		黏土	
	样本数	占比（%）	样本数	占比（%）	样本数	占比（%）	样本数	占比（%）	样本数	占比（%）	样本数	占比（%）
	2	100.00	0	0.00	0	0.00	0	0.00	0	0.00	0	0.00

土壤 pH

	≤4.5		(4.5~5.5]		(5.5~6.5]		(6.5~7.5]		(7.5~8.5]		>8.5	
	样本数	占比（%）	样本数	占比（%）	样本数	占比（%）	样本数	占比（%）	样本数	占比（%）	样本数	占比（%）
	0	0.00	0	0.00	0	0.00	0	0.00	2	100.00	0	0.00

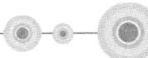

沼泽土—草甸沼泽土—草甸沼泽土耕地土壤主要理化性状

项目名称	样本数（个）	平均值	标准差	变异系数（%）	范 围
有效土层厚度（cm）	42	70.7	27.25	38.54	30.0～118.0
耕层厚度（cm）	41	51.0	24.51	48.03	20.0～80.0
耕层容重（g/cm³）	40	1.38	0.12	8.54	1.20～1.76
有机质（g/kg）	40	27.4	14.03	51.17	5.6～54.4
全氮（g/kg）	40	1.454	0.72	49.37	0.410～2.888
有效磷（mg/kg）	42	12.8	10.42	81.36	3.8～47.0
速效钾（mg/kg）	42	142	54.25	38.14	49～261
缓效钾（mg/kg）	41	649	199.87	30.79	304～1 080
有效铜（mg/kg）	41	1.43	0.60	41.83	0.30～3.32
有效锌（mg/kg）	39	1.80	1.14	63.39	0.32～3.95
有效铁（mg/kg）	34	52.12	39.09	74.99	3.79～117.59
有效锰（mg/kg）	37	12.86	9.25	71.90	4.07～47.56
有效硼（mg/kg）	40	0.71	0.30	42.34	0.25～1.48
有效钼（mg/kg）	41	0.141	0.11	76.44	0.010～0.506
有效硫（mg/kg）	39	23.37	27.40	117.28	4.00～166.60
有效硅（mg/kg）	40	226.32	121.36	53.62	9.97～450.00

耕层质地

	砂土	砂壤土	轻壤土	中壤土	重壤土	黏土
样本数	5	4	5	27	1	0
占比（%）	11.90	9.52	11.90	64.29	2.38	0.00

土壤 pH

	≤4.5	(4.5～5.5]	(5.5～6.5]	(6.5～7.5]	(7.5～8.5]	>8.5
样本数	0	0	4	6	31	1
占比（%）	0.00	0.00	9.52	14.29	73.81	2.38

草甸盐土—典型草甸盐土—氯化物草甸盐土耕地土壤主要理化性状

项目名称	样本数（个）	平均值	标准差	变异系数（%）	范围
有效土层厚度（cm）	36	85.4	23.89	27.97	37.0~100.0
耕层厚度（cm）	36	65.7	23.38	35.61	20.0~80.0
耕层容重（g/cm³）	35	1.43	0.11	7.87	1.19~1.70
有机质（g/kg）	32	16.5	8.33	50.59	6.3~40.2
全氮（g/kg）	36	1.026	0.51	50.05	0.351~2.727
有效磷（mg/kg）	34	16.5	15.80	95.94	3.4~64.9
速效钾（mg/kg）	35	177	71.81	40.52	77~363
缓效钾（mg/kg）	35	746	211.88	28.41	320~1 240
有效铜（mg/kg）	30	1.05	0.84	80.08	0.19~3.14
有效锌（mg/kg）	36	1.17	0.84	71.55	0.16~3.02
有效铁（mg/kg）	36	19.56	10.96	56.05	7.36~60.00
有效锰（mg/kg）	36	12.99	7.44	57.28	2.20~31.30
有效硼（mg/kg）	36	0.66	0.41	61.33	0.13~2.40
有效钼（mg/kg）	36	0.087	0.11	123.92	0.019~0.565
有效硫（mg/kg）	36	49.08	48.98	99.80	3.75~167.65
有效硅（mg/kg）	36	112.60	82.36	73.15	18.60~297.62

耕层质地

砂土		砂壤土		轻壤土		中壤土		重壤土		黏土	
样本数	占比（%）	样本数	占比（%）	样本数	占比（%）	样本数	占比（%）	样本数	占比（%）	样本数	占比（%）
10	27.78	9	25.00	6	16.67	7	19.44	1	2.78	3	8.33

土壤 pH

≤4.5		(4.5~5.5]		(5.5~6.5]		(6.5~7.5]		(7.5~8.5]		>8.5	
样本数	占比（%）	样本数	占比（%）	样本数	占比（%）	样本数	占比（%）	样本数	占比（%）	样本数	占比（%）
0	0.00	0	0.00	0	0.00	0	0.00	21	58.33	15	41.67

草甸盐土—典型草甸盐土—硫酸盐草甸盐土耕地土壤主要理化性状

项目名称	样本数（个）	平均值	标准差	变异系数（%）	范　围
有效土层厚度（cm）	26	92.3	20.26	21.95	30.0～100.0
耕层厚度（cm）	26	61.5	24.77	40.25	20.0～80.0
耕层容重（g/cm³）	24	1.38	0.14	9.78	1.23～1.67
有机质（g/kg）	24	15.1	6.23	41.40	5.3～33.4
全氮（g/kg）	24	0.936	0.44	46.95	0.420～2.090
有效磷（mg/kg）	24	17.9	12.24	68.28	5.5～51.1
速效钾（mg/kg）	23	128	63.08	49.47	52～297
缓效钾（mg/kg）	24	891	216.73	24.33	354～1 226
有效铜（mg/kg）	21	1.16	0.84	72.81	0.24～2.93
有效锌（mg/kg）	22	1.33	0.86	65.05	0.35～4.06
有效铁（mg/kg）	25	16.82	7.48	44.45	2.64～30.60
有效锰（mg/kg）	26	10.26	5.05	49.21	2.68～19.30
有效硼（mg/kg）	26	0.52	0.25	48.77	0.06～0.94
有效钼（mg/kg）	25	0.084	0.09	103.96	0.030～0.480
有效硫（mg/kg）	22	39.45	31.45	79.72	5.19～126.23
有效硅（mg/kg）	25	116.13	68.99	59.40	34.89～295.55

耕层质地

砂土		砂壤土		轻壤土		中壤土		重壤土		黏土	
样本数	占比（%）	样本数	占比（%）	样本数	占比（%）	样本数	占比（%）	样本数	占比（%）	样本数	占比（%）
2	7.69	12	46.15	4	15.38	5	19.23	1	3.85	2	7.69

土壤pH

≤4.5		(4.5～5.5]		(5.5～6.5]		(6.5～7.5]		(7.5～8.5]		>8.5	
样本数	占比（%）	样本数	占比（%）	样本数	占比（%）	样本数	占比（%）	样本数	占比（%）	样本数	占比（%）
0	0.00	0	0.00	0	0.00	0	0.00	16	61.54	10	38.46

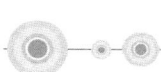

草甸盐土—典型草甸盐土—苏打草甸盐土耕地土壤主要理化性状

项目名称	样本数（个）	平均值	标准差	变异系数（%）	范围
有效土层厚度（cm）	11	100.0	0.00	0.00	100.0~100.0
耕层厚度（cm）	11	80.0	0.00	0.00	80.0~80.0
耕层容重（g/cm³）	11	1.40	0.10	6.96	1.28~1.58
有机质（g/kg）	10	14.8	7.99	53.80	7.2~29.3
全氮（g/kg）	11	0.779	0.40	51.51	0.379~1.400
有效磷（mg/kg）	10	13.5	3.62	26.94	9.4~20.6
速效钾（mg/kg）	10	103	46.77	45.21	53~187
缓效钾（mg/kg）	11	957	193.53	20.22	620~1 298
有效铜（mg/kg）	10	0.87	0.53	61.15	0.22~1.82
有效锌（mg/kg）	11	1.14	0.56	48.91	0.66~2.65
有效铁（mg/kg）	10	38.89	28.74	73.90	13.30~105.00
有效锰（mg/kg）	11	9.49	4.96	52.21	3.80~22.80
有效硼（mg/kg）	11	0.72	0.01	1.52	0.69~0.73
有效钼（mg/kg）	11	0.029	0.00	10.36	0.020~0.030
有效硫（mg/kg）	8	49.64	33.18	66.84	13.63~111.54
有效硅（mg/kg）	11	92.17	30.81	33.42	51.16~145.99

耕层质地

	砂土		砂壤土		轻壤土		中壤土		重壤土		黏土	
	样本数	占比（%）	样本数	占比（%）	样本数	占比（%）	样本数	占比（%）	样本数	占比（%）	样本数	占比（%）
	2	18.18	2	18.18	5	45.45	1	9.09	0	0.00	1	9.09

土壤pH

	≤4.5		(4.5~5.5]		(5.5~6.5]		(6.5~7.5]		(7.5~8.5]		>8.5	
	样本数	占比（%）	样本数	占比（%）	样本数	占比（%）	样本数	占比（%）	样本数	占比（%）	样本数	占比（%）
	0	0.00	0	0.00	0	0.00	6	54.55	0	0.00	5	45.45

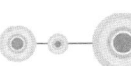

草甸盐土—碱化盐土—苏打碱化盐土耕地土壤主要理化性状

项目名称	样本数（个）	平均值	标准差	变异系数（%）	范围
有效土层厚度（cm）	3	41.7	17.56	42.14	25.0~60.0
耕层厚度（cm）	3	26.7	11.55	43.30	20.0~40.0
耕层容重（g/cm³）	3	1.43	0.03	2.01	1.41~1.46
有机质（g/kg）	3	26.4	7.38	27.99	18.5~33.2
全氮（g/kg）	3	1.429	0.10	7.18	1.318~1.521
有效磷（mg/kg）	3	19.9	8.42	42.44	10.5~26.9
速效钾（mg/kg）	3	85	33.18	39.15	47~109
缓效钾（mg/kg）	3	595	408.40	68.64	274~1 055
有效铜（mg/kg）	3	0.70	0.48	68.54	0.38~1.25
有效锌（mg/kg）	2	1.09	0.30	27.56	0.88~1.30
有效铁（mg/kg）	2	7.18	1.38	19.23	6.20~8.15
有效锰（mg/kg）	3	21.51	15.83	73.61	11.28~39.75
有效硼（mg/kg）	3	0.98	0.33	33.54	0.78~1.36
有效钼（mg/kg）	3	0.095	0.02	21.81	0.080~0.118
有效硫（mg/kg）	3	10.11	5.97	59.05	4.32~16.25
有效硅（mg/kg）	3	263.68	101.82	38.62	198.25~381.00

耕层质地

	砂土		砂壤土		轻壤土		中壤土		重壤土		黏土	
	样本数	占比（%）	样本数	占比（%）	样本数	占比（%）	样本数	占比（%）	样本数	占比（%）	样本数	占比（%）
	1	33.33	1	33.33	1	33.33	0	0.00	0	0.00	0	0.00

土壤pH

	≤4.5		(4.5~5.5]		(5.5~6.5]		(6.5~7.5]		(7.5~8.5]		>8.5	
	样本数	占比（%）	样本数	占比（%）	样本数	占比（%）	样本数	占比（%）	样本数	占比（%）	样本数	占比（%）
	0	0.00	0	0.00	0	0.00	1	33.33	2	66.67	0	0.00

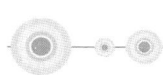

碱土—草甸碱土—草甸碱土耕地土壤主要理化性状

项目名称	样本数（个）	平均值	标准差	变异系数（%）	范围
有效土层厚度（cm）	42	38.5	15.32	39.84	30.0~100.0
耕层厚度（cm）	42	25.4	11.71	46.17	20.0~80.0
耕层容重（g/cm³）	38	1.36	0.15	10.72	1.11~1.66
有机质（g/kg）	42	14.9	4.76	31.85	6.8~24.5
全氮（g/kg）	40	0.876	0.30	34.23	0.325~1.720
有效磷（mg/kg）	42	15.1	7.81	51.77	6.7~43.9
速效钾（mg/kg）	42	135	68.03	50.43	47~295
缓效钾（mg/kg）	42	586	212.48	36.26	325~1 098
有效铜（mg/kg）	41	1.18	0.58	48.97	0.26~2.57
有效锌（mg/kg）	42	1.03	0.78	75.60	0.47~3.85
有效铁（mg/kg）	42	14.43	7.39	51.20	2.30~32.80
有效锰（mg/kg）	42	13.38	2.53	18.94	7.80~18.40
有效硼（mg/kg）	42	1.03	0.35	33.65	0.36~1.55
有效钼（mg/kg）	41	0.077	0.06	79.66	0.011~0.290
有效硫（mg/kg）	42	37.52	30.22	80.54	3.28~173.42
有效硅（mg/kg）	42	184.69	61.59	33.35	80.20~329.52

耕层质地

砂土		砂壤土		轻壤土		中壤土		重壤土		黏土	
样本数	占比（%）	样本数	占比（%）	样本数	占比（%）	样本数	占比（%）	样本数	占比（%）	样本数	占比（%）
2	4.76	38	90.48	1	2.38	0	0.00	1	2.38	0	0.00

土壤 pH

≤4.5		(4.5~5.5]		(5.5~6.5]		(6.5~7.5]		(7.5~8.5]		>8.5	
样本数	占比（%）	样本数	占比（%）	样本数	占比（%）	样本数	占比（%）	样本数	占比（%）	样本数	占比（%）
0	0.00	0	0.00	0	0.00	1	2.38	40	95.24	1	2.38

水稻土—淹育水稻土—浅潮泥田耕地土壤主要理化性状

项目名称	样本数（个）	平均值	标准差	变异系数（%）	范围
有效土层厚度（cm）	1	79.0	—	—	—
耕层厚度（cm）	1	18.0	—	—	—
耕层容重（g/cm³）	0	—	—	—	—
有机质（g/kg）	1	17.2	—	—	—
全氮（g/kg）	1	0.911	—	—	—
有效磷（mg/kg）	1	26.6	—	—	—
速效钾（mg/kg）	1	274	—	—	—
缓效钾（mg/kg）	1	822	—	—	—
有效铜（mg/kg）	1	0.72	—	—	—
有效锌（mg/kg）	1	1.45	—	—	—
有效铁（mg/kg）	1	8.65	—	—	—
有效锰（mg/kg）	1	9.20	—	—	—
有效硼（mg/kg）	1	0.34	—	—	—
有效钼（mg/kg）	1	0.030	—	—	—
有效硫（mg/kg）	1	5.38	—	—	—
有效硅（mg/kg）	1	137.73	—	—	—

耕层质地

	砂土	砂壤土	轻壤土	中壤土	重壤土	黏土
样本数	0	1	0	0	0	0
占比（%）	0.00	100.00	0.00	0.00	0.00	0.00

土壤 pH

	≤4.5	(4.5~5.5]	(5.5~6.5]	(6.5~7.5]	(7.5~8.5]	>8.5
样本数	0	0	0	0	1	0
占比（%）	0.00	0.00	0.00	0.00	100.00	0.00

水稻土—潜育水稻土—青潮泥田耕地土壤主要理化性状

项目名称	样本数（个）	平均值	标准差	变异系数（%）	范围
有效土层厚度 (cm)	0	—	—	—	—
耕层厚度 (cm)	1	20.0	—	—	—
耕层容重 (g/cm³)	1	1.25	—	—	—
有机质 (g/kg)	1	18.2	—	—	—
全氮 (g/kg)	1	1.380	—	—	—
有效磷 (mg/kg)	1	45.6	—	—	—
速效钾 (mg/kg)	1	254	—	—	—
缓效钾 (mg/kg)	1	863	—	—	—
有效铜 (mg/kg)	1	1.02	—	—	—
有效锌 (mg/kg)	1	4.51	—	—	—
有效铁 (mg/kg)	1	20.34	—	—	—
有效锰 (mg/kg)	1	13.49	—	—	—
有效硼 (mg/kg)	1	1.03	—	—	—
有效钼 (mg/kg)	1	0.050	—	—	—
有效硫 (mg/kg)	1	31.63	—	—	—
有效硅 (mg/kg)	1	191.58	—	—	—

耕层质地

	砂土		砂壤土		轻壤土		中壤土		重壤土		黏土	
	样本数	占比（%）	样本数	占比（%）	样本数	占比（%）	样本数	占比（%）	样本数	占比（%）	样本数	占比（%）
	0	0.00	0	0.00	0	0.00	0	0.00	1	100.00	0	0.00

土壤 pH

	≤4.5		(4.5~5.5]		(5.5~6.5]		(6.5~7.5]		(7.5~8.5]		>8.5	
	样本数	占比（%）	样本数	占比（%）	样本数	占比（%）	样本数	占比（%）	样本数	占比（%）	样本数	占比（%）
	0	0.00	0	0.00	0	0.00	0	0.00	1	100.00	0	0.00

水稻土—盐渍水稻土—氯物涂泥田耕地土壤主要理化性状

项目名称	样本数（个）	平均值	标准差	变异系数（%）	范　围
有效土层厚度（cm）	3	150.0	0.00	0.00	150.0~150.0
耕层厚度（cm）	3	20.0	0.00	0.00	20.0~20.0
耕层容重（g/cm³）	3	1.28	0.03	2.25	1.25~1.30
有机质（g/kg）	3	11.8	2.02	17.09	10.2~14.1
全氮（g/kg）	3	0.577	0.08	14.62	0.482~0.643
有效磷（mg/kg）	3	29.2	21.78	74.57	14.8~54.3
速效钾（mg/kg）	3	166	70.05	42.20	105~242
缓效钾（mg/kg）	3	685	22.78	3.32	669~711
有效铜（mg/kg）	3	1.38	1.27	92.12	0.46~2.83
有效锌（mg/kg）	3	0.44	0.02	4.25	0.42~0.46
有效铁（mg/kg）	3	4.54	0.82	18.08	3.60~5.11
有效锰（mg/kg）	3	7.46	3.68	49.32	4.00~11.32
有效硼（mg/kg）	3	0.30	0.11	37.05	0.17~0.37
有效钼（mg/kg）	3	0.090	0.03	36.00	0.053~0.114
有效硫（mg/kg）	3	42.75	46.01	107.65	12.95~95.74
有效硅（mg/kg）	3	149.04	90.05	60.42	48.32~221.78

耕层质地

	砂土		砂壤土		轻壤土		中壤土		重壤土		黏土	
	样本数	占比（%）	样本数	占比（%）	样本数	占比（%）	样本数	占比（%）	样本数	占比（%）	样本数	占比（%）
	0	0.00	0	0.00	1	33.33	2	66.67	0	0.00	0	0.00

土壤 pH

	≤4.5		(4.5~5.5]		(5.5~6.5]		(6.5~7.5]		(7.5~8.5]		>8.5	
	样本数	占比（%）	样本数	占比（%）	样本数	占比（%）	样本数	占比（%）	样本数	占比（%）	样本数	占比（%）
	0	0.00	0	0.00	0	0.00	0	0.00	3	100.00	0	0.00

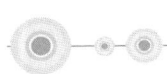

灌淤土—典型灌淤土—灌淤壤土耕地土壤主要理化性状

项目名称	样本数（个）	平均值	标准差	变异系数（%）	范围
有效土层厚度（cm）	17	79.4	50.80	63.97	40.0~150.0
耕层厚度（cm）	17	22.9	4.70	20.47	20.0~30.0
耕层容重（g/cm³）	17	1.48	0.19	12.65	1.19~1.70
有机质（g/kg）	17	19.3	5.32	27.51	9.1~28.2
全氮（g/kg）	17	1.217	0.38	31.49	0.470~1.717
有效磷（mg/kg）	16	19.9	14.89	74.85	5.6~63.4
速效钾（mg/kg）	15	250	81.69	32.64	124~359
缓效钾（mg/kg）	17	840	198.36	23.62	436~1 203
有效铜（mg/kg）	15	1.42	0.19	13.33	1.00~1.69
有效锌（mg/kg）	13	3.83	0.92	24.00	2.04~5.35
有效铁（mg/kg）	17	28.02	8.44	30.12	12.43~35.67
有效锰（mg/kg）	17	13.51	4.03	29.80	6.67~18.08
有效硼（mg/kg）	17	0.70	0.22	30.89	0.51~1.03
有效钼（mg/kg）	17	0.084	0.04	50.97	0.020~0.150
有效硫（mg/kg）	11	38.14	7.35	19.27	30.54~58.18
有效硅（mg/kg）	17	253.20	63.25	24.98	136.76~395.60

耕层质地

砂土		砂壤土		轻壤土		中壤土		重壤土		黏土	
样本数	占比（%）	样本数	占比（%）	样本数	占比（%）	样本数	占比（%）	样本数	占比（%）	样本数	占比（%）
0	0.00	12	70.59	3	17.65	2	11.76	0	0.00	0	0.00

土壤 pH

≤4.5		(4.5~5.5]		(5.5~6.5]		(6.5~7.5]		(7.5~8.5]		>8.5	
样本数	占比（%）	样本数	占比（%）	样本数	占比（%）	样本数	占比（%）	样本数	占比（%）	样本数	占比（%）
0	0.00	0	0.00	0	0.00	0	0.00	17	100.00	0	0.00

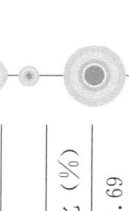

灌淤土—典型灌淤土—灌淤黏土耕地土壤主要理化性状

项目名称	样本数（个）	平均值	标准差	变异系数（%）	范围
有效土层厚度 (cm)	13	95.4	8.77	9.19	80.0~100.0
耕层厚度 (cm)	13	30.0	0.00	0.00	30.0~30.0
耕层容重 (g/cm³)	13	1.33	0.06	4.82	1.21~1.42
有机质 (g/kg)	13	22.1	6.60	29.80	12.4~40.0
全氮 (g/kg)	13	1.170	0.29	24.98	0.636~1.627
有效磷 (mg/kg)	13	25.1	17.51	69.68	4.6~59.3
速效钾 (mg/kg)	12	234	64.89	27.75	105~333
缓效钾 (mg/kg)	13	841	135.40	16.11	568~1 102
有效铜 (mg/kg)	8	1.46	0.65	44.69	0.90~2.74
有效锌 (mg/kg)	8	1.49	0.31	21.11	1.11~1.99
有效铁 (mg/kg)	13	29.70	10.12	34.07	9.33~49.61
有效锰 (mg/kg)	13	19.31	6.46	33.43	12.34~38.34
有效硼 (mg/kg)	13	1.25	0.06	4.49	1.11~1.31
有效钼 (mg/kg)	13	0.095	0.03	34.95	0.040~0.120
有效硫 (mg/kg)	13	38.83	7.02	18.09	31.20~53.95
有效硅 (mg/kg)	13	172.69	16.82	9.74	144.78~200.12

耕层质地

	砂土	砂壤土	轻壤土	中壤土	重壤土	黏土
样本数	0	1	0	0	9	3
占比（%）	0.00	7.69	0.00	0.00	69.23	23.08

土壤 pH

	≤4.5	(4.5~5.5]	(5.5~6.5]	(6.5~7.5]	(7.5~8.5]	>8.5
样本数	0	0	0	0	12	1
占比（%）	0.00	0.00	0.00	0.00	92.31	7.69

灌淤土—盐化灌淤土耕地土壤主要理化性状

项目名称	样本数（个）	平均值	标准差	变异系数（%）	范围
有效土层厚度（cm）	10	105.0	36.89	35.14	50.0~150.0
耕层厚度（cm）	8	23.8	3.54	14.89	20.0~30.0
耕层容重（g/cm³）	9	1.39	0.20	14.52	1.17~1.76
有机质（g/kg）	10	16.0	4.69	29.35	11.2~26.8
全氮（g/kg）	10	0.855	0.31	36.09	0.523~1.522
有效磷（mg/kg）	10	17.2	11.53	66.88	6.3~39.6
速效钾（mg/kg）	10	213	51.92	24.38	113~305
缓效钾（mg/kg）	10	849	117.70	13.86	655~1 006
有效铜（mg/kg）	6	1.37	0.17	12.56	1.22~1.59
有效锌（mg/kg）	9	2.57	1.12	43.75	1.57~4.89
有效铁（mg/kg）	10	13.08	3.38	25.83	9.67~21.11
有效锰（mg/kg）	10	11.26	3.69	32.81	6.52~15.89
有效硼（mg/kg）	10	0.71	0.27	38.92	0.39~1.31
有效钼（mg/kg）	10	0.147	0.15	103.42	0.060~0.568
有效硫（mg/kg）	10	63.65	62.60	98.36	11.57~156.34
有效硅（mg/kg）	10	225.16	66.40	29.49	143.23~356.78

耕层质地

	砂土		砂壤土		轻壤土		中壤土		重壤土		黏土	
	样本数	占比（%）	样本数	占比（%）	样本数	占比（%）	样本数	占比（%）	样本数	占比（%）	样本数	占比（%）
	0	0.00	0	0.00	3	30.00	6	60.00	0	0.00	1	10.00

土壤pH

	≤4.5		(4.5~5.5]		(5.5~6.5]		(6.5~7.5]		(7.5~8.5]		>8.5	
	样本数	占比（%）	样本数	占比（%）	样本数	占比（%）	样本数	占比（%）	样本数	占比（%）	样本数	占比（%）
	0	0.00	0	0.00	0	0.00	0	0.00	9	90.00	1	10.00

图书在版编目（CIP）数据

内蒙古及长城沿线区耕地质量主要性状数据集／农业农村部耕地质量监测保护中心编著． -- 北京：中国农业出版社，2024．11． -- ISBN 978-7-109-32554-8

Ⅰ．F323.211

中国国家版本馆 CIP 数据核字第 2024XL3053 号

内蒙古及长城沿线区耕地质量主要性状数据集

NEIMENGGU JI CHANGCHENG YANXIANQU GENGDI ZHILIANG
ZHUYAO XINGZHUANG SHUJUJI

中国农业出版社出版

地址：北京市朝阳区麦子店街 18 号楼

邮编：100125

责任编辑：贺志清

版式设计：杨　婧　　责任校对：吴丽婷

印刷：北京通州皇家印刷厂

版次：2024 年 11 月第 1 版

印次：2024 年 11 月北京第 1 次印刷

发行：新华书店北京发行所

开本：880mm×1230mm　1/16

印张：16.25

字数：525 千字

定价：130.00 元

版权所有·侵权必究

凡购买本社图书，如有印装质量问题，我社负责调换。

服务电话：010 - 59195115　010 - 59194918